JAMES VAN PRAAGH

# Und der Himmel tat sich auf

# JENSEITS-BOTSCHAFTEN

## Die geistige Welt und das Leben nach dem Tode

Aus dem Amerikanischen
von Franchita Mirella Cattani



ARKANA
GOLDMANN

Die amerikanische Originalausgabe erschien 1997 unter dem Titel
»Talking to Heaven« bei Dutton, New York

*Umwelthinweis:*
Alle bedruckten Materialien dieses Taschenbuches
sind chlorfrei und umweltschonend.

Vollständige Taschenbuchausgabe Juli 2000

Published by arrangement with Dutton Plume,
a division of Penguin Putnam Inc.
Umschlaggestaltung: Design Team München
Umschlagfoto: Premium/J.-M. Cresto
Satz: Uhl + Massopust, Aalen
Druck: Elsnerdruck, Berlin
Verlagsnummer: 21569
Lektorat: Gerhard Juckoff
WL · Herstellung: Stefan Hansen
Made in Germany
ISBN 3-442-21569-2
www.goldmann-verlag.de

3. Auflage

*Für Connie,*
*den ersten Engel, der mir auf Erden*
*begegnete und die mir zeigte,*
*wie man die Sonne einfängt.*

# Inhalt

# Dank

Das Unterfangen, den eigenen Erinnerungen in einem Buch Ausdruck zu verleihen, habe ich in der Hoffnung begonnen, meinen Lesern etwas Wissenswertes zu vermitteln, sie das Staunen wieder zu lehren und dazu beizutragen, ihren inneren Weg zu erhellen. Eine solche Aufgabe kann man unmöglich alleine schaffen. Diese Erinnerungen sind eine Mischung aus Gedanken, Vorstellungen, Erfahrungen und Lebensberichten all jener, die mich tief berührt haben.

Als erstes will ich der »Schöpferkraft« danken, die man mit Namen wie Gott, Allah, Jehova, göttliches Wesen und großes Licht bezeichnet. Ich nenne diese Macht einfach »Ursprung«, Ursprung von allem.

Dann möchte ich jenen geliebten Wesen auf dieser Erdenebene danken, die mich sowohl mit tragischen Berichten als auch mit solchen der Liebe besucht und Führung, abschließende Klärung, Heilung und Frieden gesucht haben. Ich hoffe, ihre Erwartungen erfüllt und ihnen zu Geistes- und Herzensfrieden verholfen zu haben.

Ich danke auch allen Lieben in der geistigen Welt, die wie Traumgestalten durch mich zurückkehren, um ihren Familien und Freunden von irdischen Erlebnissen zu berichten. Diese in den Teppich der Zeit eingewobenen Erinnerungen sind Trost und Beweis, daß es keinen Tod, sondern nur das Leben gibt. Durch die alleinige Macht der Liebe stellen sich diese hochherzigen Geistwesen an unsere Seite, machen uns Mut, verleihen uns Kraft und Macht, führen uns und stehen uns bei der Erfüllung unseres eigenen irdischen Schicksals bei.

Ebenso möchte ich meinen himmlischen Führern und Lehrern danken, die mich seit den ersten Hinweisen auf meine Gabe begleitet haben. Sie haben es nie versäumt, meiner Arbeit mit ihrer Kraft, Macht und Weisheit beizustehen und damit ein Beispiel für Wachstum, Aufklärung und Erbauung nicht nur für mich selbst, sondern für die ganze Menschheit zu schaffen.

Auch meinen irdischen Begleitern Brian E. Hurst, Carol Shoemaker, Mary Ann Saxon, Marilyn Jensen, Peter Redgrove, Linda Tomchin und Cammy Farone, die mir mit ihrer Liebe, Ermutigung und Unterstützung auf dem Weg geholfen haben, gebühren meine Liebe und mein inniger Dank.

Schließlich bin ich meiner ganzen Familie, all meinen Freunden und Lieben in diesem Leben täglich dankbar. Die Zeit, die wir miteinander auf dieser Welt verbrachten, hat nicht nur meine Seele bereichert, sondern mich auch unschätzbar Wertvolles über die Äußerungen menschlicher Herzensgefühle gelehrt. Die Liebe feiert das Leben. Ich danke euch allen für die Feier der Fülle dessen, was wir waren, sind und dereinst sein werden.

Euch allen danke ich, daß ihr euer Licht mit mir teilt und auf dieser Reise der Liebe und des Lebens, die kein Ende hat, Hand in Hand mit mir geht.

# Teil I

# Der Schleier lüftet sich

# 1

# Das Medium

Oft fragt man mich, ob ich als Medium zur Welt gekommen sei oder meine medialen Fähigkeiten durch eine furchtbare Krankheit, einen ungewöhnlichen Unfall mit einer Kopfverletzung oder eine Nahtoderfahrung erlangt habe. So interessant diese Möglichkeiten auch wären, ich kann keine davon als jenen Schlüsselmoment in Anspruch nehmen, der mir meine Lebensaufgabe vor Augen führte.

Ich bin nicht anders als alle anderen. Wir werden alle mit übersinnlichen Fähigkeiten geboren. Die Frage ist nur: Wird es uns klar, daß wir sie haben, und handeln wir danach? Wie viele andere wußte auch ich nicht, was es heißt, übersinnlich begabt zu sein. Wahrscheinlich habe ich den Begriff »übersinnlich« zum erstenmal bei einer Fernsehshow gehört. Ich verstand zwar nicht gleich, was er genau bedeutete, aber er erklärte wohl ganz gut, weswegen ich einfach manches über Menschen *wußte*, wenn sie den Raum betraten. Aus letzterem Grund behielt mich meine katholische Grundschullehrerin auch eines Tages nach dem Unterricht zurück.

Die Mittagspause war gerade zu Ende, und alle Schüler strömten wieder ins Klassenzimmer zurück. Ich hatte eben meine Brotdose mit dem Yogi-Bären weggeräumt, als Frau Weinlick, meine Lehrerin, hereinkam. Unsere Blicke kreuzten sich, und plötzlich wurde ich ganz traurig. Da ging ich zu ihr hin und sagte: »Es wird alles wieder gut. John hat sich das Bein gebrochen.« Sie sah mich befremdet an: »Was sagst du da?«, worauf ich hinzufügte: »John ist von einem Auto angefahren worden, aber es ist alles in Ordnung. Er hat sich nur das Bein gebrochen.« Ich dachte, die Augen würden ihr aus dem Kopf treten; sie zeigte auf meinen Platz und befahl mir, für den Rest des Unterrichts dort sitzen zu bleiben. Etwa eine Stunde später kam der Schulleiter an die Tür und sagte Frau Weinlick etwas. Sie geriet urplötzlich in Panik, wurde kreidebleich und lief mit einem Aufschrei hinaus.

Am nächsten Tag schien Frau Weinlick wieder ganz normal zu sein, nur starrte sie mich den ganzen Tag über immer wieder an. Sie bat mich, nach der Schule dazubleiben, weil sie mit mir reden wolle. Gott segne sie! Dieses Gespräch hat mich auf meine übersinnlichen Fähigkeiten aufmerksam gemacht. Offenbar war ihr Sohn John tags zuvor von einem Auto angefahren worden, hatte sich aber wie durch ein Wunder nur das Bein gebrochen. Sie fragte mich: »Wie konntest du wissen, daß das geschehen würde?« Ich hatte keine Ahnung, was ich antworten sollte. Ich wußte es einfach. Ich hatte es gefühlt. Sie sah mich scharf an, und ich fing an zu weinen. *War ich etwa für diesen Unfall und die Verletzung ihres Sohnes verantwortlich?*

Natürlich beruhigte mich Frau Weinlick, ich solle mich nicht aufregen. »Viele Kinder und Erwachsene wissen manche Dinge vorher, ehe sie passieren«, meinte sie. Sie sagte, ich sei »ein Bote Gottes«, und Gott habe mir eine besondere Gabe gegeben. Sie fügte hinzu: »Damit du eines Tages anderen helfen kannst.« Ich solle kein schlechtes Gewissen wegen der Dinge haben, die ich vielleicht innerlich sähe. »Du hast eine besondere Begabung«, fügte sie hinzu. Aber sie riet mir, vorsichtig zu sein, wem ich etwas über diese Besonderheit erzählte.

Das war das erste Mal, daß ich etwas Näheres über übersinnliche Fähigkeiten hörte. Wenn ich an jene Zeit zurückdenke, bin ich Frau Weinlick für ihre Ausführungen sehr dankbar. Sie hat mir auf vielerlei Arten geholfen. Mit einer Nonne als Klassenlehrerin an ihrer Stelle wäre mein Leben wahrscheinlich ganz anders verlaufen.

Heute ist mir meine Fähigkeit, Dinge zu sehen und zu fühlen, die nicht von dieser materiellen Welt sind, vollkommen verständlich. Häufig nennt man eine solche übersinnliche Begabung den »sechsten Sinn«, aber auch Intuition, etwas »aus dem Bauch« spüren, eine Vorahnung oder Eingebung über etwas haben. Jeder setzt diese Fähigkeit täglich ein, ohne es überhaupt zu merken. Haben Sie nicht auch schon oft an jemanden gedacht, und kurz darauf hat das Telefon geklingelt, und der Betreffende war dran? Oder Sie hatten die Eingebung, die Spur auf der Autobahn zu wechseln, und kurz darauf stellten Sie fest, daß auf der anderen Spur ein Unfall passiert war. Vielleicht haben Sie auf dem Weg zur Arbeit plötzlich das Gefühl, Ihr Chef sei schlecht gelaunt, und wenn Sie ankommen, stimmt das tatsächlich. Wie oft haben Sie nicht an ein Lied gedacht, und kurz haben Sie es im Radio gehört? Das sind lauter Beispiele für übersinnliche Fähigkeiten. Woher kommt nun dieser sechste Sinn? Da er sich nicht aus unseren *sinnlichen* Fähigkeiten ableiten läßt, muß er wohl aus einer Quelle stammen, die *über* diesen liegt, aus der Seele. Wenn wir übersinnliche Fähigkeiten verwenden, stimmen wir uns in die Seelenenergie ein, das heißt die naturgegebene Lebenskraft, die alle Lebewesen durchdringt.

Kleinkinder sind vielleicht noch übersinnlicher begabt als Erwachsene – auf jeden Fall sind sie dem Übersinnlichen gegenüber aufgeschlossener. Das liegt nicht nur daran, daß sie noch nicht so weit von der anderen Seite des Lebens entfernt sind, sondern auch daran, daß Sprache und Denkvermögen noch nicht so entwickelt sind und sie sich im Kontakt mit der Außenwelt auf Gefühle oder Empfindungen verlassen müssen. Alle haben schon einmal erlebt, wie ein Baby bei jemandem anfängt zu weinen und sofort aufhört, wenn jemand anders es in die Arme nimmt. Offensichtlich spürt es dort eine harmonischere oder schützendere Schwingung. Deshalb wollen Babys auch immer zu ihrer Mutter. Ein starkes übersinnliches Band verbindet Mutter und Kind. Kommt es nicht immer wieder vor, daß eine Mutter ins Kinderzimmer läuft und einfach weiß, daß ihr Kind gleich aufwacht und sie braucht? Dieses Band wird immer stärker, bis eine Mutter ohne jeden verbalen Hinweis genau weiß, was ihrem Baby fehlt.

Übersinnliche Fähigkeiten sind auch im Pflanzen- und Tierreich am Werk. Pflanzen sind außerordentlich empfindsam und gedeihen sehr gut in einer sanften, angenehmen Umgebung, in der sie umsorgt und geliebt werden. Das erinnert mich an ein recht interessantes Erlebnis. Als ich noch ganz normal von neun bis fünf Uhr arbeitete, fuhr ich eines Tages eine Mitarbeiterin nach Hause. Als ich in ihrer Wohnung Platz genommen hatte, hörte ich einen ganz hohen Ton. Ein lautes Schreien umgab mich auf allen Seiten. Es war, als sei jemand verletzt und rufe um Hilfe. Ich sah mich um und begriff schließlich, um was es sich handelte. Alle Pflanzen in der Wohnung waren vertrocknet und am Verdursten. Sie schrien buchstäblich nach Wasser. Unverzüglich sagte ich das meiner Mitarbeiterin und erfuhr, daß sie sie über zwei Wochen nicht gegossen hatte.

Der Gedanke, daß Pflanzen schreien können, kommt einigen vielleicht etwas seltsam vor. In diesem Fall würde ich empfehlen, etwas zu diesem Thema zu lesen, etwa *Das geheime*

*Leben der Pflanzen* von Peter Tomkins und Christopher Bird. Wir sollten begreifen, daß sich das Wunder des Lebens in allen möglichen Formen und Größen zeigt, auch als Pflanzen. Wenn wir uns die Zeit nehmen, auf unsere eigene übersinnliche Begabung zu achten und uns ihr und den uns umgebenden Energien zu öffnen, erfahren wir mehr über diese Lebensformen.

Man weiß, daß nicht nur Pflanzen, sondern auch Tiere einen sechsten Sinn haben. Beobachten Sie einmal das Verhalten Ihres Hundes oder Ihrer Katze. Haben Sie es nicht schon oft erlebt, daß ein Hund bei manchen Menschen zu knurren beginnt oder gar nicht mehr aufhört zu bellen? Und sich bei einer Gruppe von Menschen in einem Zimmer häufiger bei einem bestimmten Menschen aufhält als bei anderen? Bei Naturkatastrophen wie Erdbeben, Wirbelstürmen oder einem Orkan werden Tiere allgemein unruhig, verlieren die Orientierung und verstecken sich in der Regel hinter oder unter den Möbeln. Das Tier erfährt nicht über das Fernsehen davon wie wir. Es weiß es einfach. Gewöhnlich spüren Tiere ein Unglück, bevor es geschieht. Sie reagieren auch hochempfindlich auf die Angst des Menschen. Wollen Sie den Wetterbericht, sehen Sie sich die Kühe auf einer nahen Weide an. Vor einem Unwetter legen sie sich meistens ins Gras. In der gesamten Schöpfung haben sich Tiere zu ihrem Schutz und zur Arterhaltung immer auf ihre übersinnlichen Empfindungen oder ihren Instinkt verlassen.

## *Ich will Gott mit eigenen Augen sehen*

Bevor ich anfing, mir Gedanken über meine übersinnliche Begabung zu machen, hatte ich schon über die Existenz Gottes nachgedacht. Ich war zwar katholisch erzogen worden und neun Jahre lang in eine katholische Schule gegangen, aber mir kam die katholische Sicht Gottes zu eng und unrealistisch vor. Wir sollten blind an eine Gottheit glauben, und das verwirrte mich sehr. Ich wälzte Fragen über Fragen, etwa: *Wieso wissen wir überhaupt, daß Gott existiert? Hat denn jemand Gott je gesehen? Wie macht Gott etwas aus nichts? Wer hat die Geschichten in der Bibel geschrieben, und stimmen sie überhaupt?*

Wie sehr ich auch an einen durch kirchliche Rituale und Gesetze vorgegebenen Gott glauben wollte, hatte ich doch selbst keine eigene Gotteserfahrung gemacht. *War ich verpflichtet, den routinemäßigen Gottesdienst einfach zu einem Bestandteil meines Lebens zu machen? Mir fehlte ein Stück des Puzzles. Hatten die Nonnen mir etwas vorenthalten? War mir in der Messe etwas entgangen, das alle anderen begriffen hatten? Zweifelte nur ich ihren Glauben an?* Für meinen jungen Verstand war die Bitte ganz einfach und selbstverständlich: Wenn es einen Gott gibt, möchte ich bitte einen Beweis dafür bekommen.

Mein Gebet wurde erhört, als ich acht Jahre alt war. Ich lag eines Morgens im Bett, als ein starker Luftzug mir übers Gesicht strich. Ich wickelte mich fester in meine Wolldecke und blickte zum Schlafzimmerfenster hinüber. Es war geschlossen. Um herauszufinden, wie dieser Luftzug in mein Zimmer gekommen war, schaute ich umher und sah eine große Hand mit der Handfläche nach unten an der Decke. Die Hand leuchtete, und weißes Licht pulsierte daraus hervor. Ich war wie hypnotisiert, aber irgendwie hatte ich keine Angst. Ich verstand zwar nicht, was da geschah, aber ich fürchtete mich auch nicht – vielleicht, weil ich ein Kind war. Ich war bereit, das Bild, das ich sah, für wahr zu halten. Da erfüllte mich plötzlich ein überwältigendes Gefühl von Frieden, Liebe und Freude. Obschon die Stimme Gottes nicht (wie es in der Bibel immer wieder beschrieben wird) laut ertönte, um meine Fragen zu beantworten oder mir mein Schicksal kundzutun, wußte ich, daß das eine Vision Gottes war. Ich wußte auch, daß ich alles nur Erdenkliche tun würde, um diese Freude wiederzufinden. Es dämmerte mir, daß das Leben aus viel mehr bestand als nur aus dem, was man mir beigebracht hatte und was ich mit den Augen meines Körpes sah.

Die leuchtende Hand Gottes war mein erstes hellseherisches Erlebnis. Trotz des tiefen Eindrucks, den es auf mich machte, erzählte ich es niemandem. Für mich war es mein Geheimnis, und man würde mir sowieso nicht glauben. Später lernte ich viel über Hellsehen dazu, bei dem man im Geiste Bilder, Formen, Begebenheiten, Geister, Gesichter und ferne Orte wahrnimmt, die für das physische Auge unsichtbar sind. Wenn wir beispielsweise nachts einschlafen, ziehen allerlei Formen, Gesichter und Ereignisse vor unserem inneren Auge vorbei. Beim Hellsehen ist es ganz ähnlich, nur sieht man diese Bilder dann mental. Im 2. Kapitel gehe ich näher auf das Hellsehen ein.

### *Eine Séance früh an einem Samstagabend*

Nach der überraschenden Handerscheinung war ich von der Existenz Gottes überzeugt. Schließlich konnte sich nur Gott plötzlich aus dem Nichts zeigen. Damit tauchten aber eine ganze Reihe neuer Fragen auf. Nun nahm mich der ganze Fragenkomplex um den Tod und das Geschehen danach völlig gefangen. Ich stellte mir lauter »Was-wenn«-Fragen über den Himmel und das Leben nach dem Tod. *An was für einen Ort gehen wir, wenn wir sterben? Gibt es wirklich einen Himmel, eine Hölle oder einen Ort dazwischen? Hört das Leben nie auf?* Ich wußte nur, was man mir in der katholischen Schule beigebracht hatte, und das war zu einseitig. *Was glauben andere über Gott und das Leben danach?* Ich wollte das verstehen. Ich wollte mehr darüber wissen. Ich wollte weiterforschen. Und dabei hatte ich keine Ahnung, daß ein übernatürliches Ereignis bereits vor der Tür stand.

Scott und ich waren eng befreundet. Wir spielten Ball und unternahmen all die Dinge, die Jungen eben so tun. Wir probierten auch die üblichen parapsychologischen Spiele aus, die offenbar für fast alle Jugendlichen zum Erwachsenwerden gehören. Wir befragten etwa spaßeshalber die achtseitige Zauberkugel, aber das Lachen verging uns schnell, wenn wir etwa: »Die Antwort ist nicht ganz klar, fragt später nach« gesagt bekamen. *Wie konnte sie überhaupt etwas wissen?* Wir nahmen mit einem Oui-ja-Board Kontakt zu Geistern auf, wobei insgeheim jeder davon überzeugt war, der andere bewege das Brett. Es war also ganz normal, daß wir eines Samstagmorgens beschlossen, am selben Tag um sieben Uhr abends eine Séance abzuhalten. Sieben war die Stunde, die für Zwölfjährige der Geisterstunde am nächsten kam.

Ich erinnere mich lebhaft an jenen Tag. Er schien sich ewig hinzuziehen. Bilder aus all den Vincent-Price-Filmen, die ich gesehen hatte, schossen mir durch den Kopf. Irgendwie wußte ich, daß dieser Abend etwas Außergewöhnliches bringen und daß etwas Umwerfendes geschehen würde. Um Viertel vor sieben war ich zu nervös geworden, um noch länger zu warten. Zwei Stunden zuvor hatte ich eine weiße Kerze gefunden und eingesteckt. Ich dachte, wir würden sie für eine richtige Séance brauchen. In Rekordzeit war ich bei Scott zu Hause angelangt. Nach einem kurzen, seinen Eltern hingeworfenen »Hallo« verzogen Scott und ich uns rasch auf sein Zimmer. Ich übergab Scott die Kerze, die er anzündete und feierlich mitten in einen Aschenbecher auf den Tisch zwischen uns stellte. Wir machten die Fenster zu, drehten das Licht aus, setzten uns einander gegenüber und warteten. Wir waren beide ziemlich aufgeregt, obwohl wir einander versicherten, das alles sei nur ein Jux. Die Atmosphäre war gespenstisch, ganz wie es sich gehörte. Die Kerze warf lange Schatten ins Zimmer und einen unheimlichen Schimmer auf unsere Gesichter. Das Beste bei diesem Spiel war, herauszufinden, wer zuerst Angst bekam und davonlief.

Wir saßen eine halbe Stunde schweigend da. Schließlich hielt ich es nicht mehr aus.

»Was sollen wir jetzt machen?«

Scott zuckte mit den Schultern: »Vielleicht sollten wir darum bitten, mit jemanden zu sprechen.«

Janis Joplin war gerade vor einem Jahr gestorben, und Scott schlug vor, nach ihr zu fragen. Wir riefen also etwa zehn Minuten lang wie bei einer Litanei nach Janis. Wir warteten. Nichts geschah. Wir riefen Janis noch einmal. Die Kerze brannte ruhig vor sich hin. Keine geheimnisvollen Klopfzeichen kamen aus dem Tisch. Kein kalter Luftzug strich durchs Zimmer. Wir warteten weiter. Unablässig suchten unsere Augen den Raum nach einer Bewegung oder irgendeinem Zeichen ab, daß Janis gekommen war. Aber da saßen nur zwei Zwölfjährige, denen es langsam langweilig wurde.

Ich beschloß, es mit einer letzten Bitte zu versuchen: »Janis, wenn du hier bist, gib uns ein Zeichen mit der Kerze«, gebot ich mit der tiefsten, melodramatischsten Stimme, deren ich fähig war.

Die Kerze flackerte kurz auf. Dann neigte sich die Flamme plötzlich nach links und blieb eine Sekunde lang so stehen. Gleich darauf neigte sie sich nach rechts und verharrte dort. Scott und ich saßen wie versteinert da. Die Flamme bewegte sich nun wie wildgeworden hin und her. Wir hielten beide den Atem an. Was auch immer die Flamme in Bewegung versetzte, wir waren es jedenfalls nicht. Wir waren zu versteinert, um irgend etwas zu unternehmen. Plötzlich ging die Kerze aus, und das Zimmer versank in tiefste Dunkelheit. Wir rafften unseren letzten Mut zusammen und liefen schreiend aus dem Zimmer in die sichere Nähe von Scotts Eltern.

Hatten wir Kontakt zu Janis Joplin aufgenommen? Wer weiß. Ich glaube, daß wir eine Tür zu etwas oder jemandem jenseits der materiellen Welt geöffnet hatten. Es kommt mir jedenfalls wie eine Ironie des Schicksals vor, daß das, was als Jux zweier Jungen begann, meine recht unterhaltsame erste Bekanntschaft mit meiner späteren Laufbahn sein sollte.

## *Weitere übersinnliche Phänomene*

Wenn ich an meine Kindheit zurückdenke, hatte ich doch recht viele seltsame und jenseitige Erlebnisse. Man könnte wohl sagen, daß die Séance auf etwas makabre Art das bemerkenswerteste davon war. Aber es war doch nur eines von vielen Erlebnissen, die, wie ich heute weiß, eindeutig Vorläufer eines mit Spiritismus, Spannung und Geheimnissen durchzogenen Lebens waren. Mein Lebensmotto hatte schon immer gelautet: *Das Unbekannte ist das, was man noch nicht gefunden hat.* Es war typisch für mich, Unerklärliches aufspüren und Antworten darauf suchen zu wollen. Deshalb führte mich meine Neugier häufig an Orte, wohin sich kein vernünftiger

Mensch je wagte. Als Kind fand ich immer wieder allerlei Spiele, Themen und Ablenkungen, die mich faszinierten und mir die Existenz einer okkulten Welt bestätigten. Am liebsten beschäftigte ich mich mit Geisterhäusern und Friedhöfen. Schon der Gedanke, daß in einem Haus offenbar unsichtbare Wesen durch die Gemächer streiften, nahm mich völlig gefangen. Der geborene Detektiv in mir übernahm häufig die Führung, und ich gab keine Ruhe, bis ich das jeweilige Geheimnis gelüftet hatte.

Das Bell-Haus war ein solches geheimnisumwittertes Haus. Bedrohlich stand es da, unter einer Schicht abgeblätterter, alter grauer Farbe, und die Fensterläden hingen kaum noch in den Angeln, während manche über gelben Fensterrahmen halb geschlossen waren. Das Bell-Haus hatte seine Blütezeit in einem längst vergessenen Jahrhundert erlebt, als die Straßen noch Pferd und Wagen gehörten und Kühe friedlich auf den Weiden grasten. Das Haus oder das »Landgut«, wie man es auch nannte, bot einen unheimlichen Anblick, wenn man es in einiger Entfernung von der Straße aus sah, von überwachsenen Bäumen halb verborgen. Meinen Kinderaugen kam es vor, als reichten seine Dachzinnen direkt in den Himmel. Das Bell-Haus stand nun schon seit über fünfzig Jahren leer, war aber stets eine einschüchternde Erscheinung auf meinem Schulweg gewesen. Ich weiß noch, wie wir wegen der vielen Geschichten, die man sich darüber erzählte, immer schnell daran vorbeirannten. In einer davon kam eine alte weißharige Dame vor, deren ständiges Wehklagen im ganzen Haus zu hören sei.

Der Überlieferung zufolge hatte diese Dame einen Sohn, der als Kaufmann zur See fuhr. Nachdem er einmal viele Monate zu Hause geblieben war, überredete sie ihn zu einer neuerlichen Expedition. Der Sohn ging widerwillig fort und ward nicht mehr gesehen. Offenbar war das Wetter plötzlich umgeschlagen, und das Schiff, auf dem er sich befand, war in einem gewaltigen Sturm untergegangen. Es gab keine Überlebenden. Seine Mutter aber glaubte das nie, sondern dachte, ihr Sohn habe sich aus dem Staub gemacht. Seither sah man sie immer wieder ihren Sohn in den Gemächern des Hauses suchen und nächtelang wehklagen. Manchmal ließ sie eine Kerze in der Hoffnung brennen, ihr Sohn würde sie sehen und heimfinden. Aber das war nicht das Schlimmste. Wir Kinder wußten: Wenn wir zufällig zum Haus hinsahen und das Gesicht der Dame erblickten, würde sie nachts, wenn wir schliefen, in unser Schlafzimmer kommen und uns mit zu sich nach Hause nehmen, und wir müßten auf ewig bei ihr bleiben.

Meine Freunde und ich vergaßen diese Geschichte über das Bell-Haus nie, und auch wenn sie vielleicht nicht stimmte, wurde unser sonst recht langweiliger Schulweg dadurch etwas spannender. Als ich etwas älter war – etwa zehn oder elf –, hatte ich die harmlose Geschichte von der alten Frau und ihrem Sohn so ziemlich beiseite geschoben, aber das Haus faszinierte mich immer noch sehr. Ich hielt davor an, sah zum Fenster im zweiten Stock hoch und hoffte, den Schimmer einer brennenden Kerze oder das dumpfe Geräusch eines unterdrückten Schreis zu erhaschen. Auf jeden Fall war etwas mit diesem Haus los. Ich wußte es. Es schien mich zu rufen. Und ich mußte seinem Ruf folgen.

Eines Tages tat ich genau das. Mein Möchtegernzaubergehilfe Scott und ein paar andere tapfere Jungen aus dem Quartier wollten mich begleiten. Irgendwie mußten wir ins Haus gelangen. Wir dachten, auf der von den Bäumen fast vollständig verdeckten Rückseite könnten wir es wohl am leichtesten schaffen. Da war kein Zaun, der uns aufgehalten hätte, und die Aufgabe erwies sich als einfacher, als wir geglaubt hatten. Nachdem wir uns zwischen den Bäumen hindurchgezwängt hatten, fielen unsere Augen auf ein altersschwaches, baufälliges Holzhaus. Das Gespensterschloß, um das sich einst so viele beängstigende und schreckliche Geschichten gerankt hatten, schien aus weiter nichts als viel morschem Holz und abbröckelndem Putz zu bestehen.

Wie es der Zufall wollte, war neben der Hintertür ein Fenster. Einer von uns hielt Wache, und wir anderen rissen ein Brett vom Fenster weg. Die Sonne durchflutete die hundertjährige Dunkelheit. Vorsichtig krochen wir ins Haus, das im Lauf der Zeit offensichtlich fast eingefallen war. Kaum stand ich im Raum, als mich Kälteschauer überliefen. Aber die Furcht und der Schrecken, die ich erwartet hatte, verwandelten sich in Freude und Lachen. Als ich mich umsah, sah ich eine Art riesiges Wohnzimmer, das viel länger als breit war. Die Wände waren vom Regen vergangener Tage verfärbt, und eine rosa Tapete hing in Fetzen von den Wänden, in denen große Löcher mit Brettern zugenagelt waren. Als ich durch das große Zimmer ging, hatte ich das seltsame Gefühl, an diesem Ort hätten abends wohl Tanzgesellschaften stattgefunden. Ich konnte beinahe den Walzerschritt an mir vorbeitanzender Paare sehen. In der einen Ecke des Raumes konnte ich mir eine kleine Tanzkapelle vorstellen, die den Gästen bis in die frühen Morgenstunden aufspielte. Ich ging geradewegs weiter bis zu einem Nebenzimmer am anderen Ende. Höchstwahrscheinlich war dies der Speisesaal für eine stattliche Anzahl Gäste gewesen. Ich sah eine Tafel voll auserlesener Speisen wie bei einem Bankett vor mir. Kerzenleuchter spendeten Licht für das Abendessen. Plötzlich holte mich ein Aufschrei meines Freundes Kevin aus meiner Träumerei zurück.

»Au, Backe!« rief er. »Sieh dir mal das an!«

Als ich zu Kevin und den anderen im nächsten Zimmer

stieß, sah ich, weswegen sie so aufgeregt waren. Auf dem Boden lagen Bücher und Fotos in allen Größen und Formen verstreut. Etliche Bücher hatten Handel und Geschäft sowie die Seefahrt zum Thema. Andere waren Buchhaltungsbücher voller Bleistiftzahlen. Wir erbleichten, als wir diese Bücher über das Verschiffen von Waren und die Fahrten zur See fanden, wandten uns alle zur Tür und suchten den nächsten Fluchtweg, denn plötzlich standen uns die Geschichten aus unserer frühesten Kindheit über den Kaufmann und seine Mutter wieder lebhaft vor Augen. *Und wenn das alles doch wahr wäre?* Es schauderte uns bei dem Gedanken daran, was uns allen zustoßen könnte. *Und wenn es nun im Haus spukte und Geister in den Fluren lauerten?* Ich weiß nicht, ob wir nur unseren Mut beweisen wollten, aber niemand wollte zugeben, wie sehr er sich fürchtete, obwohl wir alle wußten, daß wir innerlich mit den Zähnen klapperten. Wir beschlossen, zusammenzubleiben und unsere Erforschung fortzusetzen.

Ich hob einige Fotos vom Boden auf und sah sie mir an. Es waren Bilder von Kindern; eins war ein Baby, die anderen beiden adrett angezogene Jungen, die einander glichen und offensichtlich Brüder waren. Als ich das Foto in der Hand hielt, hatte ich das Gefühl, als stünde jemand neben mir. Wissen Sie, was ich meine? Es fühlte sich genauso an, wie wenn jemand hinter einem hergeht. Erschrocken ließ ich das Bild sofort fallen. *Die weißhaarige Dame war gekommen, um mich zu holen!* Langsam drehte ich mich um und sah gar nichts. *Bestimmt hatte ich es mir nur eingebildet.*

Dann geschah etwas äußerst Seltsames. Ich hatte plötzlich den Impuls, in die Ecke des Zimmers zu gehen und ein Foto aufzuheben, das gleich neben der Wand lag. Also ging ich dorthin, beugte mich hinunter und hob das Bild auf. Aus dem gerahmten Bild sah mir eine elegante Dame in einem langen, dunklen Kleid mit einem wunderschönen Blumenstrauß im Arm entgegen. Sie hatte ein unendlich sanftes Gesicht mit tiefliegenden Augen, die direkt durch mich hindurchzublicken schienen. Ihr Haar war in einem Knoten zusammengesteckt und wurde von einer Schleife zusammengehalten. Als ich mir das Bild näher ansah, spürte ich, daß es die Mutter der Kinder auf den beiden anderen Fotos war. Ich kann nicht beschreiben, warum ich das mit Bestimmtheit wußte, ich wußte es einfach. Ich blickte zu Boden und sah auf das Bild eines Mannes mit Schnurrbart und verschränkten Armen, der geradeaus blickte. Auch dieses hob ich auf, und als ich es in der Hand hielt, wußte ich, daß er der Gatte der Dame war. Mir kamen sie wie eine Familie vor, die häufig Gäste hatte. Sicherlich war die Familie sehr reich und einflußreich in dieser Gegend gewesen. Als ich mir die anderen Familienbilder ansah, merkte ich, daß sie irgendwie mit Politik zu tun hatten. Ich konnte diese Empfindungen meinen Freunden nicht erklären; sie dachten alle, ich sei verrückt oder habe eine blühende Fantasie. Aber ich wußte, daß mich irgendeine Kraft in diese Ecke des Raumes gestoßen hatte. *Was war es? Wer war es gewesen? Weshalb wußte ich, daß gerade diese Familie gerne Gesellschaften gab und mit Politik zu tun hatte? Sagten mir Geister, die noch immer in den Gemächern umgingen, das alles? War das Kindermärchen von der weißhaarigen Dame und ihrem Kaufmannssohn doch wahr?*

Drei Jahre später bekam ich Antwort auf all diese Fragen. Ich werde es nie vergessen. Ich war zu Hause, als die Post kam. Darunter war eine Broschüre der historischen Gesellschaft meines Wohnortes mit dem Titel: *Bayside gestern und heute.* Darin stand, früher hätten verschiedene Indianerstämme, dann holländische und schließlich englische Kaufleute an diesem Ort gewohnt. Aber interessant wurde es erst, als ich zur Stelle über das Bell-Haus kam.

Abraham Bell, ein wohlhabender Kaufmann im Überseegeschäft, hatte 500 Morgen Land gekauft und 1849 ein Haus für seine Familie darauf gebaut. Er hatte eine ziemlich große Familie, darunter zwei kurz nacheinander geborene Jungen. Das Haus war eines der ersten in Bayside gewesen. Ich las weiter. Die Bells gehörten zur Elite oder High-Society und hatten häufig Gesellschaften für hohe New Yorker Ratsherren und Politiker aus der Hauptstadt Washington gegeben. Gebannt las ich weiter. Als ich umblätterte, weiteten sich meine Augen. Auf dieser Seite blickten mich Herr und Frau Bell aus ihren Fotos an – genau denjenigen, die ich drei Jahre zuvor in Händen gehalten hatte. So wurden meine Empfindungen anläßlich jenes ereignisreichen Besuchs bestätigt.

Meine anderen geheimnisvollen Erlebnisse hatte ich alle im selben Alter, also mit etwa zehn oder elf Jahren. In der Mittagspause langweilten sich meistens einige von uns, und wir wollten etwas anderes unternehmen als Ball spielen oder mit den Mädchen seilspringen. Einige der cooleren Jungs gingen in die Stadt, um zu sehen, wieviel sie im dortigen Kaufladen stehlen konnten, ohne geschnappt zu werden. Wenn sie nachmittags wieder zur Schule kamen, zeigten sie jeweils stolz ihre Beute vor – gewöhnlich waren es Stifte, Lineale und Lesezeichen. (Für Schüler an einer katholischen Schule eine großartige Freizeitbeschäftigung!)

Da ich aber weder cool noch ein Dieb war, tat ich das, was ich cool fand: Mit ein paar anderen zusammen ging ich zum Lawrence-Friedhof; dieser Familienfriedhof war zu Beginn des 19. Jahrhunderts angelegt worden und seither ein historisches Wahrzeichen. Bei einem dieser Mittagsausflüge zum Friedhof hatte ich ein hochinteressantes, verblüffendes Erlebnis. Zwei Schulkameraden und ich saßen unter einem Baum und waren gerade mit unserem Mittagsbrot fertig. Wir genossen den sonnigen, warmen Frühlingstag im stillen Friedhof und überlegten gerade, ob wir den Rest des Tages schwänzen sollten. Als wir so hin und her redeten, hörten wir plötzlich zwei Kinder ganz in der Nähe lachen. Wir sahen uns alle nach ihnen um, sahen aber nichts. Wahrscheinlich waren es Kinder aus einem nahen Hinterhof, dachten wir, deren Stimmen zu uns herübergetragen wurden. Kaum hatte uns diese Erklärung eingeleuchtet, als das Gelächter wieder anhob. Es kam uns sehr seltsam vor, und wir bekamen es mit der Angst zu tun, beschlossen aber, dem Gelächter nachzugehen. Als wir in die betreffende Richtung gingen, hörten wir die Kinder wieder lachen. Wir konnten immer noch nichts sehen und gingen etwas widerstrebend weiter.

Als wir näher kamen, rief mein Freund Peter: »Sieh mal!« Wir sahen zwei Kinder, einen Jungen und ein Mädchen, die einander sehr ähnlich sahen und wohl etwa fünf und sechs Jahre alt waren. Als wir näher kamen, liefen sie davon, und wir konnten sie nirgends mehr finden – das war das Seltsame daran. Wir waren sehr oft auf den Friedhof gegangen und dort kaum jemals jemandem begegnet, Kindern schon gar nicht. Aber wir fanden, wir sollten doch besser wieder zur Schule gehen. Als wir uns zum Gehen wandten, rief mein Freund Tim: »Seht euch das an!« Er starrte auf etwas: den Grabstein mit den Namen zweier Kinder, eines Mädchens und ihres Bruders, die mit vier und fünf gestorben waren. *War das eben eine Erscheinung gewesen?* Ich kann es wirklich nicht sagen, aber meine Freunde wollten nie wieder darüber reden.

Solche Erlebnisse hätten mir meine Zukunft weisen können, hätte ich sie damals verstanden. Aber da ich sonst ein ganz normales Kind war, interessierten mich Dinge wie Fußball, Baseball und Rollschuhlaufen mehr.

## *Die katholische Schule*

Wenn ich mich nicht gerade in Geisterhäusern und auf Friedhöfen vergnügte, ging ich in die katholische Heilig-Herz-Schule. Wie viele gleichaltrige Kinder verstand ich nie genau, was Gott war. Ich dachte, Gott sei ein netter Mann mit einem Bart, der uns liebte, aber wenn wir etwas falsch machten, hasse er uns und werfe uns zur Strafe in das Höllenfeuer. Das jagt einem kleinen Kind doch Angst ein, nicht? Ich erinnere mich, daß ich manchmal in der Kirche saß und das Wandgemälde über dem Altar ansah. Es war ein wunderschönes, frommes Jesusbild, von dem er auf die Welt herablächelte. Ich weiß noch, wie ich dachte: *Wie könnte so jemand dich in der Hölle schmoren lassen?*

Man brachte uns auch bei, Gott erhöre unsere Gebete. Ich kann mich nicht erinnern, daß irgendeines meiner Gebete je erhört wurde, und das konnte ich nun überhaupt nicht verstehen. Schon als Kind stellte ich unaufhörlich Fragen über Gott, bekam aber kaum je eine Antwort darauf. Und wenn eine kam, dann beantwortete sie nicht die ursprünglichen Fragen, sondern warf weitere Fragen auf. So trugen die Nonnen in der Schule zum Beispiel schwarze Habits mit einem weißen Schleier. Als ich sie zum erstenmal in dieser Tracht sah, fürchtete ich mich, in die Schule zu gehen. Diese Frauen sahen nicht aus, wie ich mir die *Bräute Jesu* vorstellte, schon gar nicht so ganz in Schwarz. Als ich sie fragte: »Warum tragen Sie schwarze Kleider?«, wußten sie keine Antwort darauf.

Schon früh war ich mir des Himmels bewußt. Zwar stellte ich mir den Himmel mit prächtigen Himmelstüren, geflügelten Engeln und so weiter vor, aber ich wußte auch, daß er mehr war. Ich wußte, daß man alle verstorbenen Freunde und Verwandten wiedersehen würde, wenn man in den Himmel kam. Auch die Nonnen sagten, wir würden unsere Lieben im Himmel wiedersehen, aber nur als *Seelen*. Ich verstand nicht, was eine *Seele* war. Ich wußte, daß es Menschen im Himmel gab, aber *wo waren dann ihre Seelen? Gehörten die Seelen zu ihnen?* Solche Fragen verwirrten die Nonnen. Leider antworteten sie dann jedesmal, ich solle still sein und nicht so viele Fragen stellen. Und dann fügten sie hinzu: »Eines Tages wirst du herausfinden, wohin die Seelen gehen, und dann wirst du dir wünschen, du hättest keine solchen Fragen gestellt.« Wahrscheinlich wollten sie damit sagen, ich würde es bei meinem Tod herausfinden.

Ich erinnere mich an eine Begebenheit in der zweiten Klasse, die meinen Glauben an Gott noch mehr ins Wanken brachte. Ich hatte für eine bestimmte Stunde nicht den richtigen Farbstift dabei, und Schwester Matilda gab mir eine so starke Ohrfeige, daß ich zu Boden fiel und einen Moment lang ohnmächtig war. Als ich wieder auf meinen Platz rutschte, war sie schon wieder am anderen Ende des Klassenzimmers. Offensichtlich kümmerte sie mein Wohlergehen wenig. Ich war damals erst sieben Jahre alt! *Weshalb hatte sie mich geschlagen? Ich hatte niemandem etwas zuleide getan. Ich hatte auch nichts Böses getan. Wie konnte jemand, der über die Liebe zu den Mitmenschen redete, jemand, der mit Jesus verheiratet war, mich so behandeln?* Deshalb vollführten mein Glauben und Vertrauen in die katholische Kirche einen Seiltanzakt zwischen dem, was gepredigt wurde und dem, was wir vorgelebt bekamen. Die Zweifel aber nagten an mir.

Ich blieb wegen meiner glaubensstarken irischen Mutter in der katholischen Schule. Sie ging täglich in die Messe und beteuerte, das sei der einzige Weg, um in den Himmel zu kommen. Als ich sie nach anderen Religionen fragte, tat sie diese einfach mit »alles Heiden« ab. (Der katholischen Kirche zufolge ist ja der Katholizismus die allein seligmachende Religion!) Ich wollte weder ein Heide sein noch in der Hölle braten, also blieb ich in der Heilig-Herz-Schule, begegnete aber diesen großen Frauen, die aussahen wie Pinguine, immer mit Skepsis.

Rückblickend verstehe ich auch, weshalb die Nonnen die Kinder so plagten und weshalb manche (nicht alle) Priester Alkoholiker wurden, Kinder belästigten oder eine Geliebte hatten. Es ist wohl überaus schwierig und auch etwas unmenschlich, ständig im Zustand der Gnade zu leben. Schließlich sind wir doch alle bloß Menschen! Es gibt natürlich einige, die ein so karges Leben führen können – um so besser für sie. Für die meisten ist es aber sicher unmöglich. Kein Wunder, daß sich immer weniger Menschen für Priesterseminare und Noviziate interessieren. Die katholische Kirche hat ein unglaublich archaisches Glaubenssystem, in vielerlei Hinsicht entspricht ihre Einstellung dem 15. Jahrhundert. Das Leben verändert und entwickelt sich aber ständig, und auch wir Erdenwesen wachsen ständig und erweitern unseren Horizont. Statt einander der jeweiligen Religion zufolge abzustempeln, sollten wir andere als Ebenbürtige betrachten. Ich will damit nicht sagen, daß Religion an sich schlecht sei. Ganz im Gegenteil. Wenn die meisten Menschen tatsächlich ihrer Religion entsprechend lebten, wären wir auf dieser Welt bestimmt sehr viel glücklicher. Niemand würde auf der Straße überfallen oder im Krieg erschossen. Niemand müßte Hunger leiden oder wäre heimatlos. Mir scheint aber, die Oberhäupter der verschiedenen Religionen interessieren sich leider mehr dafür, Macht auf der Welt zu erlangen, als ihre Schäflein auf die Erlösung vorzubereiten.

## *Das Priesterseminar – nichts für mich*

Nach acht Jahren Unterricht in der Heilig-Herz-Schule ging ich zur Vorbereitung in das Hyde-Park-Priesterseminar in New York. Auf die Idee, ich solle Priester werden, war meine Mutter gekommen, nicht ich. Aber ich wollte schon immer von zu Hause weg, und das war eine Gelegenheit dazu. Das Priesterseminar hat mir sehr schwierige Erfahrungen beschert. Ich war zum ersten Mal von zu Hause fort und hatte Heimweh. Außerdem fühlte ich mich verlassen. Ich war 14 Jahre alt und sehr deprimiert. Zu meinem Glück fand ich heraus, daß viele andere Jungen unter ähnlichen emotionalen Anpassungsschwierigkeiten litten. Etwas lehrt die katholische Kirche wirklich sehr gut, nämlich daß gemeinsames Leid einander näherbringt. Schließlich gewöhnten wir uns alle daran.

Das Priesterseminar zwängte mich wieder in einen ordentlichen, disziplinierten Rahmen. Da ich empfindsam war, konnte ich häufig spüren, wie frustriert die Priester und Brüder waren. Mir kam es vor, als hätten die meisten unter ihnen lieber ein weltliches Leben geführt, aber aus irgendwelchen Gründen hatten sie ihr Leben Gott gewidmet. Als ich Schüler am Priesterseminar war, wollte auch ich mein Leben Gott weihen, aber kein Priester oder Bruder werden, weil dieses Leben mir zu eng war. Ich war mir auch nicht sicher, ob das, was in der Messe verkündet wurde, die absolute Wahrheit darstellte. Und dann war ich – wie schon früher in der Mittelschule – nicht so sicher, ob es in dieser Religion wirklich um Gott ging. Dafür schien es zu viele Regeln und Bestimmungen und zu wenige Zeichen für die Wirksamkeit Gottes in der Welt zu geben. Das einzige, was darauf hinwies, war die Kollekte.

Das erste Jahr im Priesterseminar wälzte ich häufig meine

Fragen in bezug auf Gott, aber ich behielt diese Überlegungen für mich, weil ich fürchtete, die andern würden mich für verrückt halten. In der Messe meditierte ich immer wieder über die Frage: *Wer oder was ist Gott?* Dann fiel mir jeweils mein Erlebnis mit der ausgestreckten, in Licht getauchten Hand ein, und ich dachte: *War es diese Hand, die mich durch die katholische Schule geleitet hat? War es dieselbe Hand, die mich ins Priesterseminar geführt hat?* Je mehr ich fragte, desto unsicherer wurde ich mir meiner Religion. Weshalb bekam ich keine Antwort auf diese Fragen? Es sollte nicht mehr allzu lange dauern, bis ich es endlich herausfand.

Es geschah in der Osterwoche, genauer gesagt am Karfreitag. Die meisten Geräte waren vom Altar entfernt und alles, was noch übrigblieb, mit Tüchern zugedeckt worden. Die große, goldglänzende Monstranz, in der sich die gesegneten Hostien befanden, stand auf einem Nebenaltar. Alle Schüler sollten nacheinander vor der Monstranz meditieren. Wir hatten keine bestimmten Gebete zu sagen, sondern konnten uns voll und ganz auf unser Gefühl verlassen. Jeder Schüler kniete oder saß das ganze Wochenende jeweils eine halbe Stunde davor.

Als ich am Karfreitag so dasaß, konnte ich Gott wahrscheinlich zum erstenmal seit dem Handerlebnis spüren. Ich saß im kleinen Raum, starrte auf dieses unglaubliche, goldene, blumengeschmückte Kunstwerk und konnte meine Augen nicht davon abwenden. Nach zwanzig Minuten kam es mir vor, als sei Gott anwesend. Es war nicht jemand, der wirklich *neben mir* stand, sondern ein Gefühl des Friedens und der Ruhe *in mir*. Genau dasselbe Gefühl hatte ich mit acht Jahren gehabt. Einmal mehr war dies der Beweis, nach dem ich gesucht hatte, der Beweis, daß es Gott gab. Ich wußte, daß es nicht die Hostie vor mir war. Es war viel mehr als das, es war in mir. Es sprach in meinem Herzen zu mir – nicht mit Worten, sondern als Gefühl, als überwältigende Liebe, die Gott für mich empfand und an der ich teilhatte. Da verstand ich, daß man Gott nicht nur in einem Priesterseminar oder in einer Kirche spüren konnte, sondern überall und in allem. *Gott ist grenzenlos*. Endlich hatte ich eine Antwort bekommen und wußte, daß ich deswegen ins Priesterseminar gekommen war. Ich sollte dieses Gottesgefühl mitnehmen. Von diesem Tag an habe ich die Existenz Gottes nie mehr in Zweifel gezogen. Ich brauchte nur in mein eigenes Herz zu blicken, um Gott zu begegnen.

Nach diesem Erlebnis fühlte ich keinerlei Notwendigkeit mehr, das Seminar abzuschließen. Ich wußte, daß es dort nichts mehr für mich zu lernen gab. Wenn die Lehrer mich darauf hatten vorbereiten wollen, die Allgegenwart Gottes zu begreifen, dann war es ihnen gelungen. Ich hatte erkannt, daß Gott in mir und in allem war, was ich tat. Gott war Liebe und Güte, Verständnis und Kompromiß, Gerechtigkeit und Ehrlichkeit. Mir wurde klar, daß wir alle Gott in uns tragen.

Das Leben im Priesterseminar hat mich manches gelehrt, und rückblickend bin ich für diese Erfahrung dankbar. Ich habe mein eigenes Selbstgefühl entdeckt, das mir zuvor gefehlt hatte. Ich mußte mich mit anderen auseinandersetzen und das Gute und Schlechte in ihnen sehen. Allerdings hat mir das Seminar auch zur Einsicht verholfen, daß der Katholizismus nichts für mich war. Ich hatte etwas viel Kostbareres und Tieferes gefunden, an das ich glauben konnte – Gott. Es war nicht der Gott, der auf einem Thron im Himmel saß oder der Sohn Gottes, der an einem Kreuz hing. Es war der Gott der Liebe, der in mir wohnte.

Nach dieser Erfahrung wurde mir klar, daß ich keinen Gott mehr verehren konnte, der durch überholte und willkürliche

Kirchenregeln überdeckt wurde. Ich konnte nicht mehr an einen Mythos glauben, in dem es um Schuld und Strafe ging.

Ich finde es heute noch ziemlich unglaublich, daß die katholische Kirche solches lehrt. Verstehen Sie mich bitte nicht falsch. Jeder kann glauben, was er für richtig hält. Ich erzähle hier nur, was ich selbst erlebt habe.

## *Kontakt mit der anderen Seite*

Nach dem ersten Jahr habe ich das Priesterseminar verlassen und bin die drei darauffolgenden Jahre in eine normale High-School in New York gegangen. Dann ließ ich das Elternhaus wieder hinter mir und trat in das San Francisco State College ein, um eine Ausbildung in Publizistik zu absolvieren. Ich träumte von einer Karriere als Drehbuchautor. Wie es der Zufall wollte, half ich einmal bei den Vorbereitungen eines Meetings mit dem Team der Fernsehserie *Polizeirevier Hill Street* und freundete mich dabei mit einem der Produzenten an. Als ich ihm sagte, ich würde nächstens die Ausbildung beenden, machte er mir ein Angebot, das mir wie der erste große Durchbruch vorkam. Ich werde seine vielversprechenden Worte nie vergessen: »Ruf mich an, wenn du nach L. A. kommst. Wir können dich wahrscheinlich als Produktionsassistent für die Show einsetzen.« *Produktionsassistent*! Plötzlich war Bewegung in mein Leben gekommen.

Nach meinem Abschluß ging ich nach New York zurück, verschwendete dort aber keine Zeit. Ich kaufte mir ein Auto, packte meine Siebensachen und fuhr wieder nach Westen. Am 7. Juli 1982 kam ich in Los Angeles an. Endlich war ich in der ersten Liga gelandet. Ich hatte es nach Hollywood geschafft!

Ich schwor mir, die Glitzerstadt erst wieder zu verlassen, wenn ich meinen Traum verwirklicht hatte und Drehbuchautor geworden war. Ich rief meinen Freund – den Produzenten – an, um ihm mitzuteilen, daß ich bereit sei, mein neues Leben zu beginnen. Aber er war nicht zu sprechen.

Ich überlebte mit Teilzeitjobs, bis ich mich zu einer Vollzeitbeschäftigung im Keller der William-Morris-Agentur emporgearbeitet hatte. Mir war die glanzvolle Aufgabe übertragen, die Heftklammern aus den Akten zu entfernen, die auf Mikrofilm aufgenommen werden sollten. Die meiste Zeit verbrachte ich mit Tagträumen über ein glanzvolles Leben als berühmter Drehbuchautor. Obschon ich damals nicht gerade meinen Traumjob innehatte, hatte ich im Innersten das seltsame Gefühl, es sei irgendwie wichtig zu bleiben, wo ich war. Sehr bald sollte sich auch herausstellen, weshalb.

Eines Tages unterhielten meine Abteilungsleiterin Carol Shoemaker und ich uns über Metaphysik. Sie hatte eine Verabredung mit einem Medium namens Brian Hurst und fragte mich, ob ich mitgehen wolle. Ich hatte keine Ahnung, was ein Medium war, ergriff aber die Gelegenheit beim Schopf, aus dem Agenturkeller herauszukommen und etwas Neues kennenzulernen.

Wir kamen einige Minuten vor unserer Verabredung um sieben in Manhattan Beach an. *Vielleicht war sieben Uhr eben doch die Geisterstunde.* Das Ganze machte mich etwas nervös. Ich mußte immer wieder an die Séance mit Scott und Janis zurückdenken und fragte mich schließlich, ob es wirklich eine so gute Idee war, Kontakt mit den Toten aufzunehmen.

Der lächelnde Engländer mit den großen grünen Augen, der uns die Tür öffnete, konnte mich auch nicht beruhigen. Als er sich vorstellte, kam er mir für die Arbeit, die er machte, etwas zu liebenswürdig vor. Als wir ihm ins Haus folgten, jagten sich meine Gedanken und beschwörten Geisterbilder herauf, die dieser Zauberer vielleicht entfesseln würde. Trotzdem machten Carol und ich es uns auf dem leuchtend orangefarbenen Sofa bequem. Waren wir bereit für das Abenteuer? Ich war mir nicht so sicher.

Brian beschrieb uns in der nächsten halben Stunde, was wir erleben würden. Er erklärte, er sei *hellhörend* – er konnte buchstäblich die Stimmen der Geister *hören*: »Die Geistwesen haben eine sehr hohe Schwingung. Sie reden sehr schnell – manchmal klingt es wie Morsen. Ich bekomme Mitteilungen oft als kurze und lange Piepser.« Nach diesen Erklärungen teilte er Carol mit, ihr Vater stehe in der Zimmerecke. »Es sieht aus, als habe er sich den Finger verletzt.«

Carol entgegnete, ihr Vater habe sich unmittelbar vor seinem Tod in den Finger geschnitten. Ich war platt. *Wie konnte er das wissen?* Ich saß auf der Sofakante und wartete gespannt auf weiteres.

Brian redete weiter über Carols Vater, aber ohne daß sich Flammen bewegten oder Klopfzeichen aus Tischen kamen. Nach zwanzig Minuten wandte er sich an mich. Er meinte, es gebe einen mir geistesverwandten James, der mich grüße und Anteil an meinem Leben nehme. Ich hatte keine Ahnung, wen er damit meinte. Später erfuhr ich, daß ich einen Onkel James gehabt hatte, der vor Jahren gestorben war.

Gegen Ende der Sitzung meinte Brian: »Wissen Sie, James, Sie sind medial sehr begabt. Die Geistwesen sagen mir, Sie würden eines Tages Sitzungen wie diese für andere abhalten. Die Geister haben vor, Sie dazu einzusetzen.«

Ich wußte nicht, was ich dazu sagen sollte. Schließlich hatte ich ganz andere Pläne. Ich war nicht bereit, eine völlige Kehrtwendung in meinem Leben vorzunehmen. Ziemlich nervös antwortete ich: »Es fällt mir schon schwer genug, die Lebenden zu verstehen. Weshalb sollte ich wohl jetzt mit den Toten reden wollen?«

Brian lächelte einfach und beruhigte mich: »Eines Tages werden Sie das tun.«

## *Die Entdeckung meiner übersinnlichen Kräfte*

Monatelang nach unserer Sitzung verfolgte mich Brians Vorhersage noch. Damals hatte er mir außerdem erklärt, nicht alle könnten ihre Schwingungen auf eine Ebene anheben, auf der die direkte Kommunikation mit den Geistwesen möglich werde. »Zu deinem Glück, James, wirst du diese Anpassung vornehmen können.«

Brians Verbindung mit der geistigen Welt faszinierte mich, und ich war neugierig, was aus seiner Beurteilung meiner Fähigkeiten, dasselbe zu tun, wohl würde. Die Neugier aus meiner Kindheit nahm wieder überhand: *Warum ich? Was hatte ich getan, das mich dazu befähigte?* In meinem Innersten wußte ich, daß meine Zukunft so aussehen würde, aber intellektuell konnte ich mich mit einer so ausgefallenen Aussicht nicht abfinden. Schließlich paßte ein solches Leben nicht gerade zu meinen Plänen. *Und was war mit meiner Karriere als Autor? War ich nicht deswegen nach Los Angeles gekommen? Gab es möglicherweise einen anderen Plan für mich?* Ich beschloß, meine übersinnlichen Kräfte auszuloten und das selbst herauszufinden.

Jedes Buch, das ich über die Entwicklung übersinnlicher oder medialer Fähigkeiten nur finden konnte, erstand ich. In vielen wurden verschiedene Methoden zur Förderung der natürlichen übersinnlichen Kräfte beschrieben, die wir alle haben. Manche verliefen etwa nach folgendem Schema: Man solle einen Gegenstand in die Hand nehmen, die Augen schließen und darauf achten, welche *Gefühle* sich zu diesem Gegenstand einstellten. Die Gefühle konnten sich als Bilder, Klänge, Namen oder Empfindungen zeigen. Bei einer anderen Methode nahm man das Bild eines oder mehrerer Menschen und schrieb alles über die Abgebildeten auf, etwa ihr Alter, was sie mochten oder nicht, ob sie glücklich, traurig, angespannt, besorgt waren und ähnliche Dinge. Für eine weitere Übung war eine Gruppe nötig. Ein Teilnehmer setzte sich auf einen Stuhl mit dem Rücken zur Gruppe. Ein anderer stellte sich etwa einen halben Meter hinter ihn. Dann sollte der Sitzende alles beschreiben, was er über den hinter ihm Stehenden empfand. Handelte es sich um eine männliche oder weibliche Energie? Welches waren die hervorstechenden Eigenschaften dieses Menschen? Man sollte auch seine Kleidung beschreiben. Trug er eine Brille?

Solche Übungen sollten mir helfen, statt meines Verstandes mein Gefühl einzusetzen, um meine Umwelt innerlich wahrzunehmen. Schon bald hatte ich einige davon in meinen Alltag eingebaut. Beispielsweise versuchte ich, beim Warten auf den Fahrstuhl zu erraten, welcher Aufzug als nächster ankäme. Oder ich sah intuitiv, welche Farben meine Mitarbeiter am betreffenden Tag trugen. Je öfter ich meine Intuition anwendete, desto häufiger traf ich ins Schwarze.

Manchmal erwiesen sich diese Übungen als ziemlich nützlich und machten außerdem Spaß. Ich erinnere mich, daß ich das Konferenzzimmer an meinem Arbeitsort für eine Sitzung vorbereitete und zu erraten versuchte, wie viele Teilnehmer kommen würden. Der erste Eindruck waren 24. Ohne zu fragen, stellte ich also 24 Stühle und 24 Gläser hin. Inzwischen wußten viele Mitarbeiter über meine übersinnlichen Spielereien Bescheid und waren daher nicht überrascht, den Raum bereits fertig vorbereitet anzutreffen. Als alles in Ordnung war, kamen die Teilnehmer einer nach dem anderen hereinspaziert und setzten sich, bis 22 da waren. Ich dachte bei mir: *Wie konnte ich mich bloß um zwei vertun?* Meine Mitarbeiterin Jodie zwinkerte mir zu, als wollte sie sagen: *Nächstes Mal gelingt es dir besser.* Fünf Minuten nach Sitzungsbeginn kündigte der Vorsitzende an, ein neuer Mitarbeiter sei eingestellt worden. Die Tür öffnete sich, und Ryan kam mit seiner Sekretärin Carmen herein. Sie setzten sich auf die beiden leeren Stühle, ich aber sah zu Jodie hinüber und zwinkerte zurück: *Ich habe es dir doch gesagt.*

Als ich mich besser auf meine Intuition verlassen konnte, fing ich an, mich mit Menschen zu befassen. Ich stimmte mich auf meine Art gefühlsmäßig auf sie ein. Man könnte es wohl eine Reaktion »aus dem Bauch« nennen, die ebenso funktionierte wie die Übung mit den Bildern. Ich versuchte zu erspüren, was sich in einer Person abspielte. War sie ein guter Mensch? Verbarg sie etwas? War sie glücklich oder traurig? Was erhoffte sie sich vom Leben? Was motivierte sie? Ich nahm meine Empfindungen wahr und sah mir dann die betreffende Person an, um festzustellen, ob meine Intuition zu ihr paßte. Am Anfang brauchte ich etwas Zeit, bis ich herausfand, welche Fragen ich mir selbst stellen sollte. Aber nach einiger Zeit schien ich jemanden in Sekundenschnelle erfassen zu können.

Auch hier stellte ich fest, daß ich häufiger richtig lag, wenn ich mich auf meinen ersten Eindruck verließ. Ich mußte lernen, keine Angst vor der Frage zu haben: *War das empfundene Gefühl von meinen eigenen Neigungen oder Vorurteilen gefärbt? War es das allererste Gefühl, oder hatte ich es mir zu lange überlegt?* Bald wurde mir klar, wie wertvoll es für mich war, mich auf meine Eingebungen zu verlassen und meinem ersten Eindruck nachzugeben, ganz unabhängig von den Gründen, weswegen ich dies tat oder wohin mein Lebensweg mich führen würde.

Ein Jahr nach Beginn meines intuitiven Übungsprogramms war ich schon sehr viel empfindsamer geworden. Nun fingen Mitarbeiter an, mich zu Hause anzurufen, um mir Fragen über ihre Zukunft zu stellen. In den meisten Fällen ging es um Beziehungen zu anderen Personen, und diese Schwingungen konnte ich am leichtesten deuten. Wenigstens spürte ich gleich, wenn etwas nicht stimmte. Nach und nach konnte ich innerlich auch die Gesichter der betreffenden Bezugspersonen sehen, ihre Haar- und Augenfarbe beschreiben, ihre Kinnform, manchmal sogar ein Muttermal. Nahezu jedesmal, wenn ich das Äußere der jeweiligen Bezugsperson am Telefon beschrieb, lag ich richtig. Ich konnte auch sagen, welche Gefühle die beiden miteinander verband.

So beschrieb ich beispielsweise eines Tages einer Frau namens Paula telefonisch ihre Lebenssituation. Als sie mich nach ihrem Freund Michael fragte, stimmte ich mich gleich gefühlsmäßig auf ihre Schwingungen ein und empfand, daß sie einsam war. (Am Telefon ist das viel einfacher, weil die äußere Erscheinung dem Gefühl nicht in den Weg kommt.) Ich teilte ihr mit, meiner Empfindung nach sei sie einsam, wünsche sich sehnlichst eine harmonische und normale Beziehung zu Michael, er aber lasse sich gefühlsmäßig nicht auf sie ein. »Ja«, sagte sie, »so ist es.« Ich fügte hinzu, er sei nicht nur gefühlsmäßig distanziert, sondern auch körperlich oft fern von ihr. (In Beziehungen bleibt die Energie des einen beim anderen hängen. Wenn ein Paar nicht viel Zeit zusammen verbringt, nimmt die Energie des anderen stark ab.)

Ein andermal fragte mich eine junge Frau namens Cindy, was ich von ihrem Verlobten halte. Ich spürte Cindys Energie am Telefon und bat sie, mir den Namen ihres Verlobten zu sagen. Als ich mich zusätzlich zu ihrer Energie auf seinen Namen einstimmte, empfand ich ein völliges Ungleichgewicht. Ich sagte ihr, er sei meiner Ansicht nach kein guter Partner für sie, und empfahl ihr, die Hochzeit etwas hinauszuschieben. Sie gab zurück: »Sie irren sich gewaltig«, und das war's. Zwei Jahre später erinnerte mich eine Freundin zufällig an mein Telefongespräch mit Cindy. Sie berichtete, Cindy habe den jungen Mann tatsächlich drei Monate danach geheiratet. Die Ehe hatte fünf Monate gedauert, und das Paar hatte eben die Scheidung beantragt.

Ich will hier nicht den Eindruck erwecken, daß ich mich nie irre. Natürlich tue ich das. Ich möchte hier nur klarmachen, daß ich andere am leichtesten über ihre Gefühle deuten kann. Gefühle sind die roheste Form der Energie, und die meisten Menschen tragen ihr Herz auf der Zunge, ob sie es wissen oder nicht.

Im Lauf der Zeit wurde meine Intuition immer besser, je öfter ich sie anwendete; nach und nach konnte ich mich immer mehr auf sie verlassen. Bald riefen Freunde und danach Freunde von Freunden an, um mir Lebensfragen zu stellen. Es fiel mir nie ein, Geld dafür zu verlangen, weil ich immer noch ein Lernender war. Außerdem verschaffte mir nur schon die Bestätigung meiner Eindrücke ein Hochgefühl. In dieser selbstauferlegten Entwicklungsphase meiner Intuition sollte sich Brians Voraussage der Kommunikation mit der Geisterwelt als zutreffend erweisen. Ich sprach eben am Telefon mit einer jungen Frau über ihre Probleme, als ich plötzlich den unwiderstehlichen Drang verspürte, sie zu fragen, ob sie eine Helen kenne.

»Ja«, erwiderte sie, »Helen ist meine Großmutter. Sie ist vor einiger Zeit gestorben.«

Ich fuhr fort: »Sie übermittelt mir einen Gedanken an Idaho.«

Darauf erwiderte die junge Frau: »Ja, dort hat sie gelebt.«

»Ihre Großmutter sagt mir, sie habe früher Stickereien und Kissen für ihr Sofa gemacht. Sie sagt, sie habe darauf bestanden, daß ihr Fußschemel immer genau an den richtigen Ort gestellt wurde. Sie sagt auch, sie sehe sich so gerne das schöne Rosenmuster auf dem Fußschemel an. Helen läßt Ihnen sagen, daß sie sich im Himmel einen ähnlichen gemacht hat.«

Ein langes Schweigen trat am anderen Ende des Telefons ein. Die junge Frau war erschrocken, aber sie bestätigte, daß alles stimmte, was ich ihr gesagt hatte. Als ich aufgelegt hatte, schluckte ich gleich zwei Aspirin. Was eben geschehen war, kam mir unglaublich vor. Brians Vorhersage hatte sich bewahrheitet – ich hatte tatsächlich mit einem Geist gesprochen. Trotz meines intensiven Lernens und aller Bestätigungen war ich nicht auf diesen Moment vorbereitet gewesen. Eine völlig neue Welt unglaublicher Gefühls- und Verständnismöglichkeiten hatte sich mir eröffnet, und das war überwältigend; die Verantwortung dafür war allerdings auch enorm.

Ich merkte, daß mich immer ein unglaubliches Gefühl von Freiheit, Liebe und Freude erfüllte, wenn ich meine Schwingungen anhob, um die andere Seite zu erreichen. Es war dieselbe Gottesempfindung, die ich als kleiner Junge gehabt hatte. Die Schwingung aufrechtzuerhalten erschöpfte mich zwar, aber es lohnte sich! Schwierig wurde es nach der Sitzung, wenn ich mich wieder in einer dreidimensionalen materiellen Welt zurechtfinden mußte. Ich mußte einen neuen Seiltanzakt lernen, um den Verstand nicht zu verlieren.

Nun kamen die Bitten um Sitzungen von allen Seiten. Ich habe meine Klienten nie gesucht – sie sind alle durch Mundpropaganda zu mir gekommen. Bald hatte ich so viele Anfragen, daß ich mich entscheiden mußte: *Sollte ich bei meiner neuen Arbeit in der Vertragsabteilung der Paramount-Studios bleiben oder die Gabe, die ich mitbekommen hatte, ganzzeitig nutzen?* Aber eigentlich gab es gar keine Frage. Zu viele Erfahrungen hatten mich genau an diesen Punkt gebracht. Ich brauchte nur Mut und Selbstvertrauen, um den nächsten Schritt zu tun. Und den tat ich.

In den letzten zehn Jahren habe ich das Glück gehabt, zu Tausenden von Menschen sprechen zu können, sei es in Einzel- oder Gruppensitzungen, auf internationalen Symposien und in letzter Zeit auch im Radio und Fernsehen. Die Erfahrungen, die ich dabei gemacht habe und von denen Sie einige in diesem Buch nachlesen können, waren höchst erfreulich, sehr emotional und überwältigend positiv. Ich habe gelernt, meine Egowünsche aufzugeben und zuzulassen, daß mein Leben in der Richtung verläuft, in die es mich führt. Es war jedenfalls bisher ein sehr spannendes Abenteuer. Nun bin ich äußerst neugierig, wie es weitergeht.

## *Woran ich glaube*

Seit der Erfahrung mit der Hand, als ich acht war, und in all den Jahren in katholischen Schulen bin ich stets auf der spirituellen Suche gewesen. Auf diesem Weg hat man mich häufig gefragt, ob ich glaube, daß es Gott oder den Himmel und die Hölle gebe. Aufgrund meiner geistigen Arbeit und Hunderter von Büchern, die ich gelesen habe, bin ich zu folgenden Ergebnissen gekommen.

Erstens glaube ich an Gott. Eigentlich glaube ich, daß wir alle Gott sind. Was das heißt? Ich glaube, daß wir alle nach dem Ebenbild Gottes geschaffen sind. Ich meine damit nicht unsere menschlichen, sondern unsere geistigen Eigenschaften. Auch wenn wir äußerlich verschieden aussehen, sind wir innerlich gleich. Wenn wir den geistigen Menschen wahrnehmen, fangen wir an, das Gotteslicht in ihm zu sehen, und mit diesem Wissen erkennen wir nach und nach, daß wir alle ein und dasselbe sind. Wir sind alle aus dem *göttlichen Funken* entstanden. Sogar die niedrigste Kreatur, die auf dem Boden herumkriecht, ist aus demselben *Gottesfunken* entstanden. Die Bösen sind vielleicht am weitesten von Gott entfernt. Gott ist Vollkommenheit in allem. Gott ist Kreativität in allem. Jeder einzelne ist vollkommen, wenn er seine Göttlichkeit nur sucht. Aber die meisten Menschen kleben am »Ego«-Selbst oder der menschlichen Seite unseres Selbst fest und kommen selten mit der Wahrheit dessen in Berührung, wer wir sind.

Wo wohnt Gott? Ich sage Ihnen: in Ihnen. In Ihrem Wesenskern. Gott ist Ihre Essenz. Gott ist das Leben selbst. Ich glaube nicht, daß Gott ein Wesen im Weltall ist, das auf uns herabschaut. Es hat viele gegeben, in denen das große Licht Gottes in Menschengestalt erschienen ist, aber derselbe *göttliche Funke*, der sie beseelte, ist in jedem von uns. Gott ist mein Licht, Ihr Licht, und in allen anderen ist dieses Licht auch. Der Unterschied macht sich nur im Ausmaß bemerkbar – manche Lichter leuchten heller als andere, und manche sind ziemlich trüb.

Zweitens glaube ich an den Himmel. Ich persönlich glaube, daß sich der Himmel auf der anderen Seite unserer materiellen Welt befindet und dieser sehr ähnlich ist, mit ähnlichen Aussichten und Geräuschen, nur viel lebhafter und farbiger. Der Himmel ist ein Ort, an dem wir in einem Garten spazieren, Fahrrad fahren oder in einem Boot herumrudern können. Grundsätzlich können wir im Himmel alles tun, was wir wollen, vorausgesetzt, wir haben es verdient. Nun ist aber vielen die Idee eines »christlichen« Himmels eingetrichtert worden. Ich habe mich oft gefragt: *Wohin gehen Muslime oder Juden, wenn sie sterben?* Bestimmt nicht in den christlichen Himmel! Dazu nur soviel, daß jede Religion einen Himmel und eine Hölle hat, die deren jeweiligen Überzeugungen entsprechen.

Ich glaube, daß der Himmel viele Ebenen hat und wir auf die Ebene kommen, die wir uns im Laufe unseres Erdendaseins mit Gedanken, Worten und Taten geschaffen haben. Alle diejenigen, deren Wachstum sie auf dieselbe geistige Ebene gebracht hat, wohnen miteinander im selben Himmel. Sprituell fortgeschrittenere Seelen weilen auf einer höheren Ebene, weniger fortgeschrittene auf einer niedrigeren. Eine höhere Ebene erreichen wir erst, wenn wir es uns verdient haben. Die Wesen auf höheren Ebenen können jedoch niedrigere besuchen und tun das auch in vielen Fällen, um noch nicht so bewußten Seelen weiterzuhelfen und ihnen beizustehen. Wohin gehen dann schlechte oder böse Menschen? Auch sie gehen in den Himmel oder die Hölle, die sie sich während ihres Erdendaseins mit ihren Worten, Gedanken und Taten geschaffen haben. Auch sie sind mit anderen zusammen, die sich auf derselben geistigen Entwicklungsebene befinden.

Ich hoffe, mit diesem Buch diese Vorstellungen klären zu können, damit Ihre Fragen über Gott und die geistige Welt beantwortet werden, wie es auch meine wurden.

# 2

# Die Gabe

Was ist Energie? Energie ist alles. Um sie in ganz einfachen Begriffen zu definieren: Energie besteht aus Molekülen, die sich verschieden schnell drehen oder schwingen. In unserer materiellen Welt drehen sich die Moleküle sehr langsam. Zudem schwingt alles in dieser materiellen Welt mit konstanter Geschwindigkeit. Deshalb scheinen Dinge auf der Welt auch fest zu sein. Je langsamer die Rotation, desto dichter oder fester ist etwas, zum Beispiel der Stuhl, auf dem Sie sitzen, dieses Buch, das Sie gerade lesen, das Haus, in dem Sie wohnen, und natürlich Ihr physischer Körper. Jenseits unserer dreidimensionalen Welt schwingen die Moleküle viel schneller. Deshalb ist alles in einer solchen feinstofflichen Umgebung oder ätherischen Dimension wie der geistigen Welt freier und weniger dicht.

In unserem physischen Körper befindet sich noch ein anderer Körper, den man gewöhnlich den *astralen, ätherischen* oder *Geist*körper nennt. Dieser Körper ist das genaue Abbild unseres physischen Körpers und besteht aus Augen, Haaren, Händen, Beinen und so weiter. Der große Unterschied zwischen unserem physischen und dem ätherischen Körper besteht darin, daß die Moleküle des ätherischen Körpers sehr viel schneller schwingen als die seines physischen Gegenstücks. Gewöhnlich sehen wir den Astralkörper nicht, aber manche haben diese übersinnliche Fähigkeit. Im Übergang, den wir Tod nennen, wird dieser ätherische Körper vom physischen Körper befreit. Der ätherische Körper leidet weder unter Krankheiten noch Müdigkeit wie einst der physische Körper und kann sich mittels Gedanken von einem zum anderen Ort fortbewegen.

## *Es gibt verschiedene Arten der medialen Begabung*

Menschen, die sich in die schnellere Schwingung des Geistkörpers nach dem Tod versetzen können, sei es physisch oder mental, nennt man *Sensitive* oder *Medien*. Wie das Wort besagt, ist ein Medium ein Überbringer oder Vermittler, jemand, der sich zwischen der geistigen und materiellen Welt bewegt. Ein Medium kann Energie dazu verwenden, durch den dünnen Schleier hindurchzugehen, der das materielle vom geistigen Leben trennt. Medialität könnte man so erklären: Der Mensch hat ein Überbewußtsein, Unterbewußtsein und Bewußtsein. Dem Medium werden alle Gedanken, Gefühle und das Gesehene über das Überbewußtsein oder seinen Geistkörper übermittelt. Wir alle nehmen laufend solche geistigen Eindrücke auf, mit dem Unterschied, daß das Medium sie deuten kann. Dann dringt die Botschaft ins Bewußtsein und wird klar.

»Medium« wird häufig als Sammelbegriff für alle parapsychologisch arbeitenden Menschen verwendet. Jeder ist bis zu einem gewissen Grad übersinnlich begabt, aber nicht jeder ist ein Medium. Ein Medium ist *kein* Wahrsager. Anders ausgedrückt: Ein Medium ist übersinnlich begabt, aber nicht alle übersinnlich Begabten sind Medien. Bei der übersinnlichen Begabung und der Medialität werden dieselben geistigen Vorgänge eingesetzt, aber Medialität ist etwas anderes, als einfach »übersinnlich begabt« zu sein. Genau wie die Medialität bedient sich auch die übersinnliche Begabung der Telepathie. Telepathie ist ein weiteres Wort für die Kommunikation von Geist zu Geist. Sie sind beispielsweise mit einem Freund zusammen und sprechen gerade das aus, was er denkt. Daraufhin meint Ihr Freund: »Du bist wohl übersinnlich begabt?« Ein übersinnlich Begabter kann einen unbelebten Gegenstand oder Menschen »lesen« oder deuten, indem er sich in die Energie einfühlt, die von diesem Gegenstand oder Menschen ausgeht. Er deutet Begebenheiten in dessen Vergangenheit oder Zukunft aus der Aura des Gegenstandes oder Menschen. Ein übersinnlich Begabter nimmt die Energie des Gegenstandes oder Menschen manchmal auch über das Fühlen oder Sehen auf. Da es in der Welt der Energie keine Zeit gibt, können wenige übersinnlich Begabte einen genauen Zeitrahmen zu den aufgenommenen Informationen angeben.

Ein Medium oder Sensitiver hingegen ist jemand, der Gedanken, Stimmen oder geistige Eindrücke aus der geistigen Welt spürt und/oder hört. Geistwesen nutzen ebenfalls die Telepathie. Ein Medium kann für die höheren Schwingungen oder Energien der Geistwesen völlig durchlässig werden. Deshalb verschmilzt der Geist aus dem Jenseits mit dem Überbewußtsein des Mediums oder hinterläßt einen Eindruck darin. Von dort aus wird die Mitteilung ins Bewußtsein weitergeleitet, und das Medium offenbart, was ein Geist denkt oder fühlt. Medialität ist viel umfassender als die übersinnliche Begabung, weil sich das Medium einer körperlosen Energie öffnet. Bei der übersinnlichen Begabung stammt die Mitteilung nicht von einem körperlosen Geist, der auf einer höheren Schwingungsebene weilt. Ein Körperloser nutzt die Lebensenergie des Mediums, um sich mitzuteilen, und ein

Medium arbeitet direkt mit einem Geistwesen zusammen; beide müssen allerdings die Kommunikation wollen, sonst kommt sie nicht zustande.

Was Medialität ist, wird vielleicht anhand von Träumen deutlicher. Wir träumen häufig von verstorbenen Verwandten oder Freunden. Der Traum fühlt sich so wirklich an, daß wir beteuern, wir seien wirklich mit ihnen zusammengewesen. Wir sind ganz aufgeregt, weil wir im Traumzustand tatsächlich auf der geistigen Ebene bei unseren Lieben waren. Im Schlaf reist unser ätherischer oder Astralkörper durch unirdische Bereiche, wo wir unseren Lieben begegnen und uns mit ihnen unterhalten können.

Die Medialität läßt sich ihrerseits in zwei verschiedene Kategorien unterteilen. Die erste und häufigere ist die geistige Medialität. Wie das Wort *geistig* besagt, wird hierbei der Geist verwendet, allerdings der intuitive oder kosmische Geist, nicht der rationale, logische Verstand. Innerhalb der geistigen medialen Begabung gibt es verschiedene Arten: Hellsehen, Hellhören, Hellfühlen und die Inspiration.

**Hellsehen**

Der dem Französischen *clairvoyance* verwandte Begriff bedeutet *mit dem inneren Auge sehen*. Hellseher sehen dank ihrer angeborenen inneren Sicht Gegenstände, Farben, Symbole, Menschen, Geistwesen oder Begebenheiten. Diese Bilder sind für das Auge unsichtbar und tauchen in der Regel plötzlich vor dem inneren Auge des Mediums auf, als würde es sie wirklich sehen. Meistens erkennen die Ratsuchenden, für die sie bestimmt sind, um was es sich dabei handelt.

**Hellhören**
Ein Hellhörender hört mit dem übersinnlichen oder *inneren* Ohr. Er kann Geräusche, Namen, Stimmen und Musik einer höheren Schwingung hören. Ähnlich wie Hunde, die höhere Töne hören als der Mensch, geht der Hörbereich des Mediums ebenfalls über den normalen hinaus. Ein Hellhörender teilt dem Ratsuchenden genau das mit, was er auf dieser höheren Schwingungsebene hört. Er hört die Stimmen der Geistwesen oder ihr Flüstern in dem Tonfall, den sie zu Lebzeiten hatten, gibt aber dem Ratsuchenden das Gehörte mit seiner eigenen Stimme weiter.

**Hellfühlen**
Diese Form der geistigen medialen Begabung bedeutet *innerlich fühlen*. Ein hellfühlendes Medium fühlt die Anwesenheit von Geistwesen im Raum. Ein echter Hellfühlender spürt in der Regel, wie die *Persönlichkeit des Geistwesens* ihn ganz durchdringt. Er überbringt dem Ratsuchenden Mitteilungen, die er durch sein großes Einfühlungsvermögen und über die Gefühle des Geistwesens aufnimmt. Beim Hellfühlen wird nicht nur der Geistkörper, sondern auch der Emotionalkörper des Mediums benutzt.

## *Inspiration*

Inspiration äußert sich durch inspiriertes Sprechen, Schreiben oder auch in inspirierter Kunst. Bei der Inspiration empfängt ein Medium Gedanken, Eindrücke oder Wissen, und das alles ohne Absicht. Die Inspiration unterscheidet sich vom Hellfühlen, weil der Gefühlszustand bei der Inspiration nicht so offen zutage tritt, wie wenn sich die Persönlichkeit eines

Geistwesens äußert. Inspiration ist völlig objektiv. Weder ist sie mit starken Gefühlen verbunden, noch begleitet die Persönlichkeit des Geistwesens die Mitteilung, wie es beim Hellfühlen der Fall ist. Obwohl die Inspiration von Geistwesen herrührt, wird der Empfänger nicht unmittelbar von ihnen beeindruckt.

In vielen Fällen flößt eine Reihe oder Gruppe von Seelen einem irdischen Empfänger eine Inspiration ein. Sie verschmelzen ihre Gedanken und übermitteln dem Menschen ein bestimmtes Musikstück oder Bild. Wie gesagt, findet dieser Vorgang nicht auf der Gefühlsebene statt, sondern es ist reine Inspiration. Viele große Maler wie Michelangelo, Monet und Renoir oder Musiker wie Bach, Mozart und Schubert waren medial veranlagt. In der Vergangenheit hat es auch große Wissenschaftler und Ärzte gegeben, die Medien waren und Inspirationen umsetzten. Auch heutzutage sind wir von hervorragenden Malern, Musikern, Schriftstellern, Schauspielern und Rednern umgeben, die sich die mediale Kunst der Inspiration zunutze machen.

## *Physische Formen der medialen Begabung*

Die zweite Art der Medialität ist die physische Medialität wie bei einem Sprechmedium, und sie unterscheidet sich von der geistigen Medialität. Bei der physischen Medialität wird der Körper des Mediums mitverwendet, bei der geistigen Medialität nur sein Geist. Das Channeling ist ein bekanntes Beispiel für diese Form der Medialität.

Unser Körper gibt eine Substanz ab, das *Ektoplasma*. Das Wort setzt sich aus dem griechischen *ektos*, das *außen* oder *äußerlich* bedeutet, und *plasma*, das *etwas Geformtes* bedeutet, zusammen. Der französische Physiologieprofessor Charles Richet hat das Ektoplasma entdeckt, als er beobachtete, wie bei mehreren Medien ein nebliger Stoff aus ihrem Körper aufstieg. Das Ektoplasma ist meist unsichtbar, aber von unterschiedlicher Dichte. Es tritt als Gas, Flüssigkeit oder häufiger wie eine Art feiner Gazestoff auf. Es ist farb- und geruchlos und soll etwa 8,6 Gramm pro Liter wiegen. Die meisten Menschen produzieren Ektoplasma, Medien aber besonders viel. Man sieht es vor allem im Dunkeln, weil diese Substanz besonders gut auf Licht reagiert. Ektoplasma tritt aus Ohren, Mund, Nase oder dem Sonnengeflecht des Mediums aus. Es kann auf vielerlei Arten verwendet werden, etwa wie folgt.

**Sprechmedien**

Bei dieser speziellen medialen Begabung wird ein künstlicher Kehlkopf aus dem Ektoplasma geformt, durch den die Stimme eines Geistes erklingt, und zwar ähnlich oder genau gleich wie die des Verstorbenen zu Lebzeiten. Ich habe an vier Séancen teilgenommen, an denen dieses Phänomen auftrat, und hatte das Glück, das berühmte englische Sprechmedium Leslie Flynt zu hören, an dessen Séancen damals viele Berühmtheiten teilnahmen. Eine der häufigsten Besucherinnen war Mae West, die selbst regelmäßig Séancen abhielt. Bei meiner dritten Séance mit Leslie war meine Mutter zu hören, und sie klang genauso wie während ihres Lebens. Sie nannte mich zudem bei meinem Spitznamen, den niemand außer uns beiden kannte. Das war ein, gelinde gesagt, höchst inspirierendes und unvergeßliches Erlebnis. Leider kommt diese mediale Begabung selten vor; ich kenne nur noch ein heute lebendes Sprechmedium auf der Welt, bei dem solche Phänomene auftreten können.

**Materialisierung**
Diese mediale Begabung ist die seltenste und auch die verblüffendste. Geistwesen können mit Hilfe des Mediums alles formen, angefangen von Gliederteilen, Gesichtern, Köpfen und Rümpfen bis zu vollständigen Körpern, die genauso aussehen wie die Verstorbenen zu Lebzeiten. Wie dicht die Materialisierung ist, hängt sehr vom Entwicklungsgrad des Mediums ab. Zu Beginn dieses Jahrhunderts gab es viele berühmte materialisierende Medien, darunter Jack Webber, Ethel Post-Parrish und Helen Duncan.

**Apport**
Ein *Apport* ist ein Phänomen, bei dem verschiedene Gegenstände, etwa Schmuck, Blumen, Münzen und Ähnliches, im Raum, in dem die Séance abgehalten wird, materialisiert werden. Manche glauben, ein Gegenstand würde sich an einem Ort entmaterialisieren und an einem anderen wieder materialisieren. Andere nehmen an, der Gegenstand würde unmittelbar von den Geistwesen geformt.

**Geistheilen**
Eine weitere Form der physischen Medialität ist Geistheilen. Der Körper des Mediums wird von Heilenergie aus der geistigen Welt durchdrungen. Mit viel Übung kann ein Medium viele unheilbare Krankheiten und Leiden heilen. Geistheilen unterscheidet sich vom *Magnetismus,* bei dem die Lebensenergie des Mediums zur Heilung verwendet wird.

**Geisterfotografie**
Diese Art der Medialität tritt häufiger auf. Dabei erscheinen geisterhafte Figuren, das genaue Abbild der Verstorbenen oder helle Flecken, »Lichter« oder »Blitze« auf Fotos.

Ich selbst bin ein geistiges Medium und wende die Gaben des Hellfühlens und Hellsehens an. Gewöhnlich erkläre ich dem Ratsuchenden, daß ich lediglich ein Telefon zur geistigen Welt bin. Genauso, wie uns täglich Gedanken einfallen, nehme ich die Gedankenfrequenzen, die von den Geistwesen ausgehen und die sie in mein Bewußtsein absenden, wahr und bin dafür empfänglich. Will ich mich in die Gedanken und Gefühle eines Geistes einstimmen, muß ich meine Schwingungen erhöhen, und umgekehrt drosselt der Geist seine Schwingungen etwas. Manchmal ist das sehr schwierig. In der Regel höre ich keine vollständigen Sätze wie bei einem normalen Gespräch mit Menschen. Wenn ein Geist sagt: »Hallo, wie geht's dir heute?«, höre ich etwa: »lo, geh di eut«.

Bei Sitzungen mit Klienten sollte die Energie im Raum möglichst sowohl für den Ratsuchenden wie auch für mich harmonisch sein. Ich halte meine Sitzungen am liebsten bei mir zu Hause ab, weil die Atmosphäre dort ausgeglichen, friedlich, ruhig und angenehm ist. Wenn jemand zur Tür hereinkommt, weiß ich sofort, ob er oder sie nervös, aufgebracht, erwartungsvoll, ängstlich, besinnlich, offen oder verschlossen ist. Anders ausgedrückt: Ich spüre die Energie, die den Ratsuchenden umgibt. Wenn nötig, versuche ich durch eine kurze Meditation zu seiner oder ihrer Entspannung beizutragen. Nach der Meditation, wenn sich der oder die Ratsuchende wohler fühlt, erkläre ich jeweils, wie ich arbeite und was zu erwarten ist. Die Klienten können ihre Sitzung bei mir auf Tonband aufnehmen.

Wenn ich merke, wie sich die feinstofflichen Energien um mich verändern, entspanne ich mich und öffne meinen Geist für die Gedanken derer, die sich mitzuteilen versuchen. Ich wiederhole dem Ratsuchenden genau das, was ich empfange, ohne darüber nachzudenken oder zu versuchen, das Gesagte zu deuten. Auch wenn der Gedanke für mich keinen Sinn ergibt, versteht ihn der Klient in aller Wahrscheinlichkeit. Obwohl ich versuche, das Gehörte nicht zu analysieren, geschieht das manchmal unwillkürlich. Deshalb muß ich mich immer wieder selbst ermahnen, daß auch die Dinge, die mir belanglos erscheinen, für den Ratsuchenden äußerst wichtig sein könnten.

Als Hellfühlender spüre ich auch, unter welchen Umständen der Geist, der die Verbindung herstellt, gestorben ist. Wenn dieser in die Erdatmosphäre zurückkehrt, nimmt er die Erinnerung an die zuletzt in der Welt verbrachte Zeit wieder auf. Für die allermeisten sind die Begleitumstände ihres Todes die lebendigsten Erinnerungen. Wenn beispielsweise jemand nach einem Herzschlag gestorben ist, sagt mir ein krampfartiger Schmerz in der Brust, daß der Geist zugegen ist. Wenn jemand an Krebs oder Aids gestorben ist, stellt sich eine Empfindung ein, als sieche mein Körper dahin. Bei einem plötzlichen Tod wie einem Mord fährt vielleicht ein Stoß durch meinen Körper. War Selbstmord die Todesursache, hängt die jeweilige Empfindung davon ab, wie er ausgeübt wurde. Mit anderen Worten: Wenn jemand Tabletten geschluckt hat, verspüre ich eine Schwere im Magen und werde schlagartig sehr schläfrig. Wenn sich jemand erschossen hat, spüre ich einen heftigen Schmerz an der Eintrittsstelle der Kugel. Meine ersten Eindrücke machen sich jeweils auf der Gefühlsebene bemerkbar. Wenn ein Geist betrübt ist und weint, bin ich ebenfalls urplötzlich deprimiert und fange an zu weinen. Wenn ein Geist lacht und Witze macht, muß auch ich lachen.

Der emotional gefärbte Gedanke, der mich erreicht, ist fast

immer von der Persönlichkeit des Geistes geprägt. Wenn beispielsweise ein Geist auf der Welt autoritär war, wird mein Tonfall herrisch. Wenn jemand eine scharfe Zunge hatte, drücke ich mich manchmal ebenfalls scharf aus. War der Betreffende emotionslos, Gefühlen gegenüber verschlossen und allgemein zurückhaltend, ist es für mich als Medium viel mühsamer, etwas gefühlsmäßig zu beschreiben.

In der Regel übermitteln Geistwesen den Klienten leichtverständliche Nachrichten. Am Anfang einer Kommunikation teilt der Geist meist seinen Namen mit und wo er gewohnt hat, oder er erwähnt irgendeinen unbedeutenden Umstand als Beweis für den Ratsuchenden, daß es sich beim Anwesenden tatsächlich um den ersehnten lieben Verstorbenen handelt. Meistens liefern Geistwesen banale Informationen, um die nur der Klient weiß. Zum Beispiel sagt die Großmutter eines Ratsuchenden, die geblümte Decke auf seinem Sofa gefalle ihr. Oder sie weist auf die Bücherkartons hin, aus denen er eben erst die Bücher ausgepackt und in das zweite Regal seines Bücherschranks gestellt hat.

Viele fragen mich, weshalb ein Geist so banale Dinge erwähnt, wenn er doch etwas über die völlig neue Ebene des Seins, auf der er sich befindet, erzählen könnte. Die Antwort ist ganz einfach: Gerade die alltäglichen Hinweise bestätigen, daß der Geist tatsächlich da ist und mit dem Ratsuchenden spricht.

Hatte ein Geist auf der Welt ein bestimmtes Hobby oder interessierte er sich ganz speziell für irgend etwas, kommt auch das höchstwahrscheinlich im Lauf der Sitzung zur Sprache. Ich hatte eine Klientin, deren verstorbener Mann sie bat, nicht zu vergessen, den gelben Futternapf für die Vögel auf dem Baum im Hinterhof aufzufüllen, worauf sie erwiderte: »Mein Gott, das ist er. Er ist jeden Morgen hinausgegangen und hat

Körner in diesen Futternapf getan. Das ist unglaublich. Er hat recht. Ich habe diese Woche vergessen, ihn aufzufüllen – es war soviel los.« Jemand anderem kommt das vielleicht eher banal vor, aber für die Ratsuchende war es die Bestätigung, daß sie tatsächlich mit ihrem Mann redete. Namen sind gut, aber kleine Einzelheiten untermauern die Tatsache, daß die Verbindung zwischen einem Geist und dem Klienten authentisch ist. Sie liefern den nötigen Beweis, daß der Geist tatsächlich der ist, der zu sein er vorgibt.

Man sollte auch bedenken, daß die Verstorbenen noch nicht unbedingt in alle Geheimnisse des Alls eingeweiht sind, nur weil sie sich auf die andere Seite des Lebens begeben haben. Beim Tod wird nur der physische Körper abgestreift, wie wenn man einen alten Mantel ablegt. Die Persönlichkeit hingegen bleibt unverändert mit allen Vorlieben und Abneigungen, Vorurteilen, Talenten und Einstellungen. Mit der Zeit kann ein Geist auf eine höhere spirituelle Ebene gelangen und vielleicht auch Erleuchtungserfahrungen machen, doch das hängt ganz vom einzelnen ab. Man sollte einfach wissen, daß Geistwesen im Vergleich zu unserem weltlichen Verständnis im allgemeinen nur über geringfügig mehr Kenntnisse verfügen.

### *Geistwesen können den Gang des Karma nicht verändern*

Viele meiner Klienten würden gerne von den Geistwesen erfahren, wie es mit ihnen in Sachen Reichtum, Liebe oder Beruf aussieht. Gewöhnlich mache ich sie dann darauf aufmerksam, daß sie vielleicht enttäuscht werden. Geistwesen liefern uns manchmal solche Informationen, manchmal aber auch nicht. Alles hängt erstens davon ab, ob der Geist die Antwort kennt, und zweitens davon, ob er sie offenbaren darf. Wenn eine Seele in diese Welt kommt, um bestimmte Lektionen zu lernen oder spirituelle Fortschritte zu machen, ist die Antwort eines Geistes auf eine Situation, die möglicherweise eine Prüfung darstellt, das letzte, was ihr helfen würde. Bedenken wir folgendes: Es gibt geistige Gesetze, und ein Geist kann sich nicht in den spirituellen oder karmischen Fortschritt eines anderen einmischen oder Einfluß darauf nehmen. Deswegen sind bestimmte Antworten für den Ratsuchenden manchmal unklar oder bleiben ihm versagt. Die Geistwesen lieben uns zu sehr, um unser Wachstum zu behindern.

Lassen Sie mich näher ausführen, was ich unter spirituellen Lektionen verstehe:

Eine Frau namens Marcie kam einst zu mir und fragte mich als erstes, ob sie ein Baby haben würde oder nicht. Ihr Großvater meldete sich und sagte ihr folgendes:

»Zuerst wirst du deine Wohnung aufgeben und an einen Ort hoch über dem Wasser ziehen. Erst dann wirst du einen kleinen Jungen bekommen.«

Sie antwortete: »Aber ich bin doch schon über vierzig. Was soll ich bloß tun?«

Er sagte: »Es wird zu Gottes und nicht deinem Zeitpunkt geschehen.«

Marcie bekam weitere Hinweise über ihren Umzug und ihre Familie. Es wurde ihr gesagt, alles würde eintreffen, wenn die Zeit dazu reif sei. Eineinhalb Jahre später besuchte mich Marcie wieder. Sie berichtete, sie sei vor kurzem in ein Haus über dem Pazifik gezogen und sei im dritten Monat schwanger.

In einem anderen Fall ging es um eine andere junge Frau namens Nancy, die eben erst die Scheidung beantragt hatte.

In der Sitzung kam Nancys Mutter durch und teilte ihr mit, sie würde ihren jetzigen Mann verlassen, aber noch einmal heiraten – jemanden, mit dem sie sich viel besser verstünde.

Nancy fragte: »Wo werde ich diesem Mann begegnen, und wie sieht er aus?«

Ihre Mutter antwortete: »Es wäre nicht recht, dir das zu sagen. Glaube einfach, daß es stimmt.«

Die Mutter konnte ihrer Tochter keine Antwort auf diese lebenswichtigen Fragen geben, weil sie selbst durchs Leben gehen und einige wichtige Entscheidungen treffen mußte. Vielleicht würden ihr diese Entscheidungen helfen, innerlich zu wachsen und mehr innere Stärke und Kraft zu entwickeln.

Eine Verbindung kommt immer dann zustande, wenn sowohl der Ratsuchende als auch der Geist vom starken Wunsch danach beseelt sind. Wir alle können mit unseren dahingegangenen Lieben reden. Dazu ist nur ein offener Geist und ein beidseitiges liebevolles Einverständnis sowie eine energetische Übereinkunft erforderlich. Sind diese gegeben, rücken wundersame Entdeckungen in unsere Reichweite.

Im zehnten und elften Kapitel führe ich aus, wie man sich auf den medialen Empfang vorbereitet; ebenso finden Sie dort einige Übungen und Techniken zur Einstimmung auf die höheren Welten.

# 3

# Die geistigen Helfer

Die Menschheit hat schon immer geglaubt, daß es höhere Wesen oder Engel gibt. Obwohl es sich um ein mythologisches Konzept handelt, ist aus der Vorstellung, jemand wache über uns, ein weitverbreiteter Glaube geworden. Der religiösen Überlieferung zufolge ist ein Engel ein spirituell entwickeltes Wesen auf einer himmlischen Ebene, das uns gegen bevorstehende Gefahren oder Unglücke beschützt. Die meisten Menschen haben in der Kindheit zum erstenmal etwas über Engel gehört, als man ihnen sagte, sie hätten einen Schutzengel.

Die Vorstellung von einem Schutzengel ist eine der wenigen Binsenwahrheiten, die von der Kirche nicht verworfen wurde. Wir haben nämlich tatsächlich Schutzengel oder Führer, die für uns eintreten und uns bei unseren irdischen Aufgaben beistehen, allerdings nicht so, wie man sie häufig abgebildet sieht. Das heißt, diese Führer oder Engel haben weder Flügel, noch sitzen sie auf einer Wolke und spielen Harfe. Solche Bilder sind mythologischen Ursprungs, und die Maler haben sie ausgeschmückt. Die Flügel sind eigentlich die wunderschönen Farbstreifen, welche die Engel umgeben. Man könnte sagen, sie seien die *Aura* oder das Energiefeld des Engels, also etwas, das jedes Lebewesen umgibt, angefangen von den Pflanzen, Tieren und Bäumen über uns selbst bis hin zu unserer kostbaren Erde.

## *Jeder Mensch hat seinen eigenen geistigen Führer*

Es gibt viele Arten von Führern; für mich sind Schutzengel und Führer ein und dasselbe. Bevor wir auf die Welt kommen, entwerfen wir einen Plan für unsere Lebensreise. Wenn wir von unserem Lebensweg abkommen, hilft uns ein Führer in der Regel wieder auf den rechten Weg zurück. Je nach der jeweiligen spirituellen Entwicklung und bevorstehenden Arbeit in der Welt ziehen wir verschiedene Helfer aus drei unterschiedlichen Kategorien an.

Die erste Gruppe von Führern umfaßt die *persönlichen Führer*. Das sind Menschen, die wir von früheren Inkarnationen oder den Zeiten zwischen den Leben her kennen und mit denen uns eine Wahlverwandtschaft verbindet. Diese Führer unterstützen uns aus den geistigen Gefilden durch Eingebungen, wie wir in bestimmten Situationen vorgehen sollen. Solche Eingebungen sind also Hinweise von unseren geistigen Führern. Meistens nehmen wir diese subtilen Fingerzeige gar nicht wahr. Aber wenn wir uns die Zeit nehmen, innezuhalten, hinzuhorchen und unseren Tag zu überdenken, können wir möglicherweise nach und nach die Botschaften des Geistes sehen und/oder hören.

Den meisten fällt es schwer, die geistige Führung wahrzunehmen, weil sie deren Anweisungen ganz laut gesagt bekommen möchten, als bliese der Erzengel Gabriel in seine Posaune. So funktioniert es aber nicht, so leid es mir tut. Die Botschaft oder Führung wird durch einen feinen, sanften Kontakt übermittelt.

Nachfolgend ein Beispiel dafür, wie die Kommunikation mit den Geistwesen etwa verlaufen könnte. Es ist Donnerstag, und Sie haben eine Sitzung mit einem potentiellen Partner für ein Geschäftsvorhaben. Auf dem Weg dorthin verlieren Sie entweder die Adresse oder verfahren sich und können den Ort nicht mehr finden. Das kommt Ihnen seltsam vor, weil Sie sich eigentlich im betreffenden Stadtteil sehr gut auskennen. Sie fahren eine halbe Stunde herum, bis Sie das Gebäude finden, dann ist dort aber kein Parkplatz. Schließlich entdecken Sie eine Lücke mehrere Straßen weiter weg. Sie erreichen das Gebäude, aber der Haupteingang ist verschlossen; Sie müssen also einen anderen Eingang suchen. Eine Wache öffnet Ihnen die Tür, und Sie nehmen den Aufzug zum vereinbarten Stockwerk. Dort angelangt, ist das Büro versperrt und an der Tür hängt eine Notiz, Sie möchten doch in ein anderes Büro im nächsten Stockwerk kommen. Endlich finden Sie das Büro und lernen Ihren zukünftigen Geschäftspartner kennen. Sie hören sich seine Vorschläge an, haben aber während des Gesprächs ständig ein seltsames Gefühl in der Magengrube. Sie spüren etwas, wissen aber nicht genau, was es ist. Trotzdem willigen Sie in das Geschäft ein. Mehrere Monate später haben Sie zwar all Ihre Ersparnisse in das Geschäft investiert, aber Ihr neuer Partner ist mit dem ganzen Geld abgehauen, ohne eine Spur zu hinterlassen, und Sie merken, daß Sie einem Schwindler auf den Leim gegangen sind.

Natürlich habe ich den Vorgang hier mächtig übertrieben, aber ich wollte damit klarmachen, wie sich die geistige Führung zeigt. In unserer Geschichte zeichnet sich ein Muster ab: zu viele Irrwege, falsche Richtungen und geschlossene Türen. Hätten Sie sich die Zeit genommen, auf diese subtilen Hinweise zu achten, wäre Ihnen aufgegangen, *daß Ihnen hier jemand etwas sagen wollte!* Ihre geistigen Führer haben versucht, Sie zu warnen.

Leider gehen die meisten mit dem Kopf in den Wolken durchs Leben und brauchen gewöhnlich einen Schlag mit dem Holzhammer, um zu merken, was vor sich geht.

Ein positives Beispiel für eine geistige Mitteilung sähe etwa so aus: Sie suchen schon seit geraumer Zeit Arbeit, haben aber bisher kein Glück gehabt. Eine Freundin, von der Sie lange nichts gehört haben, ruft Sie an und lädt Sie zum Mittagessen ein. Sie schauen in Ihrem Terminplan nach und sehen, daß sie den einzigen Tag vorgeschlagen hat, an dem Sie frei sind. Beim Wiedersehen ist es, als seien Sie erst gestern auseinandergegangen. Alles fühlt sich großartig an. Sie erzählen ihr, wo Sie der Schuh drückt, und sie versichert Ihnen, sie wolle ein Auge für Sie offenhalten. Am nächsten Tag ruft Ihre Freundin an und berichtet, eben sei eine Stelle in einer Abteilung in der Nähe frei geworden. Sie rufen gleich dort an und beziehen sich auf Ihre Freundin. Problemlos wird ein Termin für den nächsten Tag festgesetzt. Sie kommen frühzeitig zum Interview. Die Abteilungsleiterin, die fast immer außer Haus ist, will das Gespräch mit Ihnen selbst führen. Sie lernt Sie kennen, mag Sie, und Sie bekommen die Stelle.

Sehen Sie den Unterschied? Im zweiten Fall ist alles unglaublich glatt gelaufen. Ich glaube nicht, daß es so etwas wie Zufälle oder Glück gibt. Unsere geistigen Führer spielen uns zu, was wir verdient haben. Die Frau, die eine Arbeit suchte, hat die Hinweise aus der geistigen Welt genutzt. Sie hätte auch beschließen können, ihre Freundin nicht zu treffen, tat es aber. Ihre Führer traten mit ihr in Verbindung, und sie war vernünftig genug, auf sie zu hören. Danach ergab sich offenbar alles wie von selbst.

Ich bekomme häufig ähnlich hilfreiche Mitteilungen, wenn ich für jemanden eine Sitzung abhalte. Ich erinnere mich, daß ich einem Klienten sagte, er habe vor kurzem ein Haus gekauft, was er bejahte. Ich fuhrt fort, alles an diesem Haus sei offenbar perfekt, und fragte, ob er sich erinnern könne, wie er es gefunden habe, weil das etwas seltsam sei. Ich fügte hinzu, entweder habe jemand seine Hypotheken nicht mehr bezahlen können oder sein eigener Geldgeber habe alles drangesetzt, um ihm zu helfen. Darauf antwortete er: »Ja, genau das war's.« Ich erklärte ihm, seine verstorbene Frau habe ihm geholfen, das Haus zu finden, indem sie ihm ständig irgendwelche Hinweise gegeben habe, und er fügte hinzu: »Alles ist unglaublich glatt gegangen.« Er folgte einfach den Hinweisen, auch wenn er sie möglicherweise gar nicht bewußt wahrgenommen hatte.

Einer der allerersten übersinnlich begabten Menschen, die ich in Los Angeles kennenlernte, hat mir etwas sehr Tiefsinniges gesagt; ich erinnere mich noch heute daran und will es auch Ihnen weitergeben: *Wenn alles glatt und ohne Pannen läuft, dann haben Sie sich dem Geist geöffnet und folgen seiner Führung. Wenn aber nichts zu funktionieren scheint, dann liegt es daran, daß Sie nicht auf Ihre Führer hören, und Sie enden in einer Sackgasse.* Wie wahr!

Ein persönlicher Führer ist manchmal auch jemand, den Sie in diesem Leben kannten, beispielsweise Mutter oder Vater, Großeltern, eine Tante, ein Onkel oder ein Freund, der in die geistige Welt eingegangen ist. Wenn jemand hinüberwechselt, denkt er deswegen nicht weniger an Sie. Das in der Welt entstandene Liebesband hat in der geistigen Welt Bestand.

Im Himmel überdenkt ein Geistwesen sein Leben und sieht vielleicht, wie es mehr hätte tun können, um Ihnen zu Lebzeiten zu helfen. Jetzt hat es Gelegenheit dazu, kann diese Chance voll nutzen und unterstützt Sie auf jede erdenkliche Weise, vielleicht indem es Ihnen im Alltag oder bei Familienangelegenheiten hilft, oder aber es unterstützt Sie in Widrigkeiten oder bei Veränderungen in Ihrem Privatleben.

Ein persönlicher Führer versucht manchmal ganz energisch, uns durch den Alltag zu führen und uns die besten

Lösungsmöglichkeiten für gewisse Situationen einzugeben. Dennoch sollte man nie vergessen, daß unsere Lieben sich nicht in Lektionen oder Prüfungen einmischen können und wollen, die wir uns auf der Erde geschaffen haben, um daran zu lernen und zu wachsen. Ein Lernprozeß ist nie einfach; wollen wir den größten Nutzen aus einer bestimmten Situation oder Lektion im Leben ziehen, stehen die Führer häufig nur daneben und sehen zu, wie wir unsere Entscheidungen treffen. Aber auch wenn die Dinge manchmal unerträglich erscheinen, lernen wir gerade dann am meisten.

Viele möchten gerne wissen, ob unsere Führer uns die ganze Zeit über begleiten oder ob wir uns an sie wenden und sie bitten müssen, sich bemerkbar zu machen. Meine Antwort darauf ist stets dieselbe: Wir sind nie allein. Unsere Führer sind immer bei uns. Ihre spirituelle Aufgabe besteht darin, über uns zu wachen und uns zu helfen. Möglicherweise wechseln unsere Führer von Zeit zu Zeit, je nachdem, an welcher Aufgabe wir gerade arbeiten. Aber wir brauchen sie nie zu rufen, denn sie wissen, was wir brauchen und sind immer bereit, uns beizustehen.

Die zweite Kategorie von Helfern sind die *spezialisierten* Helfer, das heißt Helfer, die *Meisterschaft* auf einem bestimmten Gebiet erlangt haben. Dabei handelt es sich um Geistwesen, die aufgrund bestimmter Tätigkeiten oder Arbeiten zu uns kommen. Diese Führer sind gewissermaßen Experten auf dem Gebiet, auf dem wir uns betätigen möchten. Gewöhnlich handelt es sich dabei um Kapazitäten im jeweiligen Wissenszweig. Wenn Sie beispielsweise einen Krimi schreiben wollen, ziehen Ihre Gedanken einen Autor an, der in dieser Branche gearbeitet oder sich darin spezialisiert hat. Dieser Führer gibt Ihnen dann etwa ein, wie Sie Ihr Schreibtalent fördern und Ihre Ideen am besten umsetzen könnten. Dasselbe trifft für

Musiker, Maler, Mathematiker, Wissenschaftler, Lehrer, Sozialarbeiter und andere zu. Bestimmte Führer werden zu uns hingezogen oder kommen zu uns, wenn wir um Hilfe bitten. Je offener Sie Eindrücken und Gefühlen gegenüber sind, desto besser gelingt die Übermittlung, und desto erfolgreicher ist das Ergebnis. Das gilt für alle, es ist nur eine Frage der Aufgeschlossenheit. Jede Arbeit, ganz besonders das Werk der großen Meister, wurde und wird aus der geistigen Welt inspiriert.

Sie fragen, weshalb die Führer uns helfen wollen? Die Antwort ist simpel: Es ist einfach so. Wenn wir in die geistige Welt übergehen, werden wir uns dessen deutlich bewußt, daß wir alle gleich und eins sind. Dann wollen wir der Menschheit helfen, zu wachsen und zu lernen, Gedanken miteinander auszutauschen und besser zu werden. Die geistigen Führer helfen den Menschen, sich auf die geistige Kraft in allen Dingen einzustimmen, indem sie ihnen ihre Gedanken eingeben und sie unterstützen. Wie gesagt, kann die Inspiration aus der geistigen Welt, je nachdem, wie aufgeschlossen wir sind, ganz außergewöhnlich und äußerst beeindruckend sein, oder sie wartet geduldig auf den Tag, an dem wir sie überhaupt bemerken.

Zur dritten Kategorie von Helfern gehören unsere *geistigen Lehrer* oder *Meister*. Diese sind meist spirituell hochentwickelt und haben entweder nie in der physischen Welt gelebt oder viele Leben lang an einem bestimmten Aspekt der spirituellen Arbeit in der Welt mitgearbeitet. Wie unsere anderen Führer werden auch sie aufgrund unserer spirituellen Entwicklungsebene und unseres Verständnisses zu uns hingezogen. Geistige Lehrer sind vom Wunsch beseelt, unseren spirituellen Fortschritt voranzutreiben. Häufig versuchen sie, uns geistige Gaben und Potentiale einzugeben. Diese Führung ist für jeden, der sich auf dem Weg zur Erleuchtung befindet, eine unermeßliche Hilfe.

Die meisten Menschen haben einen oder zwei Meister, die die Entwicklung ihrer Seele durch alle Leben hindurch verfolgen. Diese Wesen sind auf unser geistiges Selbst eingestimmt und helfen uns, in der uns zugemessenen Zeit auf der Erde innerlich zu wachsen, und sie stehen uns auch zwischen den Leben bei. Zusätzlich führt uns noch ein eigener Meister in jedem Leben. Ein Führer wird immer aufgrund unseres seelischen Entwicklungsstandes zu uns hingezogen, um uns bei wichtigen Lektionen oder der Vervollkommnung bestimmter Seiten unserer Persönlichkeit zu helfen. So haben wir etwa einen Führer, der uns beim Erlernen der bedingungslosen Liebe beisteht. Ein anderer Meister hilft uns bei unseren Prüfungen zur Überwindung des Eigennutzes. Die Redewendung: »Wenn der Schüler bereit ist, zeigt sich der Meister« trifft in der Tat zu.

## *Wie ich meine Führer kennenlernte*

Ich bin mir meiner eigenen Führer und Lehrer auf verschiedene Weisen bewußt geworden. Einst hat mir die begabte englische Hellseherin Irene Martin-Giles mitgeteilt, eine Nonne vom Orden der Barmherzigen Schwestern helfe mir, Mitgefühl zu erlernen, und sie heiße Schwester Theresa. Die Hellseherin beschrieb Schwester Theresa in allen Einzelheiten bis hin zu ihren strahlend blauen Augen. Als sie mir das sagte, war ich verblüfft. Wie gesagt, bin ich acht Jahre lang in eine katholische Schule gegangen. Die Schule wurde vom Orden der Barmherzigen Schwestern geleitet.

Irene erwähnte weiter, ein Chinese namens Chang sei mein

geistiger Lehrer. Chang war viele Male durchgekommen und hatte mir bei der Übermittlung von Nachrichten für meine Klienten geholfen. Schließlich begann Irene ein Bild des Geistes zu zeichnen, den sie vor ihrem inneren Auge sah. Als ich Meister Changs warmherziges Gesicht erblickte, fühlte ich, wie mich eine liebevolle Anziehungskraft zu ihm hinzog. Er trug eine kleine Kappe, wie man sie zu Beginn des 20. Jahrhunderts in China häufig trug; sie war oben orangefarben und hatte einen blauen Rand. Chang war von oben bis unten in ein langes, kobaltblaues Gewand gekleidet, von dem sich ein orangefarbener Stehkragen und ebensolche Manschetten abhoben. Seine Hände hatte er in den Ärmeln verschränkt. Sein Gesicht war lang und schmal, aus den braunen Augen blickte mir sanfte Weisheit entgegen. Er trug den traditionellen Pferdeschwanz seiner Zeit. Ein majestätischer Spitzbart wog die Kahlheit seines Kopfes auf. Mitten auf seinem Kleid zeigte ein zehnzackiger Stern in der Gegend seines Herzchakras geistige Weisheit an. Ein grüner Edelstein mitten im Stern stand für bedingungslose Liebe. Er war vom goldenen Licht der höchsten spirituellen Gefilde umgeben. Dieses goldene Leuchten zeichnete ihn als Meister aus.

Ich erfuhr nichts über sein letztes Leben, oder ob er überhaupt auf der Welt gelebt hatte. Es kommt häufig vor, daß sich ein Führer in ein Gewand aus einer Zeit kleidet, die er (oder sie) am meisten genossen hat oder die einen wichtigen Aspekt seiner Bestimmung zum Ausdruck bringt. Mir wurde bei der Betrachtung von Changs Bild deutlich, daß diese Seele viele Male auf die menschliche Erfahrung eingewirkt hatte. Er war wahrlich ein Meister.

Zwei weitere meiner Führer lernte ich auf etwas ungewöhnliche Weise kennen. Als angehendes Medium war es mir wichtig, meine Fähigkeiten ständig weiterzuentwickeln. Einmal die Woche setzte ich mich also mit sechs Leuten, die ich dazu ausgesucht hatte, in einen verdunkelten Raum. Das ist übrigens eine ziemlich gängige Methode unter übersinnlich Begabten, die ihre mediale Gabe weiterentwickeln möchten. Bei einer Sitzung in unserer vierten Übungswoche merkte ich, wie ich sehr müde wurde, und ich fiel in eine leichte Trance. In diesem Zustand schaltet der Verstand ab, und wir sind uns weder des Körpers noch unserer Gedanken bewußt. Das kommt häufiger vor, als man denkt. Viele sind beispielsweise in Trance, wenn sie eine Fernsehshow völlig gefangennimmt oder sie ein Buch nicht weglegen können. Gewöhnlich fallen wir auch unmittelbar vor dem Einschlafen in Trance.

Als ich eine halbe Stunde später aus der Trance herauskam, erkundigte ich mich nach dem Vorgefallenen. Die anderen konnten kaum an sich halten, mir die bemerkenswerten Ereignisse zu berichten. »Ein englischer Arzt meldete sich durch Sie und sagte, er sei Harry Aldrich«, sagte jemand. Weiter berichteten sie, Harry Aldrich sei ein Arzt gewesen, der im Nordwesten Londons gewohnt habe. Er war offenbar Ende der dreißiger Jahre gestorben. Ein Teilnehmer hatte die Sitzung auf Tonband aufgenommen, und als ich es abhörte, erkannte ich meine Stimme kaum wieder. Was ich da zu hören bekam, war eindeutig ein englischer Akzent und eine etwas nüchterne, überlegene Art. Er war etwas gebieterisch, aber sein Rat in bezug auf meine Gesundheit und weitere Sitzungen mit der Gruppe traf genau zu. Er sagte, er habe diesen Zeitpunkt gewählt, um mir bei meiner Arbeit als Medium beizustehen.

Dieser Führer hilft mir unter anderem, die Energie um meinen Körper in den Sitzungen zu vermehren. Er erkennt auch körperliche Gebrechen, unter denen meine Klienten etwa leiden. Harry Aldrich ist ein sehr liebenswürdiger Mann, aber wenn er durchkommt, spüre ich auch eindeutig, was für eine autoritäre Persönlichkeit er war.

Einige Wochen später saßen wir wieder einmal im Kreis beieinander, und ich versetzte mich in Trance. Einmal mehr fand eine unglaubliche Manifestation statt. Als ich wieder zu mir kam, sagte mir meine Frau: »Du wirst kaum glauben, was geschehen ist!«

»Was denn?« fragte ich.

»Ein Mann namens *Goldene Feder* kam durch«, erwiderte sie.

»Ein Indianer«, murmelte ich.

»Genaugenommen ein nordamerikanischer Indianer«, fügte sie hinzu.

Ein Gruppenmitglied hatte das Tonband zurückgespult und spielte es jetzt ab. Ich traute meinen Ohren kaum. Man konnte eine Trommel hören.

»Wo ist denn die Trommel hergekommen?« wollte ich wissen.

»Das ist keine Trommel. Das ist der Tisch da«, war die Antwort.

Früher am Abend hatten wir einen Tisch mitten in den Raum gestellt. Ich sah mir den Tisch an – wirklich höchst verblüffend, daß der unverwechselbare Klang eines indianischen Tamtams aus diesem Tisch gekommen sein sollte.

Als ich mir die Trommel anhörte, fing ein Indianer plötzlich an, laut in seiner Muttersprache zu singen. Es war eine wunderschöne Melodie, die einen völlig in ihren Bann zog. Nach fünf Minuten endete das Lied abrupt, und der Indianer fing an zu sprechen: »Wir sind alle Brüder. Ihr und ich, wir sind Brüder. Wir kommen zu euch und bringen euch Liebe. Alles ist Liebe. Seht Liebe in allen Dingen. Mein Name ist *Goldene Feder*. Ich gehöre zur Bruderschaft. Wir sind immer bei euch. Wir bringen euch Liebe. Als Zeichen dafür geben wir jedem eine Feder aus unserem Kopfschmuck, die ihr als Andenken an unsere Liebe tragen sollt.«

Sprachlos saß ich da. Es war so wirklich, und dennoch konnte ich mich an nichts erinnern. Ich wußte, daß dies ein ganz besonderer Augenblick war, und war höchst beglückt, daß jemand ihn auf Tonband aufgenommen hatte und die anderen alles bezeugten. Seither trifft sich unsere Gruppe jeden Dienstagabend zu einer Sitzung. Manchmal meldet sich *Goldene Feder* und spricht von Liebe und dem Wunder des Lebens.

Diese Erfahrungen zeigen mir deutlich, daß ich das alles nicht alleine tue. Ich weiß, daß es diese unsichtbaren und unbekannten geistigen Wesen tatsächlich gibt, die sich zu unseren Gunsten einsetzen, um uns bei Veränderungen im Leben beizustehen. Und wenn sie mir helfen, helfen sie auch allen, mit denen ich in Berührung komme.

## *Ihre eigenen geistigen Führer kennenlernen*

Ich habe selbst nie über meine Führer nachgedacht, bevor sie mir erschienen und andere Medien sie mir beschrieben. Meiner Ansicht nach brauchen Sie nicht unbedingt zu wissen, wer Ihre Führer sind und mit wem Sie sprechen, aber für manche ist das nötig. Das sagt denjenigen, daß jemand um sie herum ist und sie geistig führt. Es genügt ihnen nicht zu wissen, daß sie Lehrer haben, sie möchten eine persönlichere Verbindung. Das ist auch verständlich. Es gibt verschiedene Methoden, um seine geistigen Führer kennenzulernen.

Der erste Schritt ist Meditieren. (Im 11. Kapitel finden Sie nähere Ausführungen dazu.) Sie meditieren in der Absicht, einen Ihrer geistigen Führer kennenzulernen. Wenn Sie hinreichend entspannt sind, bitten Sie innerlich darum, daß sich Ihnen Ihr Lehrer vor Ihrem inneren Auge zeigt. Wenn Sie locker genug sind und nicht zuviel erwarten, nehmen Sie vor Ihrem inneren Auge etwa ein Gesicht und vielleicht etwas an der Kleidung wahr, beispielsweise eine Feder, die Sie als indianisch erkennen. Dann bitten Sie darum, mehr gezeigt zu bekommen, und es kann sein, daß der Führer (oder die Führerin) sich Ihnen offenbart. Wenn es Ihnen gelungen ist, einen Lehrer zu sehen, können Sie darum bitten, einen weiteren zu sehen. Oder vielleicht bitten Sie den ersten, Ihnen zu offenbaren, welche Lektionen Sie hier zu lernen haben. Danken Sie Ihrem Führer (bzw. Ihren Führern) vor Beendigung der Meditation. Ich würde vorschlagen, ein Tagebuch anzulegen und alles über Ihre Führer und deren Mitteilungen an Sie darin festzuhalten, insbesondere, welche Aufgabe sie erfüllen.

Diese Übung sollte Ihnen gelingen, wenn Sie genügend tief meditieren und ausreichend entspannt sind. Fällt es Ihnen jedoch schwer, Ihre Lehrer ausfindig zu machen und zu sehen, können Sie sie noch auf andere Weise kennenlernen. Wenn Sie im Bett liegen und gerade am Einschlafen sind, bitten Sie Ihre Lehrer, sich Ihnen in einem Traum zu zeigen. Wiederholen Sie die Bitte innerlich immer wieder wie ein Mantra. Wenn Sie eingeschlafen sind, sollten Sie von Ihren Lehrern träumen. Haben Sie aber etwas Geduld; das Ergebnis stellt sich nicht unbedingt sofort ein. Es kann sein, daß Sie Ihre Bitte eine Weile jeden Abend wiederholen müssen, bis sich ein Ergebnis zeigt.

# Teil II

# Die Sitzungen

# 4

# Tragische Übergänge

Wenn Klienten zu mir kommen, weiß ich noch nichts über ihre Lage oder den Grund für ihren Besuch. Weder kenne ich ihre früheren Lebensumstände, noch weiß ich, mit wem sie Verbindung aufnehmen möchten. Dennoch lassen sie mich innerhalb einer Stunde an manchen der intimsten Augenblicke ihres Lebens teilhaben. Ihre Trauer, ihr Schmerz und ihre innigsten Wünsche treten zutage, wenn sie Verbindung mit ihren Lieben aufnehmen. Häufig kommen dabei höchst erstaunliche Dinge ans Licht. Ein Lebensfunke wird neu entzündet, wenn sie erfahren, daß ihre Lieben ganz lebendig sind und tagtäglich mit ihnen in Verbindung stehen. Für die Hinterbliebenen ist es, als würden sie den Nebel hinter sich lassen und sähen nun den Weg wieder deutlich vor sich. Dann erscheint ihnen das Leben auch wieder lebenswert.

**Das Flugzeug**

Viele Klienten sind vor einer Sitzung ziemlich verstört und nervös. Sie trauern wegen eines Verlustes, wissen nicht, was in der Sitzung auf sie zukommt, und sind voll ängstlicher Erwartung vor dem, worauf sie stoßen könnten. Die Schwingungen so heftiger Gefühle behindern die Verbindung etwa gleich stark wie Empfangsstörungen beim Fernseher, wenn man einen Fön oder Staubsauger anstellt. Um diese Schwingungen zu glätten und die Energien im Raum zu harmonisieren, beginne ich eine Sitzung meistens mit einer Entspannungsmeditation für meine Klienten. Das hilft ihnen, sich zu beruhigen, und erleichtert mir die Kommunikation mit den Geistwesen.

Marilyn war viel ruhiger geworden, als die Meditation zu Ende ging. Der überwältigende Kummer, den ich bei ihrem Eintritt wahrgenommen hatte, war einer ruhigeren Aufnahmebereitschaft gewichen. Ich bat sie in mein Sitzungszimmer und sah zu, daß sie es sich möglichst bequem machte. Dann erklärte ich ihr so knapp wie möglich, was sie erwarten konnte. Unmittelbar darauf spürte ich ein männliches Wesen, das links von Marilyn stand.

»Ist Ihnen jemand namens Roger bekannt?« fragte ich.

Sie antwortete, das sei der Name ihres Mannes.

»Ich sehe ihn mit rötlich-blondem Haar vor mir. Er kämmt es ständig.« Als ich die Bewegung nachahmte, röteten sich ihre Augen.

»O ja, er hat andauernd daran herumhantiert.«

»Er zeigt mir das Cockpit eines Flugzeugs. Die Anzeigen und Zeiger auf der Schalttafel funktionieren nicht mehr. Ich sehe Rauch und Feuer, und dann wird alles schwarz. Ergibt das einen Sinn für Sie?«

Marilyn fing an zu zittern und zog ein Taschentuch hervor, um ihre Augen zu trocknen.

»Roger ist vor einem Jahr bei einem Flugzeugabsturz ums Leben gekommen. Sein Flugzeug ist nachts abgestürzt. Ich hatte gehofft, Kontakt mit ihm zu bekommen.«

»Er läßt mich Ihnen sagen, er liebe Sie sehr. Er hat darauf gewartet, mit Ihnen zu reden. Er ist ganz aufgeregt. Er möchte Ihnen einen frohen Hochzeitstag wünschen.«

Sie staunte: »Mein Gott – unser Hochzeitstag war letzte Woche.«

»Jemand steht neben ihm, den Sie kennen.«

Marilyn brachte kein Wort heraus.

»Es ist ein kleiner Junge. Er sagt, er heiße Tommy. Kennen Sie ihn?«

Marilyn geriet außer sich und schrie praktisch vor Aufregung: »O ja! Tommy ist mein Sohn. Er war mit Roger im Flugzeug. So hat alles begonnen. Tommy wollte, daß Papa ihn auf einen Flug mitnahm.«

»Er sagt: ›Mami, du brauchst keine Angst zu haben. Ich bin hier bei Pa!‹ Er bittet Sie, in sein Zimmer zu gehen und das Poster vom *Krieg der Sterne* abzunehmen. Er braucht es jetzt nicht mehr.«

Marilyn schüttelte ungläubig den Kopf. »Das Poster hängt über seinem Bett.«

»Er erwähnt Bobby und möchte ihm etwas sagen.«

»Bobby ist mein zweiter Sohn«, erklärte Marilyn.

»Tommy sagt, es mache ihm gar nichts aus, daß Bobby sich sein rotes Hemd aus der zweiten Schublade genommen habe und trage.«

Wieder verschlug es Marilyn den Atem. Ich fragte sie, ob sie wisse, was das bedeute.

»Bobby hat das rote Hemd heute an. Er hat es angezogen, gerade bevor ich wegging.«

Marilyn war jetzt sicher, in Verbindung zu ihrem Mann und Sohn zu stehen. Roger lieferte weitere Informationen. Er nannte den Namen seiner Kameraden in der Flugstaffel, bei der er stationiert gewesen war, und welche Pflichten er beim Militär zu erfüllen hatte.

Der plötzliche Verlust eines Familienmitglieds kann verheerend sein. Der Schlag ist um so schwerer, wenn dabei neben dem Ehepartner auch noch ein Kind eines gewaltsamen Todes stirbt. Die Heilung solcher Wunden dauert oft sehr lange. Gegen Ende der Sitzung war es Marilyn schon viel leichter zumute. Als ich sie zu ihrem Auto hinausbegleitete, sagte sie: »James, Sie haben mein Leben verändert. Ich habe das Gefühl, als sei eine schwarze Wolke von mir genommen worden. Schon die Gewißheit, daß es ihnen gutgeht und sie beieinander sind, gibt mir ein sehr viel besseres Gefühl. Vielen Dank.« Ich erwiderte, ich sei froh, daß sie das für sie Nötige bekommen habe.

Sie saß einen Augenblick lang still da, dann drehte sie das Autofenster hinunter und sah mir gerade in die Augen: »Genaugenommen geht es mir mehr als besser. Ich glaube, ich kann wieder anfangen zu leben.« Und als sie davonfuhr, lächelte sie.

**Ertrunken**

Bei Sitzungen mit Klienten ist der Raum häufig voller Seelen von Familienangehörigen oder Freunden, die alle ihre Gedanken gleichzeitig zu übermitteln versuchen. Genau wie auf der irdischen Ebene ist es schwierig, einzelne Gedanken zu entziffern und festzustellen, woher sie kommen, wenn alle durcheinanderreden. Hat der Klient an jemand Bestimmtes gedacht, kommt gewöhnlich der betreffende Geist durch. Aber manchmal meldet sich ein Geist auch völlig überraschend für den Ratsuchenden.

Ein unerwarteter Geist macht sich gewöhnlich gegen Ende der Sitzung bemerkbar. Es ist tröstlich, daß Manieren sogar auf der anderen Seite wichtig sind. Ein unerwarteter Geist geduldet sich, bis die Begegnung des Ratsuchenden mit seinen Lieben stattgefunden hat oder sich eine günstige Gelegenheit ergibt. Meistens hat ein solcher Geist, mit dem man nicht gerechnet hat, dem Ratsuchenden etwas äußerst Wichtiges zu sagen.

Mark hatte eben ein sehr schönes Gespräch mit seinem Vater, der einige Jahre zuvor gestorben war, beendet. Er hatte, wie meist in solchen Fällen, Antworten auf seine Fragen bekommen. Als die Sitzung sich ihrem Ende näherte, spürte ich, daß ein anderer Geist zugegen war. Ich fragte Mark, ob er jemanden namens Doug kannte.

Er wurde kreidebleich und nickte heftig: »Ja, ja ... was sagt er?«

»Er läßt Ihnen sagen, daß er nicht mehr im Regen hinausgeht. Er sagt, Sie sollten seinen Eltern bitte sagen, daß es ihm gutgehe. Verstehen Sie?«

Mark stammelte: »Ja, was sagt er noch?«

»Er erwähnt, er werde von einer Überschwemmung erfaßt, und sagt, wie leid es ihm tut, daß er nicht begriffen habe, wie gefährlich das sei. Das ist seltsam. Er erwähnt auch, er habe ein neues Fahrrad.«

»Ja, ich verstehe.«

»Ist der Junge ertrunken? Er vermittelt mir das Gefühl, er strampele im tosenden Wasser. Ich sehe ihn in den Wellen auf und ab tanzen, und seine Lungen füllen sich mit Wasser.«

Ich spürte einen Druck auf der Brust, als Dougs Empfindung auf mich überging.

»Mir wird etwas schwindlig. Er verliert langsam das Bewußtsein, dann wird alles schwarz.«

»O Mann!« rief Mark aus.

»Wissen Sie, ob Feuerwehrmänner oder ein Rettungsteam dabei waren? Er zeigt mir Leute, die am Ufer stehen.«

»Ja, es waren mehrere Rettungsmannschaften dort, die ihn an verschiedenen Orten aus dem Fluß herauszuholen versuchten.«

Ich fuhr fort: »Er sagt, er habe versucht, ein Seil zu fassen, aber er konnte es nicht erreichen.«

Marks Ausdruck war finster. »Was noch?«

»Er bittet Sie, Max zu grüßen. Ergibt das einen Sinn?«

»Du meine Güte. Max ist mein Sohn, und Doug hat ihn zuweilen gehütet. Sie haben sich sehr miteinander angefreundet. Das ist ja erstaunlich!«

»Er erwähnt Florida und zeigt mir eine Baseballmütze, die etwas zu tun hat mit … Das verstehe ich nicht. Moment mal. Er sendet mir den Gedanken Marla oder Marlin.«

»Die *Florida Marlins!*« rief Mark aus. »Ich habe Max gerade Dougs Baseballmütze mit den Farben der *Florida Marlins* gegeben. Er mag sie sehr, weil sie ihn an Doug erinnert.«

»Doug möchte, daß er Freude daran hat. Er möchte auch, daß Max alle Kinder von gegenüber grüßt.«

Mark erklärte, alle hätten Doug geliebt. Er war ein Sportfanatiker, und alle Jungen im Quartier hatten ihn sehr gemocht.

»Doug erwähnt noch einmal das neue Fahrrad. Er war in sein neues Fahrrad vernarrt. Ich weiß nicht, weshalb er das immer wieder sagt«, bekannte ich.

Mark saß zuvorderst auf der Stuhlkante.

»Unglaublich«, meinte er schließlich. »Irgendwie hat alles mit dem Fahrrad begonnen. Er hat zwei Tage vor dem Unwetter ein neues Fahrrad bekommen und ist damit an den Fluß gefahren, um zuzuschauen, wie das Wildwasser toste. Offenbar hat das Hochwasser sein Rad weggeschwemmt. Als Doug ihm nachsprang, ist er hineingefallen. Die Strömung war zu stark, und er kam nicht mehr heraus.«

»Er läßt auch Linda lieb grüßen.«

»Linda ist meine Frau«, sagte Mark. »Ich richte das aus.«

»Er ist sehr froh, daß Sie hergekommen sind, und bittet Sie, allen zu sagen, daß es ihm sehr gutgeht.«

»Du hast es geschafft, Freundchen«, grinste Mark, legte den Kopf in den Nacken und sah nach oben.

Einige Tage später rief mich Dougs Familie an. Sie hatten über die Einzelheiten gestaunt, die Mark ihnen überbracht hatte und die niemandem, nicht einmal dem Fernsehen, bekannt waren. Sie machten einen Termin mit mir aus, und einige Wochen später sprachen auch sie mit ihrem Sohn und vergewisserten sich selbst, daß er nach dem Tod noch lebte. Doug erklärte seinen Eltern, sein Leben habe nicht in jenem vom Regen angeschwollenen Fluß geendet. Er sagte, er wolle die Schule beenden und hoffe überdies, eines Tages eine Freundin zu haben. Sie freuten sich sehr, jetzt zu wissen, daß Dougs Leben tatsächlich weiterging.

**Es ist ganz anders, als du glaubst**

Als ich an diesem Buch schrieb, sah ich die Sitzungsunterlagen vieler Jahre durch, um diejenigen herauszusuchen, die in meinen Augen die allgemeingültigsten für die Begegnungen zwischen Hinterbliebenen und denjenigen waren, die sich jenseits des Schleiers des Todes befinden. Bei meiner Suche stieß ich auf einige Sitzungen, die irgendwie hervorstachen. Entweder waren sie einfach einmalig oder bewiesen besonders deutlich die Macht des Geistes, oder das Gespräch förderte unglaubliche, überraschende Tatsachen zutage.

Die folgende Sitzung ist ein erstaunliches Beispiel, das all diese Elemente enthält. Es ist die Geschichte eines Paares, dessen Leben nach dem Tod des Sohnes zerstört war. Sein Tod hatte mehr Fragen aufgeworfen als Antworten geliefert. Die Seele des Sohnes war für diese Gelegenheit, seine Eltern über die unerklärten Vorfälle bei seinem Tod zu unterrichten, äußerst dankbar. Am Ende der Sitzung war nicht nur der Geistesfrieden seiner Eltern wiederhergestellt, sondern – und das ist noch viel wichtiger – auch seine Seele konnte endlich Ruhe finden.

Alan und Sandra kamen über eine Empfehlung von Freunden zu mir. Sie schienen ziemlich skeptisch und gar nicht sicher zu sein, ob sie sich auf so etwas Seltsames wie Spiritismus einlassen sollten. Ich begann mit meiner üblichen Einleitung und erklärte ihnen, wie ich die Mitteilungen empfing, was zu erwarten war und was nicht. Sie hörten zu und schienen zu begreifen, daß sie sich auf alles gefaßt machen konnten.

Die erste, die ich im Raum erspürte, war Sandras Mutter.

Ich hob an: »Sandra, Ihre Mutter ist hier. Sie steht Ihnen sehr nahe und sagt, Sie sollten mit dem Küchenmesser achtgeben.«

»Du meine Güte«, erwiderte Sandra. »Ich habe es heute geschliffen und mich beinahe geschnitten. Hat sie mir dabei zugesehen?«

Ich sagte: »Es muß wohl Ihre Mutter gewesen sein – ich war nicht in Ihrer Küche.«

Sandra lächelte, und ihre Mutter sandte mir weitere Gedanken.

»Ihre Mutter sagt, die neuen Verandamöbel gefielen ihr gut.«

»Wie schön. Wir haben sie erst neulich bei Sears gekauft. Sie saß gewöhnlich draußen auf der Veranda, als sie noch bei uns wohnte.«

»Sie hat viel Humor. Sie meint, sie habe dort gesessen und auf den Tod gewartet.«

Plötzlich wurde ich durch die Gedanken eines anderen Geistes unterbrochen, der darauf bestand, sich Gehör zu verschaffen.

»Ja, ich höre dich«, sagte ich zum Geist. »Da steht noch jemand bei Ihrer Mutter, Sandra. Es ist ein junger Mann, der sehr rasch gestorben ist. Ihre Mutter sagt, Sie hätten nach ihm gefragt.«

Dem Paar traten Tränen in die Augen, aber ich fuhr fort.

»Sagt Ihnen der Name Steven etwas?«

Beide wurden blaß und weinten. Sie bestätigten, Steven sei ihr Sohn; wegen ihm seien sie hergekommen.

Ich fuhr fort: »Steven ist ganz aufgeregt. Er hat das Gefühl, überhaupt nicht zur Ruhe zu kommen. Er hat schon eine ganze Weile versucht, zu Ihnen durchzukommen. Ist er seit etwa zwei Jahren drüben?«

»Nein, es ist erst etwa zehn Monate her, eher ein Jahr.«

»Hmm. Er sagt, sein Tod habe Sie völlig am Boden zerstört. Es tut ihm so leid, daß er gestorben ist. Er hat versucht, ein Unrecht in Ordnung zu bringen. Ich weiß nicht, wovon er spricht. Verstehen Sie, was er damit meint?«

Alan meldete sich zu Wort: »Ja, ich glaube schon. Was sagt er sonst noch?«

»Er vermittelt mir ein brennendes Gefühl. Mein Kopf fühlt sich an, als sei er in Stücke gesprengt worden. Es tut mir leid, aber das übermittelt er mir. Wurde er mit einer Pistole erschossen?«

»Ja.«

»Er sagt, Sie hätten ihn in seinem Schlafzimmer gefunden.«

»Stimmt.« Beide wischten sich die Tränen aus den Augen.

»Ich muß Ihnen das leider sagen, aber ich glaube, Ihr Sohn hat Drogen genommen oder zumindest damit herumexperimentiert.«

»Ja, das haben wir auch herausgefunden.«

»Ihr Sohn ist sehr stark. Er schreit – es war Ronnie! Wer ist Ronnie?«

»Ronnie war ein Freund von ihm.«

Daraufhin kamen Nachrichten durch, die die Atmosphäre im Raum nicht nur für das Paar, sondern auch für mich völlig veränderten.

»Seine Uhr. Er erwähnt seine goldene Uhr.«

Alan sagte: »Wir konnten sie nach seinem Tod nicht finden. Wir haben überall danach gesucht.«

»Ihr Sohn hat sie Ronnie als Bezahlung gegeben. Ronnie war wütend. Wissen Sie, ob es irgendeinen Streit gab, bevor Ihr Sohn starb?«

»Keine Ahnung.«

»Steven schreit mich an: Ich habe mich nicht umgebracht. Es war Ronnie. Ronnie hat mir das angetan. Ich habe mich nicht umgebracht.«

Es wurde totenstill. Wir konnten alle kaum glauben, was wir eben gehört hatten. Es kommt sehr selten vor, daß ein Geist den Namen seines Mörders durchgibt. In diesem Fall wollte Steven Gerechtigkeit haben. Ich lehnte mich zurück, um mich zu fassen, bevor ich weitermachte.

»Steven sagt etwas von einem Selbstmord. Haben Sie geglaubt, er hätte Selbstmord begangen?«

Sie gaben beide zu, das sei der Fall gewesen.

»Ihr Sohn läßt Ihnen sagen, daß es kein Selbstmord war. Er würde so etwas nie tun. Wissen Sie, ob die Polizei seinen Tod untersucht hat?«

»Nein. Wir dachten alle, Steven habe sich umgebracht, weil er Drogen nahm. Sie fanden Spuren davon in seinem Körper«, sagte Sandra.

»Ich nehme ganz deutlich wahr, daß Ihr Sohn und dieser Ronnie miteinander gekämpft haben. Ronnie wollte Geld und Drogen. Alan, haben Sie eine Pistole?«

»Ja, die, die er gebraucht hat.«

»Er sagt, er habe sie aus der untersten Schublade Ihres Toilettentisches geholt? Stimmt das?«

»Du meine Güte, wie um alles in der Welt können Sie das wissen? Ja, das stimmt.«

»Wissen Sie, ob Ronnie vorbestraft war?«

»Nein, wir glauben nicht«, meinte Sandra.

»Ihr Sohn zeigt mir ständig diesen Streit ums Geld. Steven schuldete Ronnie Geld. Dieser Typ war damals wirklich völlig ausgeflippt. Er hatte irgendwelche Drogen genommen und war high, ich meine Ronnie. Ihr Sohn zeigt mir immer wieder eine Garage. Eine Backsteingarage mit einem weißen Tor. Sie hat drei kleine Fenster. Er öffnet sie und geht auf die linke Seitenwand zu.«

»Wir haben keine Garage. Was hat das zu bedeuten?«

»Ich weiß nicht, aber behalten Sie das bitte im Kopf. Vielleicht ergibt das später einen Sinn. Ihr Sohn ist froh, daß er es Ihnen gesagt hat. Er sagt, Sie würden es eines Tages verstehen. Sie sollen Ronnie holen. Er erwähnt einen Namen – Sharon oder Sherry.«

Alan warf ein: »Das ist seine Schwester.«

»Hat sie eben ein Baby bekommen?«

»Nein.«

»Dann weiß ich nicht, was das heißen soll, behalten Sie es einfach – wir werden sehen, ob es später Sinn macht. Jetzt meldet sich Ihre Mutter wieder und sagt mir, Sie hätten Steven geholfen. Es geht ihm jetzt gut.«

»Danke.«

»Sie zeigt mir auch etwas, das mit Kartoffelschälen zu tun hat.«

Sandra antwortete: »Gestern habe ich eine Kartoffelsuppe gemacht – nach Mutters Rezept. Ich habe an sie gedacht.«

»Sie sagt, sie sei gut geworden.«

Daraufhin mußten beide lachen. Die Sitzung dauerte noch eine kleine Weile an. Steven kam auf seine Beerdigung zu sprechen und wie er sich gewünscht hätte, daß sich seine Mutter nicht soviel Kopfzerbrechen wegen seines Grabsteins machte. Die Sitzung ging zu Ende, und wir verabschiedeten uns. Die beiden waren nun sicher, daß sie Verbindung zu ihrem Sohn aufgenommen hatten. Sie wollten das Tonband noch einmal abhören und sehen, ob sich irgendeine Bedeutung aus den verblüffenden Mitteilungen ergeben würde.

Mehrere Monate später rief mich Sandra an, um mir zu sagen, wie dankbar mir die ganze Familie für meine Hilfe sei. Sie wollte mir auch mitteilen, daß inzwischen einiges vorgefallen war. Sie hatten die Polizei benachrichtigt und mit einem Beamten gesprochen, der um den Tod ihres Sohnes wußte. Der Beamte hatte den Fall mit der Spur, die auf Ronnie hinwies, neu aufgenommen. Als er bei Ronnie zu Hause ankam, fand er die Backsteingarage mit den drei Fenstern. In der linken Wandverkleidung fand man ein Kilo Heroin und andere Drogen sowie Stevens goldene Uhr. Der Beamte nahm Ronnie mit. Als die Polizei ihn befragte, gab er schließlich zu, Steven habe ihm Geld für ein Drogengeschäft geschuldet und nicht bezahlt. Steven hatte ihm seine goldene Uhr angeboten, und Ronnie nahm sie, wollte aber das Geld trotzdem noch. An dem Tag, als Ronnie es sich holen wollte, hatte Steven die Pistole seines Vaters zu seiner Verteidigung aus der Schublade genommen. Als Steven Ronnie sagte, er habe den Rest des Geldes nicht, riß ihm Ronnie die Pistole aus der Hand und schoß Steven in den Kopf. Ronnie gab zu, daß er damals high gewesen sei. Er kam vor Gericht und sitzt jetzt lebenslänglich in einer staatlichen Strafanstalt.

**Die Marine**

Jeder scheidet auf seine Art aus diesem Leben. Manche sterben still im Schlaf, andere lösen den Tod selbst aus, und manche kommen bei einem Unfall um. Obwohl wir die Art unseres Todes lange vor unserer Geburt auf dieser Erde bestimmen, scheint mir dennoch keine tragischer als die gewaltsame zu sein. Wenigstens hinterläßt sie offenbar den größten Eindruck auf die Hinterbliebenen.

Es kommt immer wieder vor, daß jemand bei einem gewaltsamen oder raschen Übergang gar nicht merkt, daß der Tod eingetreten ist. Weil ein Unfall so schnell geht, wird der Geistkörper manchmal buchstäblich aus dem physischen Körper hinauskatapultiert. Der Geist ist sich seiner mißlichen Lage manchmal jahrelang nicht bewußt. Unterdessen besucht er wohl häufig alle ihm aus dem Leben vertrauten Orte und glaubt, er träume, sei aber immer noch am Leben. Dieses Phänomen nennt man *verlorene Seele* oder *Gespenst*. Wenn ein Geist verstört, unglücklich oder ruhelos ist, reihen wir ihn unter die *Poltergeister* ein. Glücklicherweise sind viele Geistwesen auf der anderen Seite damit beschäftigt, die verlorenen und fehlgeleiteten Seelen zu retten.

Macht sich ein Geist unter Umständen unangenehm bemerkbar, so kann man auf verschiedene Arten mit ihm umgehen. Vergessen wir nicht, daß er nur soviel Kraft und Kontrolle über einen besitzt, wie man ihm gibt. Wir haben die Fäden in der Hand und sollten das nie vergessen. Die meisten Poltergeister wissen nicht, daß sie gestorben sind, also fängt man damit an, ihnen das klarzumachen. Nun sind die Todesumstände bei jedem Geist verschieden. Ich würde empfehlen, dort im Haus zu arbeiten, wo die Störungen am stärksten sind. Wieviel Zeit erforderlich ist, um sich der Störenergie zu entledigen, hängt vom jeweiligen Fall ab. Bevor Sie damit beginnen, rate ich Ihnen, ein Ritual zu Ihrem Schutz durchzuführen und Ihre Geistführer oder Schutzengel um Begleitung und Hilfe zu bitten. Das sollte man vor jeder intuitiven Arbeit stets tun.

Zuallererst sollte man eine harmonische Atmosphäre im

Haus oder Raum schaffen, indem man die Schwingungen am betreffenden Ort erhöht. Das erreicht man durch Abspielen geistiger oder religiöser Musik, etwa eines Arrangements des *Vaterunsers* oder *Ave-Marias*, einer Hymne, eines Liedes oder Musikstückes mit hoher geistiger Schwingung. Reinigen Sie dann den betreffenden Bereich durch Klärung der umgebenden Atmosphäre. Dazu eignet sich das Verbrennen von Salbei sehr gut, ebenso wirksam sind Weihrauch und Myrrhe. Der aromatische Rauch dieser drei Kräuter und Harze zieht speziell hohe Schwingungen an und trägt dazu bei, dunkle Energien auszuräumen. Lassen Sie daraufhin möglichst viel Tageslicht in den Raum strömen. Öffnen Sie die Fensterläden, und ziehen Sie die Vorhänge auf. Ebenso wichtig ist Meditieren, um den verstörten Geist zu erreichen. Es spielt keine Rolle, ob Sie ihn sehen oder spüren. Teilen Sie ihm mit, daß er sich in eine andere Dimension begeben hat, und er solle einen Eltern- oder Großelternteil bitten, ihn in die nächste Dimension zu geleiten. Erinnern Sie den unruhigen Geist immer wieder daran, daß er nicht weiterhin auf der irdischen Seite des Schleiers zu verweilen braucht, sondern auf der anderen Seite sehr viel glücklicher wäre, da ihn nichts mehr hier festhalte. Achten Sie bitte darauf, dem Geist diese Dinge sehr liebevoll und mitfühlend mitzuteilen. Je nach dem Ernst der Lage braucht eine solche Reinigung einige Tage bis mehrere Wochen.

Es gibt auch Fälle, in denen jemand wie bei einem Mord gewaltsam stirbt. Der Geist wird sich in der Regel seines Unglücks nach einer kurzen Übergangszeit bewußt. Gewöhnlich wird er gleich von einem Verwandten oder Führer abgeholt. Die nachfolgende Sitzung gewährt einen einmaligen Einblick in einen solchen Fall; hier beschreibt ein Geist, wie er sich seines eigenen Todes bewußt wurde.

Bevor ich fortfahre, sollte ich wohl noch erwähnen, daß ich bei jeder Sitzung dem Ratsuchenden alles mitteile, was durchkommt. Ich habe eine Abmachung mit den Geistwesen, die lautet: Wenn sie mir Informationen liefern, dann ist es richtig und gut, sie meinen Klienten voll und ganz weiterzugeben. Das tue ich, weil ich lediglich ein Medium bin. Es ist nicht meine Aufgabe, die durchgegebenen Informationen irgendwie zu zensieren. Außerdem könnte der Ratsuchende möglicherweise etwas nicht verstehen, wenn ich ihm nicht alles sage. Daher beschreibe ich alles, was ich sehe, bis in alle Einzelheiten bis hin zu den Farben genauso lebhaft, wie ich es empfange, und zusammen mit etwaigen Gefühlen, ganz gleich, ob diese nun freudig oder unangenehm sind.

Ein junger Mann kam auf Empfehlung eines Freundes zu mir. Ich wußte nichts über diesen Mann, und mir war auch nicht klar, weshalb ich gleich eine solche Dringlichkeit von der anderen Seite verspürte. Jemand wollte hier unbedingt etwas sagen, also fing ich gleich an.

»Offenbar sind Sie weit von Ihrer Familie getrennt. Sind Sie nicht mehr bei Ihrer Familie? Ich meine, wohnen Sie in einem anderen Staat?«

»Ja«, antwortete er.

»Sagt Ihnen der Name Laura etwas?«

»Ja. Das ist meine Schwester. Sie lebt in Arizona.«

»Ich weiß nicht, weshalb, aber ich möchte innerhalb der Familienschwingung bleiben. Hat die Familie drei Kinder, zwei Jungen und ein Mädchen?«

»Ja … so ist es.«

»Ich bekomme ein sehr starkes Gefühl von einem jungen Mann. Ich glaube, er ist Ihr Bruder. Stimmt das?«

»An ihn habe ich gedacht.«

»Er gibt mir Mike als Namen an. Gibt das einen Sinn?«

Der junge Mann fing langsam Feuer. »Ja genau, das ist er. So heißt er.«

»Er sagt, es gehe ihm gut. Er ist sehr froh, daß Sie heute hergekommen sind. Er bittet Sie, Ihren Eltern zu sagen, daß mit ihm alles in Ordnung sei. Er erwähnt Texas.«

»Meine Eltern wohnen in Texas. Dort sind wir aufgewachsen. Wie geht es ihm?«

»Ausgezeichnet. Er glaubt es kaum, daß ich ihn höre. Er hat das so lange schon gewollt. Er hat einige Freunde in der geistigen Welt wiedergetroffen. Vom Militär her. Seine Kumpels, sagt er. Verstehen Sie?«

»Ja, ich verstehe. Machen Sie bitte weiter.«

»War er in Vietnam? Er redet nämlich sehr schnell über den Krieg. Den Krieg in Vietnam. Er sagt, er sei wieder mit seinen Kumpels von der Truppe in Vietnam zusammen. Er hatte nicht dorthin gewollt.«

»Das stimmt! Ich war damals noch klein, aber Mutter hat mir gesagt, Mike habe nicht gehen wollen.«

»Er ist offenbar sehr rasch gestorben.«

Ich spürte, wie ich in eine tiefere Trance glitt, und wurde optisch in eine Welt voller Feuer und Schmerzen geworfen. Ich war mitten in Vietnam. Es war, als drehe die Welt durch. Brennend helle Farben in Gelb- und Orangetönen waren ringsum zu sehen. Vor mir vernahm ich einen lauten Knall. Ich sah meinen Klienten mit aufgerissenen Augen an und sagte ihm, ich müsse einen Augenblick unterbrechen. Dann bat ich meine Führer, mir diese Todeserfahrung zu ersparen. Sie ergriff zu stark von meinem Körper Besitz. Die Führer kamen der Bitte sofort nach. Ich sah die Szene wieder vor mir, aber diesmal als Beobachter.

»Ich bekomme einen Mann im Unterholz gezeigt. Es ist sehr dunkel. Der Mann – ich glaube, es ist Ihr Bruder – macht einen äußerst nervösen Eindruck. Er marschiert mit den anderen Soldaten seiner Truppe. Er will seine Jacke ausziehen, aber der Saum bleibt an etwas an seinem Gürtel hängen.«

Der junge Mann versuchte vergeblich, seine Tränen zurückzuhalten. Es war für ihn klar, daß ich die Todesstunde seines Bruders wiedererlebte. Ich sah, wie der Reißverschluß der Jacke den Kopfzünder einer Granate abriß. Durch den Luftdruck explodierte sie im Körper des Soldaten, und er wurde enthauptet. Dann wurde alles schwarz.

Ich blickte meinen Klienten starr an.

»Ist Ihr Bruder von einer Granate zerfetzt worden, die sich in seinen Kleidern verfangen hatte?«

Der junge Mann fiel in seinen Stuhl zurück. Sein Mund bewegte sich ganz langsam, er versuchte, die richtigen Worte zu finden.

»Ja, das stand in der Mitteilung, die die Regierung uns geschickt hat.«

Ich konnte es kaum glauben. Noch nie hatte ich erlebt, daß jemand so intensiv von der anderen Seite zu mir durchgekommen war. Ich konnte kaum an mich halten, als ich fortfuhr.

»Das ist erstaunlich! Ihr Bruder teilt sich unglaublich gut mit. Moment, mal sehen, was er sonst noch sagen möchte. Er beschreibt, was er beim Aufwachen empfand. Er sagt, er sei nach einer Zeit, die ihm vorkam wie wenige Sekunden, wieder zu Bewußtsein gekommen. Er sah sich um und merkte, daß er sich anders fühlte, nicht mehr erschöpft wie zuvor. Er sah einige seiner Kameraden in einem Kreis herumstehen und schreien, aber er hörte nicht, was sie sagten, bis er näher hinging. Sie riefen seinen Namen. Mike! Mike! Er antwortete, aber niemand konnte ihn hören. Er ging zum Kreis hinüber und sah, wie sie auf die Überreste einer Leiche schauten.

Plötzlich wurde er von einer äußerst seltsamen, unheimlichen Empfindung erfaßt. Er blickte hinab auf die Erkennungsmarke, die einer seiner Kumpels in der Hand hielt – darauf stand sein Name.

Der junge Mann war fasziniert. »Das ist unglaublich. Er hat alles genau mitbekommen.«

»Er sagt, er sei etwas verwirrt gewesen, aber es sei ihm aufgegangen, daß er wohl tot war. Er beschreibt einen tiefen Frieden und Ruhe. Moment … Er läßt mich Ihnen sagen, Alice habe ihn begrüßt. Hat er eine Alice gekannt?«

»Alice ist unsere Großmutter.«

»Alice ist gekommen, um ihm beim Übergang nach drüben zu helfen. Er war geschockt und gleichzeitig glücklich und erleichtert. Er sagt, sie habe neben ihm gestanden. Er läßt Ihnen zudem sagen, er habe auch Pappi gesehen, und Jojo sei immer noch bei ihm.«

»Pappi war mein Großvater, Jojo war sein deutscher Schäferhund. Mike und Jojo waren immer zusammen. Unglaublich. Tiere leben also auch weiter?«

»Alle Lebewesen leben weiter. Ihr Bruder läßt Ihnen sagen, wie sehr es ihm leid tut, Ihnen soviel Sorgen und Kummer bereitet zu haben. Bitte glauben Sie, es geht ihm gut – er hat ein sehr erfülltes Leben.«

»Er soll sich keine Sorgen machen. Lassen Sie ihn einfach wissen, daß wir ihn sehr lieben und froh sind, daß er in unserer Nähe ist. Wir freuen uns darauf, ihn eines Tages wiederzusehen.«

»Er sagt, er und alle anderen drüben … er lacht … einschließlich Jojo, würden Sie erwarten.«

Wenn ein Tier in einer Sitzung durchkommt wie in diesem Fall, sieht mich der Klient meistens ziemlich erstaunt an. Wir können uns nicht vorstellen, daß Hunde oder Katzen den Tod überleben. Aber warum denn nicht? Tiere sind aus der gleichen gottgegebenen Lebenskraft gemacht wie wir. Wenn ein Tier zu mir durchkommt, ist seine Schwingung ganz ähnlich wie die eines Menschen. Der Charakter eines Tieres (auch sie haben einen!) kommt für mich deutlich durch. Häufig gibt ein Tier mir zu verstehen, es habe ein bestimmtes Futter oder einen speziellen Stuhl besonders gemocht. Wie sein menschlicher Partner beschreibt ab und zu auch ein Tier seinen Tod in allen Einzelheiten oder seine Schwierigkeiten beim Herunterschlucken des Essens, als es krank war, oder wie es am Ende fast nicht mehr gehen konnte.

Ich möchte hier eine schöne Geschichte aus einer Sitzung mit einem inzwischen verstorbenen englischen Medium anführen. Für mich veranschaulicht sie die wahre Bedeutung der bedingungslosen Liebe, die Tiere uns gegenüber hegen.

Es war einmal ein einfacher Bauer, der in England lebte. Wie es manchmal so geht, hatte er in harten Zeiten seinen Bauernhof verloren, und schließlich waren alle seine Familienangehörigen gestorben. Es blieb ihm nur noch sein alter, weißer Klappergaul Patty, eine Stute, bei deren Geburt er assistiert hatte. Patty und der Bauer blieben viele, viele Jahre beieinander, bis es eines Tages für Patty an der Zeit war, zu sterben. Der Bauer blieb nun ganz allein zurück und war völlig gebrochen. Als nach vielen Jahren der Bauer an der Reihe war, ins Jenseits zu gehen, erwachte er in der geistigen Welt auf einer wunderschönen Wiese. Er wußte nicht, wo er war, und glaubte zu träumen. Plötzlich kam ein Pferd im Galopp über den Hügel auf ihn zu. Es war seine alte Mähre Patty, aber sie war nicht mehr der alte, arthritische Klappergaul, an den er sich erinnerte. Statt dessen war sie eine strahlende, junge und starke Stute. Als das Pferd näher kam, erkannte der Bauer

Patty und konnte ihre Liebe spüren. Pattys Liebe hatte den Bauern in die geistige Welt geführt.

Die Liebesbande zwischen unseren Haustieren und uns bleiben bestehen, wenn wir auf die andere Seite überwechseln. Liebesbande, egal mit wem, sind stets von Dauer.

# 5

# Tödliche Kollisionen

Eines Tages kehren wir alle in unsere geistige Heimat zurück, dessen können wir sicher sein. Wie wir aber diese Welt verlassen und wohin wir kommen, das hängt vom einzelnen ab. Viele legen den Körper unerwartet tragisch ab wie Mike in Vietnam. Bedauerlicherweise kommen noch sehr viel mehr Menschen bei einem Autounfall ums Leben. Viele Unfalltote haben mir, ihrem Vermittler zwischen der geistigen und irdischen Welt, ihre Gedanken dazu übermittelt. Dabei ist mir einiges klar geworden, was Unfälle betrifft.

Zunächst einmal *gibt* es überhaupt keine Unfälle. Sie sind die unmittelbare Folge des geistigen Gesetzes von Ursache und Wirkung, das man auch Karma nennt. Lassen Sie mich erläutern, was ich damit meine: Jemand geht auf eine Party und entscheidet sich bewußt, Alkohol zu trinken. Nachdem er ziemlich betrunken ist, findet er, er habe jetzt genug und fährt nach Hause. Gleichzeitig macht sich ein Paar nach einem Kinobesuch auf den Heimweg. Der Betrunkene sieht alles wie durch einen Nebel und erkennt das auf ihn zukommende Auto zu spät. Unglücklicherweise rammt er die beiden, und sie sind auf der Stelle tot.

In diesem Ablauf ist der Tod die Folge oder Wirkung dessen, daß unser Mann zu trinken beschlossen hat. Weil seine Sinne benebelt waren, hat er den Unfall verursacht und ist für die Beendigung zweier Leben verantwortlich. Das ist eine karmische Situation, die in einem anderen Leben ausgeglichen werden muß, weil das Paar gestorben ist. Anders ausgedrückt: Alles, was wir tun, wird in diesem oder in einem nächsten Leben mit gleicher Münze zurückbezahlt, sei es nun positiv oder negativ. Das Gesetz von Ursache und Wirkung ist ein unveränderliches Naturgesetz des Universums, und jede Erfahrung wird durch eine karmische Handlung oder Gottes Gnade aufgelöst.

Bei einem Unfall oder gar einer Naturkatastrophe verhalten sich die Dinge meist nicht so, wie sie erscheinen. Nichts geschieht zufällig. Nicht nur hängen sie mit karmischen Verpflichtungen zusammen, sondern darüber hinaus trifft oft eine Seele – oder eine Gruppe von Seelen – eine Abmachung, bevor sie auf die irdische Ebene kommt. Alles im Leben läuft nach einem geistigen Plan ab. Im Leben geht es stets darum, aus Erfahrungen zu lernen. Um die gesamte Lebensfülle kennenzulernen, muß jede Seele alles erleben und daher außer positiven auch negative Erfahrungen machen. Es ist notwendig, die Dualität der Natur kennenzulernen. Das Positive lernt man erst durch das Negative schätzen.

Mit diesen Dingen vor Augen vereinbaren manche Seelen in der geistigen Welt beispielsweise, eine Naturkatastrophe oder einen Flugzeugabsturz mitzuerleben und ihren Körper auf diese Weise abzulegen. Ich glaube kaum, daß das eine bewußte Entscheidung ist. Unser Ego würde nicht zulassen, daß wir unseren Körper so schädigen. Man kann Unglücke und Unfälle aber auch anders betrachten: Die betreffenden Seelen sind vielleicht gerade dabei, Karma aus früheren Leben aufzulösen. Dann bleibt noch die Frage: Hat dieser Unfall oder dieses Unglück anderen irgendwie geholfen? Mit anderen Worten: Wie hat der Tod dieses Menschen Familienangehörige und enge Freunde beeinflußt? Ist ihr Verständnis für das Wesen der Liebe gewachsen, und schätzen sie das Leben nun mehr? Ist der Tod eines geliebten Menschen für ihr spirituelles Wachstum wertvoll? Das alles können wir mit unserem rationalen Verstand gar nicht ermessen, weil es sich um geistige Vorgänge handelt. Es genügt zu wissen, daß das Leben Teil eines viel größeren Gesamtbildes ist, als wir es uns vorstellen.

Immer wieder fragen Klienten nach, ob ihre Lieben beim tödlichen Zusammenprall Schmerzen litten. In den meisten Fällen verliert der Geist das Bewußtsein und erinnert sich nicht mehr daran. Häufig bemerken Geistwesen, sie hätten das zerbeulte Auto gesehen und sich gefragt, was für ein armer Kerl da wohl gestorben sei. Erst, wenn sie ihren eigenen Körper leblos am Boden liegen sehen, begreifen sie, daß das ja ihnen zugestoßen ist.

Wenn einem Geist aufgeht, daß er gestorben ist, ist er manchmal, gelinde gesagt, ziemlich durcheinander, besonders wenn er sich dabei quicklebendig fühlt. Ist die Todesursache ein Unfall, bei dem ein Geist buchstäblich aus seinem Körper hinauskatapultiert wird, steht in der Regel ein Verwandter, enger Freund oder Führer dem Neuankömmling beim Übergang bei, so daß dieser das Leben in geistiger Form schnell begreift. Er schaut an seinem Geistkörper hinunter und stellt fest, daß er genauso aussieht wie sein ehemaliger physischer Körper. Manchmal erwacht ein Geist in einem Krankenhaus – das jedoch keinem irdischen Krankenhaus entspricht – und wird von einem Verwandten oder lieben Freund begrüßt, der den Geist willkommen heißt und ihm mitteilt, daß er bei einem Unfall gestorben ist.

Man muß sich im klaren darüber sein, daß ein Geist bei jeder Todesart, besonders aber bei einer plötzlichen, Beistand und Verständnishilfen braucht, um sich an seine neue Umgebung zu gewöhnen. Gott sei Dank gibt es großmütige Seelen, die ihnen dabei helfen. Auf der Welt würde man sie Sozialarbeiter oder Therapeuten nennen, weil die geistigen Helfer genau wie diese den Neuankömmlingen in einer unvertrauten Umgebung mentalen Beistand bieten.

Wenn ich mit trauernden Eltern arbeite, kommen sie meistens darauf zu sprechen, daß der Verlust eines Kindes die schlimmste Erfahrung ist, die man im Lauf eines Lebens machen kann. Niemand ist je auf den Tod eines Kindes vorbereitet. Die trauernden Eltern geben sich selbst unweigerlich die Schuld am Tod ihres Kindes, als wären sie dafür verantwortlich oder hätten ihn verhindern können. Doch diese Macht hat nur Gott.

Wie Sie aus der nächsten Fallgeschichte erfahren, versucht hier ein Kind, seine Mutter zu beruhigen, es gehe ihm gut und sie solle sich nicht für seinen Tod verantwortlich fühlen. Mit liebevollen Worten, lachend und mit vertraulichen Mitteilungen sucht ein Junge seine Mutter zu trösten. Nach der Sitzung konnte ich eine völlige Veränderung bei der Mutter feststellen. Sie weinte auch nicht mehr.

**Der Junge mit dem Motorrad**

Diese Sitzung fand im Haus einer Ratsuchenden statt, und acht Leute nahmen daran teil. Ich war ihnen nie zuvor begegnet, noch wußte ich irgend etwas über diejenigen, mit denen sie Verbindung aufnehmen wollten.

Nach drei Durchgaben wandte ich meinen Kopf unvermittelt nach links und sah, wie eine Frau auf dem Sofa weinte.

»Darf ich zu Ihnen kommen?« fragte ich.

Sie sah mich an und antwortete zögernd: »Ja, gut.«

»Schon den ganzen Abend sitzt ein junger blonder Mann bei Ihnen auf dem Sofa. Ist das jemand, den Sie erkennen?«

»Ja, ich glaube schon.«

»Er sagt, er heiße Stephen. Erkennen Sie den Namen?«

Die Frau brach in Tränen aus und rief aus: »Ja, allerdings. Er ist mein Sohn.«

Ich fuhr fort. »Er hat offenbar einen köstlichen Humor und kann von Herzen lachen. Ergibt das einen Sinn?«

»Ja, genauso ist es.«

»Sein Humor ist manchmal trocken und etwas beißend. Wissen Sie, was ich meine?«

Die Frau machte eine bejahende Kopfbewegung. Ein Lächeln huschte über ihr Gesicht, als es ihr klar wurde, daß sie tatsächlich mit ihrem Sohn in Verbindung stand.

»Er läßt Diane grüßen und erwähnt eine gewisse Party, über die sie Bescheid wisse …«

»Diane war seine Freundin.«

Die Frau dachte über die Bemerkung wegen der Party nach und konnte sie nicht einordnen. Plötzlich rief sie aus: »Meine Güte! Diane war in der Nacht, als er starb, mit ihm auf einer Party. Sie waren auf der Party eines Freundes.«

»Er zeigt mir ein Motorrad auf einer glatten Straße. Verstehen Sie das?«

»Ja«, antwortete sie.

»Er kommt zu schnell um eine Kurve und dann geht's bergab. Hmm … wissen Sie, er war auf dem Motorrad etwas beschwipst.«

Die Frau nickte wieder und hörte gespannt zu.

»Was bedeutet ›Greenleaf‹ bitte? Er zeigt mir ein Plakat, auf dem ›Greenleaf‹ steht.«

Die Frau antwortete: »So heißt die Straße, wo er den Unfall hatte.«

»Ich verstehe. Jetzt zeigt er mir ein dunkelblaues Auto. Ist er mit seinem Motorrad gegen das blaue Auto geprallt?«

»Ja. Stephen wurde vom Motorrad geschleudert und ist unter das Auto gekommen.« Sie brach zusammen.

»Stephen möchte Sie wissen lassen, daß ihm sein Foto im Jahrbuch mit der schönen Inschrift darunter sehr gefallen hat.«

»Ach ja. Eine Kopie davon hängt bei uns im Wohnzimmer.«

»Er möchte Ihnen etwas sehr Wichtiges sagen. Er sagt, Sie hätten sich unglaublich viel Schuld wegen seines Todes aufgebürdet, und das sei nicht recht. Sie waren nicht dafür verantwortlich.«

»Aber wenn ich ihn an jenem Abend angerufen hätte, wäre er vielleicht nicht zur Party gegangen.«

»Stephen sagt, er wäre trotzdem gegangen, und das wissen Sie auch. Er hat immer getan, was er wollte.«

»Ja, das stimmt«, meinte die Frau. »Er hat recht. Wahrscheinlich hätte ich den Unfall so oder so nicht verhindern können. Ich habe mich nur so schrecklich gefühlt, weil ich nichts tun konnte.«

»Ja, aber verstehen Sie, daß Sie nicht schuld daran waren?«

»Ja, das sehe ich jetzt. Danke.« Damit neigte sie den Kopf und hörte weiter zu.

Stephen erwähnte noch mehrere Einzelheiten, von denen seine Mutter wußte, daß sie seinem Vater und seiner Schwester etwas bedeuten würden.

Bis dahin war es eine normale Sitzung gewesen. Die nächste Mitteilung war sowohl witzig als auch ziemlich überraschend. Stephen erwies sich als der »beste Freund eines Mediums«. Er konnte sich ausgezeichnet mitteilen und Einzelheiten aus der Sicht einer lebenslustigen Persönlichkeit beschreiben.

»Stephen läßt alle seine Freunde grüßen. Meine Güte, er hatte eine ganze Menge!«

»Ja, das hatte er.«

»Wissen Sie, ob seine Freunde einen eigenen Trauergottesdienst für ihn abgehalten haben?«

»Nein, ich glaube nicht. Ich meine … sie haben Blumen an den Unfallort gebracht, aber ich glaube nicht … «

»Er zeigt mir die Initialen J. D., und jemanden, der einen Trinkspruch ausbringt. Ich habe keine Ahnung, was das zu bedeuten hat.«

Die Frau mußte plötzlich lachen und rief aus: »Ach ja, einige von seinen Kameraden sind über die Friedhofsmauer geklettert und haben eine Flasche Jack Daniels auf sein Grab gestellt. Vielleicht könnte man das eine Art Gottesdienst nennen?«

Alle Anwesenden mußten lachen und kamen herbei, um die Frau zu umarmen. Stephen versicherte ihr, er werde immer um sie sein, und sie solle ganz »cool« bleiben. Seine Mutter sah zur Decke hoch und sprach nun selbst mit Stephen. Nicht nur konnte sie seinen Tod jetzt akzeptieren, sondern die irrationale Schuld war von ihr gewichen. Sie war auch froh zu wissen, daß ihr Sohn weiterhin alles sehen konnte, was sie unternahm.

**Die Cheerleaderin**

In der geistigen Welt suchen wir genauso wie auf der Erde nach einer Lösung, wenn uns gewisse Dinge stören. Wenn wir in die geistige Welt überwechseln, fußt unsere dortige Existenz auf unserem Denken und Tun zu Lebzeiten. Wenn wir im Körper etwas getan haben, dessen wir uns schämen, bleibt dieses negative Gefühl oder der negative Zustand noch lange im Bewußtsein hängen.

Sterben wir mit ungelösten Problemen, können wir weder in Frieden ruhen noch spirituelle Fortschritte machen, bevor diese irdischen Fragen geklärt sind. Eine der schönen Seiten meiner Arbeit besteht darin, daß ich einem Geist dabei behilflich sein kann, wegen einer Missetat um Vergebung zu bitten und sie zu erlangen. Dann ist der Geist von seiner negativen Fessel befreit und kann auf der anderen Seite des Lebens weiterwachsen.

Wie bereits erwähnt, melden sich auch unerwartete Geistwesen bei mir. In solchen Fällen hat der betreffende Geist dem Klienten etwas sehr Wichtiges mitzuteilen. In der folgenden Sitzung handelte es sich um den Geist einer Schulfreundin, die um Vergebung wegen vergangener Taten bat.

Bei einer Gruppenzusammenkunft spät an einem Samstagabend wollte ich gerade die Sitzung beenden, als ich zwei Frauen und einen Mann auf dem Sofa mir gegenüber bemerkte. Ich wußte irgendwie, daß sie zusammengehörten, und stellte meine Frage an die Frau, die in der Mitte saß.

»Entschuldigen Sie, darf ich zu Ihnen kommen?«

»Ja«, erwiderte sie.

»Ich habe hier eine junge Frau etwa in Ihrem Alter. Sie fühlt sich an, als sei sie ziemlich verstört und mache sich Sorgen wegen irgend etwas. Kennen Sie jemanden namens Stacey?«

»Ja. Wir sind zusammen zur Schule gegangen.«

»Sie ist ganz plötzlich gestorben. Sie zeigt mir Glasscherben und Blut und weist auf ihren Kopf. Sie war auf ihren Tod nicht vorbereitet. Ergibt das einen Sinn?«

»O ja, allerdings. Ich habe vorhin an sie denken müssen.«

»Sie sagt, sie wolle diese Chance um nichts in der Welt verpassen. Anscheinend war Stacey eine Partylöwin.«

»Ja, das war sie.«

»Ich bekomme das Gefühl, als sei sie in der Schule sehr beliebt und auf allen Partys der Hauptgast gewesen.«

Darauf mußten alle lachen.

»Vor ihrem Tod fühlte sich ihr Kopf sehr benebelt an, als habe sie Drogen genommen oder getrunken. Ich sehe sie in einem Auto. Dann kam ein Schlag auf den Kopf. Ich sehe viele Scherben und Blut. Ich glaube, sie hatte einen Autounfall, und es tut mir leid, aber es sieht so aus, als sei sie durch die Windschutzscheibe katapultiert worden.«

Die beiden jungen Frauen riefen aus: »Ja, genau!«

»Sie sagt, es sei auf einer Kreuzung passiert. Sie kam von einer Party und sagt, sie sei ziemlich ›zugeknallt‹ gewesen.«

»Ja.«

»Sie sagt, sie würde Sie beide kennen. Stimmt das?«

»Ja, das stimmt. Wir sind alle zusammen zur Schule gegangen.«

Jetzt wandte ich mich mit meinen Fragen an Julie, die andere Frau auf dem Sofa.

»Sie zeigt mir ein Foto von euch dreien. Haben Sie das Bild, das sie meint?«

»Ja, ich habe es mir eben erst angesehen.«

»Das ist seltsam. Jetzt zeigt sie mir so etwas wie Sportuniformen. Ich bin mir nicht sicher, ob es etwas mit Fußball oder einem Fanclub zu tun hat. Sie zeigt mir einen Buchstaben auf einem Pullover.«

Julie antwortete: »Wir waren alle drei Cheerleaderinnen in der Schule. Ich habe das Foto von uns als Cheerleaderinnen angeschaut. Wir trugen alle drei unsere Uniformen. Mitten auf der Uniform steht ein Buchstabe.«

Ich fuhr mir über die Stirn und seufzte erleichtert auf. Schön, daß sie etwas mit der Mitteilung anfangen konnten.

Dann fuhr ich fort: »Sie wollte immer Mutter werden.«

»Ja, das stimmt. Sie redete davon, eine Familie zu haben, und was sie alles miteinander tun würden.«

»Ich soll Ihnen sagen, daß sie sich dort, wo sie ist, um Kinder kümmert. Sie ist so etwas wie eine Sozialarbeiterin und ist ganz begeistert.«

Die beiden Frauen nickten und lächelten. Plötzlich veränderte sich Staceys Stimmung.

»Das ist aber seltsam. Sie vermittelt mir Traurigkeit und fängt an zu weinen. Sie ist ganz unglücklich wegen ihres Verhaltens Ihnen gegenüber. Sie sagt mir – verzeihen Sie meine Ausdrucksweise –, sie hätte sich Ihnen gegenüber wie ein Miststück verhalten.«

Beide nickten zustimmend.

»Sie sagt, sie habe Ihnen die Freundschaft gekündigt, weil sie an der Schule beliebtere Freunde haben und mit ›In‹-Leuten zusammensein wollte. Sie sagt, sie sei immer sehr eifersüchtig gewesen und habe Streit zwischen anderen angezettelt. Sie habe immer im Mittelpunkt der Aufmerksamkeit stehen wollen. Haben Sie beide irgendwann mal aufgehört, überhaupt mit ihr zu reden?«

»Ja. Wir haben seit ein paar Monaten vor ihrem Tod nicht mehr mit ihr geredet.«

»Sie läßt Ihnen sagen, es tue ihr sehr leid. Es war ihre Schuld, und sie bittet Sie, ihr Verhalten zu verzeihen. Sie sagt, sie sei immer so sehr vom Wunsch besessen gewesen, der beliebteste Mensch an der Schule zu sein, daß sie die Gefühle anderer völlig übergangen habe. Das sei sehr dumm gewesen.«

Die beiden jungen Frauen fingen an zu weinen.

»Wollen Sie ihr bitte verzeihen? Ihr Verhalten hat ihr sehr zu schaffen gemacht.«

»Natürlich tun wir das«, stimmte Julie zu.

»Sie läßt Ihnen sagen, sie könne spüren, wie verletzt Sie waren. Sie hat selbst erlebt, was es heißt, so behandelt zu werden, wie sie mit Ihnen umgegangen ist, und ist entsetzt über das, was sie getan hat.«

Die beiden wischten sich die Augen.

»Julie, haben Sie und der junge Mann neben Ihnen im Sommer geheiratet?«

»Ja, im August.«

»Hatten Sie sich überlegt, wie schön es wäre, wenn Stacey eine Ihrer Brautjungfern wäre?«

»Ja. Wir hatten beide daran gedacht. Das ist ja irre.«

»Sie zeigt mir ein rosa Kleid, hat ihr Haar aufgesteckt und trägt eine rosa Schleife darin.«

Julie rief aus: »Mein Gott, die Brautjungfern hatten rosa Kleider an! Und alle hatten eine Schleife im Haar.«

Ich fuhr fort: »Stacey läßt Ihnen sagen, daß sie im Geist auf Ihrer Hochzeit war. Sie sagt: ›Habt ihr etwa geglaubt, ihr könntet ein Fest ohne mich feiern?‹«

Daraufhin mußten alle lachen und dankten Stacey für ihr Kommen. Stacey dankte ihren Freundinnen für ihre treue Liebe und Vergebung. In diesem Augenblick sah ich, wie Stacey auf die beiden Frauen zuging und sie umarmte, dann wandte sie sich um und lächelte mir zum Dank zu. Daraufhin verschwand sie langsam in den Himmel hinein. Die drei auf dem Sofa brauchten einige Minuten, um dieses unglaubliche Ereignis aufzunehmen und den Frieden und die Liebe, die sie alle spürten, wirken zu lassen.

Man sollte sich im klaren darüber sein, daß man weiterhin Gelegenheit hat, Einstellungen und Verhaltensweisen zu verändern, auch nachdem der physische Körper abgelegt ist. Jemand, der im Leben gemein war und andere schlecht behandelt hat, wie Stacey zugab, hat ja auf der anderen Seite eine andere Selbstwahrnehmung. Sie hatte gemerkt, wie schlecht sie in der Welt gehandelt hatte, und auch eingesehen, daß sie dort viele Gelegenheiten gehabt hatte, Liebe zu verbreiten, statt dessen aber lieber Unfrieden stiftete. Eine solche

Einsicht führt zu Verständnis und dem Wunsch nach Vergebung.

Die häufigste Bitte, die Geistwesen in meinen Sitzungen vorbringen, ist die Bitte um Vergebung. Es ist nicht nur heilsam für den Geist, seine schlechten Taten auf der Erde zu bereuen, sondern auch ein Ansporn für diejenigen, die noch leben, etwaige Probleme oder Unstimmigkeiten mit anderen möglichst bald zu lösen. Die Geistwesen möchten gerne, daß wir anfangen, ohne Urteile oder Vorurteile zu leben. Sie sagen immer und immer wieder, der *einzige* Weg seien *Liebe und Vergebung*.

**Der Polizist**

Eine der häufigsten Fragen, die man mir stellt, lautet: »Wenn Geistwesen Ereignisse voraussehen können, weshalb sagen sie uns dann nicht, was uns erwartet?« Dazu muß man verstehen, daß Geistwesen uns erstens nur sagen können, was sie wissen, und zweitens nur, wenn es aus geistiger Sicht recht und billig ist, daß wir es erfahren. Obschon ein Geist eine geschärfte Wahrnehmung und ein erweitertes Bewußtsein erlangt hat, kann er *nur* von derjenigen Erleuchtungsstufe aus Mitteilungen machen, auf der er ist.

Lassen Sie mich das näher ausführen. Die Welt ist unsere Schule. Wir kommen her, um diverse Lektionen zu lernen, und diese Lektionen sind für jeden verschieden. Jeder Mensch inkarniert auf einer anderen Wachstumsebene, und alle müssen unterschiedliche Erfahrungen machen, um Weisheit zu erlangen und das Leben in einem größeren Rahmen zu sehen. Wie Jesus sagte, gibt es »im Hause meines Vaters viele Wohnungen«. Das heißt, daß es verschiedene geistige Seinsebenen gibt. Wenn wir sterben, gehen wir in diejenige geistige Ebene ein, die dem Denken und Handeln zu unseren Lebenszeiten entsprechen. Ein Geist kann uns also nur Wissen derjenigen spirituellen Stufe vermitteln, die er erlangt hat.

Zudem achten und beachten die Wesen in der geistigen Welt die geistigen Gesetze. Wenn sie sich ihnen widersetzten, würden sie der natürlichen Harmonie und dem naturgegebenen Gleichgewicht zuwiderhandeln und sich geistig nicht weiterentwickeln. Statt uns also Antworten auf Fragen über mögliche Ereignisse zu geben, halten sie die geistigen Gesetze ein und lassen uns unsere eigenen Entscheidungen fällen.

Wenn beispielsweise jemand seine verstorbene Mutter fragt, ob er heiraten werde oder nicht, gibt es zwei mögliche Antworten darauf. Entweder kennt die Mutter die erwünschte Antwort und gibt mir diese ein. Wenn hingegen die Ehe eine karmische Lektion für ihr Kind ist, wird sie sein spirituelles Wachstum nicht dadurch gefährden wollen, daß sie eine bevorstehende karmische Prüfung durch die Antwort vereitelt. Jeder Mensch *muß* seine Erfahrungen als Mensch alleine machen. Trotz unserer Führer und Schutzengel müssen wir selbst aufgrund unseres eigenen Bewußtseins entscheiden. Man könnte sagen, daß wir alle ständig *geprüft werden.*

Die nachfolgende Sitzung ist das Paradebeispiel eines Geistes, der sich im irdischen Leben eines bestimmten Sachverhaltes nicht bewußt war, danach aber Einzelheiten eines künftigen Ereignisses klar zu sehen vermochte. Dazu möchte ich sagen, daß das *nicht* die Regel ist, aber wenn es geschieht, ist es erstaunlich. Die Sitzung fand in einer Gruppe statt. Ich ging auf eine Frau im Zimmer zu und stimmte mich auf ihre Großmutter ein, die neben ihr stand. Die Großmutter erwähnte viele stimmige Einzelheiten, erzählte, wie sie gestorben war, und machte eine Bemerkung über die neuen Kissen auf dem Sofa ihrer Enkelin. Ich dachte, die Botschaft sei abgeschlossen, als etwas überaus Erstaunliches geschah.

»Carla, kennen Sie jemanden namens Joanne auf dieser Welt?«

Sie überlegte, konnte sich aber nicht erinnern, in ihrem Leben jemanden dieses Namens gekannt zu haben. Ich fuhr also fort.

»Also, da scheint ein junger Mann neben mir zu stehen, der beteuert, Sie würden sie kennen.«

Noch immer fiel ihr niemand ein.

»Er sagt etwas von einem Motorradunfall. Er ist bei einem Aufprallunfall mit dem Motorrad umgekommen, und er sagt, es sei auf dem Heimweg von der Arbeit passiert.«

Sie dachte weiter nach, erbleichte plötzlich und rief aus:

»Mein Gott, ich glaube, ich weiß.«

»Er erwähnt den Namen Kathy?«

»Ja. Meine beste Freundin heißt Kathy, und Paul ist ihr Mann. Er ist bei einem Motorradunfall gestorben.«

Carla wurde ganz aufgeregt, und wir mußten kurz unterbrechen, bis sie sich wieder gefaßt hatte. Dann fuhr ich fort.

»Paul zeigt mir eine Uniform, eine Polizeiuniform. Er zeigt mir auch eine Parade von Polizeiautos – als führen sie in einer Art Prozession.«

»Ja, das haben sie zu seiner Beerdigung gemacht.«

»Ich sehe, wie mehrere Polizisten seinen Sarg tragen. Wissen Sie, ob sein Grab in der Nähe von etwas wie einer Mauer ist?«

»Ich kann mich nicht erinnern ... nein, ich weiß eigentlich nicht. Ich muß Kathy fragen.«

»Wissen Sie, ob Kathy eine Gedenktafel und Pauls Polizeiabzeichen mit seinem Bild an die Wand gehängt hat?«

»Das weiß ich nicht.«

»Bitte fragen Sie sie. Er sagt, er habe sie davor stehen und mit ihm reden sehen.«

»Gut. Ich frage sie.«

Daraufhin machte Paul uns einige weitere völlig unglaubliche und unerwartete Mitteilungen. Ich weiß nicht immer, wie die empfangenen Informationen zu deuten sind, und auch diese verstand ich nicht gleich.

»Paul sagt, er habe das Baby gesehen. Er weiß Bescheid über das Baby. Er sagt, es sei ein kleines Mädchen, und er sei bei seiner Geburt dabeigewesen. Können Sie das verstehen?«

Carlas Gesicht war ausdruckslos. Sie fing an zu weinen und drückte die Hand auf den Mund. Dann sagte sie, von Schluchzern unterbrochen:

»Ja, ja ... jetzt verstehe ich. Als Paul starb, war Kathy im zweiten Monat schwanger, aber er wußte das nicht. Kathy hat das Baby vor fünf Monaten bekommen. Es heißt Joanne.«

Allen Anwesenden im Raum, auch mir, verschlug es den Atem.

Später erfuhr Carla, daß Paul tatsächlich neben einer Mauer an der Seitenwand eines Mausoleums lag. Kathy hatte Pauls Abzeichen einrahmen lassen und es zusammen mit seinem Bild im Wohnzimmer aufgehängt. Kathy erzählte Carla, sie habe vor dem Bild ihres Mannes gestanden und um ein Zeichen von ihm gebeten, daß er wohlauf sei. Sie freute sich sehr, als sie hörte, was im Lauf der Sitzung geschehen war.

Auch heute noch ist das Wissen, daß ihr lieber Ehemann nicht nur auf der anderen Seite weiterlebt, sondern vom Himmel aus über ihr kleines Mädchen wacht, eine große Beruhigung für Kathy.

**Die Mutter und der Bus**

Die folgende Sitzung fand 1992 im Rahmen einer Aids-Benefizveranstaltung in Los Angeles statt. Man hatte mich zu einer öffentlichen Vorführung eingeladen, um dem Publikum Gelegenheit zu geben, den Tod aus einer etwas unkonventionelleren Sicht kennenzulernen. Manchmal nehmen über fünfhundert Menschen an einer solchen öffentlichen Veranstaltung teil, und ich muß dann irgendwie die Verbindung zwischen der geistigen Welt und den irdischen Teilnehmern aufnehmen. Das bewerkstelligen meine geistigen Führer für mich, die wissen, in welcher Lage sich ein Geist befindet und ihn umsichtig hinter mich stellen. Ich kann die Ordnung oder Reihenfolge, in der ich die Mitteilungen bekomme, *gar nicht* beeinflussen und weiß nie, wer gerade dran ist.

Bei meiner vierten Kontaktaufnahme fing ein weiblicher Geist mit mir zu reden an.

»Ich habe hier eine Frau, die mir sagt, sie sei in Mexiko gestorben. Ergibt das für jemanden hier einen Sinn?«

Niemand meldete sich, und ich fuhr fort.

»Diese Frau sagt mir, sie habe einen Autounfall gehabt, und zwar mit einem Bus. Ja, ich glaube, sie ist mit einem Bus zusammengestoßen. Sagt das jemandem hier etwas?«

Wieder kam keine Reaktion. Es kommt selten vor, daß keiner der Anwesenden die Mitteilung versteht. Und wenn, stelle ich meistens später fest, daß jemand sie zwar verstanden hatte, aber entweder wegen der Mitteilung zu betroffen war und sich nicht öffentlich dazu bekennen wollte, oder aber die Nachricht erst hinterher richtig verstanden hat.

An jenem Abend war letzteres der Fall. Nach der zweistündigen Sitzung verabschiedete ich mich und war gerade dabei, meine Sachen zusammenzupacken, als ein dunkelhaariger Mann zu mir kam und sich vorstellte.

»Entschuldigen Sie, Ed Auger ist mein Name.«

»Hallo, kann ich Ihnen helfen?« erwiderte ich.

»Ich habe mich nur gefragt, ob die Mitteilung von der Frau in Mexiko vielleicht doch für mich gemeint war. Meine Mutter ist bei einem Autounfall in Mexiko umgekommen, aber nicht mit einem Bus. Es war ein Lastwagen.«

»Nein«, sagte ich, »diese Frau hat mir ganz deutlich einen Bus gezeigt. Der Bus hatte irgendeine Aufschrift auf der Seite. Sind Sie sicher, daß es ein Lastwagen war?«

»Ja, ich glaube schon, aber ich will Vater nochmals fragen. Vielen Dank.«

Damit brachen wir auf, und jeder ging seiner Wege. Einen Monat später kam ein dringender Telefonanruf von Ed. Er berichtete, er habe mit seinem Vater in Mexiko gesprochen, der bestätigt habe, der Unfall seiner Mutter habe mit einem Bus stattgefunden. Er hatte Ed sogar einen Zeitungsausschnitt darüber geschickt. Ed war ganz verstört, daß er die Nachricht beim ersten Mal nicht verstanden hatte, und hoffte, seine Mutter sei ihm nicht böse. Er fügte hinzu, er sei nicht sicher gewesen, weil er erst zwei Jahre alt gewesen sei, als der Unfall passierte. Wir verabredeten uns in der Hoffnung, es komme doch noch zu einer Begegnung Eds mit seiner Mutter, die er kaum gekannt hatte.

»Ed, Ihre Mutter war eine sehr schöne Frau. Sie hatte wunderschöne braune Augen und dunkelbraunes Haar. Ich sehe, wie sie es nach hinten streicht.«

»Ich habe ein einziges Foto von ihr, und darauf sieht sie genauso aus«, erwiderte Ed.

»Ihre Mutter sagt etwas anderes. Sie beteuert, Sie hätten noch ein Bild von ihr in Ihrem Wohnzimmer.«

»Nicht daß ich wüßte.«

»Sie sagt, es sei kein gewöhnliches Foto. Es ist irgendwie besonders. Seltsam, sie erwähnt, es sei kurz vor ihrer Heirat mit Ihrem Vater entstanden. Ist Ihnen etwas über ein gemaltes Bild von ihr bekannt?«

»Mein Gott, ja. In meinem Wohnzimmer hängt das Porträt

von meiner Mutter, als sie neunzehn war. Das war kurz nachdem sie meinen Vater kennengelernt hatte.«

»Sie lacht. Sie sagt, Sie wären so heikel mit allem in diesem Wohnzimmer. Sie zeigt mir auch irgendwelche Masken, Stammesmasken, glaube ich.«

»Ja, die hängen an der Wand gegenüber von ihrem Porträt. Ich sammle afrikanische Masken. Das ist erstaunlich!«

»Sie spricht von Ihrem Vater. Sie sagt etwas … er habe eine Medaille. Moment, lassen Sie mich das richtig verstehen. Gut. Hat Ihr Vater eine Art von Auszeichnung, eine Medaille oder ein Ordensband?«

Ed war sich nicht sicher.

»Ihre Mutter stammte aus einer hochgeachteten Familie. Ich glaube, sie hatten eine politische Funktion. Klingt das stimmig für Sie?«

»Ja, genau. In Mexiko war ihr Vater so etwas wie ein Bürgermeister. Er war hochstehend und einflußreich.«

»Sie versucht, mir ihren Namen zu nennen. Sie gibt ihn mir in drei getrennten Worten. Auf Spanisch. Einer davon klingt wie Camille oder Camilla?«

»Unglaublich. Sie hieß Camilla Dolores Garda.«

»O gut. Das ist wirklich gut. Ihre Mutter teilt sich sehr gut mit.«

Es trat eine kurze Pause ein.

»Es tut mir leid, Ihnen das folgende sagen zu müssen, aber ich muß Ihnen genau das sagen, was ich empfange. Ich lasse nichts aus.«

»Das ist schon in Ordnung. Sagen Sie nur.«

»Wissen Sie, ob Ihre Mutter heiraten mußte?«

»Wie meinen Sie das?«

»Naja, sie sagt irgend etwas von einer erzwungenen Heirat.«

Ed war schockiert. Das war ihm neu, und er konnte es kaum glauben. Ich sagte ihm, ich hätte die Mitteilung vielleicht nicht richtig gedeutet; er solle seinen Vater fragen. Die Sitzung dauerte noch eine Weile an. Seine Mutter erwähnte einen Diamantring und Eds Arbeit im Finanzbereich sowie seinen kürzlichen Umzug.

Ed ging nach dem Treffen erfreut, aber dennoch verblüfft nach Hause. Einige Tage danach rief er an und berichtete, er habe mit seinem Vater darüber gesprochen. Sein Vater bestätigte die Medaille, die er im Militärdienst bekommen hatte. Er sagte, er bewahre sie im Schlafzimmer in einer Schublade neben dem Diamantring auf, den er seiner Frau geschenkt hatte.

Dann erklärte Ed die Nachricht seiner Mutter über die erzwungene Heirat. Es hatte sich herausgestellt, daß Eds Vater zwei Jahre nach dem Tod seiner Mutter wieder heiratete. Eds Vater sagte ihm, er habe diese Frau heiraten müssen, weil sie schwanger geworden sei und der Ruf seiner Familie auf dem Spiel gestanden hätte, wenn er das nicht getan hätte. Er hatte das niemandem gesagt und es stets als Familiengeheimnis betrachtet.

Ed war sich sicher, daß er mit seiner Mutter in Verbindung gestanden hatte. Er war glücklich, daß sie stets bei ihm war und auf ihn warten würde, wenn er an der Reihe wäre, in die geistige Welt zurückzukehren. Er fügte hinzu, er freue sich auf die Zeit der Wiedervereinigung mit ihr und darauf, daß sie immer zusammenbleiben würden.

# 6

# Aids

Im Verlauf der gesamten geschichtlichen Überlieferung ist jede Generation von der einen oder anderen verheerenden Seuche heimgesucht worden. Es ist bedauerlich, daß ich ein Kapitel über Aids schreiben muß, aber die Krankheit hat sich in der heutigen Gesellschaft allgemein verbreitet und hat gemeinsam mit Krebs und Herzkrankheiten einen ersten Platz als Todesursache eingenommen. Ich werde immer wieder gefragt: »Warum gibt es Aids? Was sollen wir daraus lernen?« Hunderte von Büchern sind geschrieben worden, um diese Fragen ansatzweise zu beantworten. Ich behaupte nicht, ein guter Kenner dieser Frage zu sein, und möchte hier auch keine Erklärung abgeben, weshalb es Aids überhaupt gibt. Für mich sind die Gründe zu komplex; es gibt keine einfache Antwort auf solche Fragen. Ich kann dem Leser nur meine Erfahrungen mit dieser Krankheit aus geistiger Sicht weitergeben, die ich von jenen vermittelt bekommen habe, die die Schwelle des Todes überschritten und sich dazu geäußert haben, weshalb gerade sie diese Aids-Erfahrung machten mußten.

Ich will noch einmal den wichtigen Grundsatz wiederholen, daß *alles* vom universellen Denken erschaffen wird. Auch wenn wir die Gedanken selbst nicht sehen, gibt es sie dennoch. Ich habe an früherer Stelle auf das universelle Gesetz von Ursache und Wirkung hingewiesen; dieses Gesetz ist immer in Kraft, genauso wie die Bewegung der Energie unsere Welt belebt. Mit anderen Worten: Unser Denken erschafft unsere Lebensumstände. Nur sehr wenige leben ihrem wahren Wesen gemäß. Statt dessen mißbrauchen die meisten die Macht des Denkens. Sogar viele Wahrheitsprediger sind offenbar unfähig, ihrer frommen Lehre gerecht zu werden. Statt daß sie also ihr Denken dazu verwenden, die Ideale eines bedingungslos liebenden Gottes mit uns zu teilen, lenken sie die uns zur Verfügung stehende Energie in Kanäle der Frömmlerei und Vorurteile.

Viel zu viele Menschen scheinen damit beschäftigt zu sein, Gott in der Welt zu spielen. Manche bedienen sich ihrer materiellen Macht, um die Kontrolle an sich zu reißen und andere zu beherrschen. Das Ego lechzt nach eigensüchtiger Macht und findet sie auch überall – in der Aufsichtsratssitzung einer Firma, in einem Regierungsausschuß oder auf einer Kanzel. Außer daß sie an die Macht glauben, sind auch alle davon überzeugt, ein gewißes Maß an materiellem Reichtum mache uns zu etwas Besonderem oder verleihe uns einen Wert. Wir wissen alle, daß manche Menschen von der Ausbeutung anderer profitiert haben oder das noch immer tun. Am Ende liegt es bei jedem einzelnen, zu erkennen, daß sich sein Reichtum und sein Wert weder nach irgendwelchen Geldbeträgen auf der Bank noch nach der Größe seines Hauses oder der Anzahl seiner Autos bemessen läßt. Wenn wir auf die andere Seite gehen, lautet die einzige Frage, die man uns dort stellt, *wieviel Liebe* wir im Herzen tragen.

Wir sind *alle* gleich. Gott hat *keine* besondere Menschengruppe anderen vorgezogen. Wenn wir das Wagnis der Bewußtwerdung eingehen, wachsen Verständnis und Mitgefühl, und wir sehen alle als zur universellen Energie Gottes gehörig an. Wir verlieren Vorurteile und Haß wegen jemandes Farbe, Rasse oder Geschlecht. Gott ist nicht begrenzt. Nur die Menschen setzen ihrem Denken Grenzen. Ich persönlich glaube, daß wir durch die Verbreitung von Haß, Vorurteilen und Intoleranz zur Ausbreitung von Aids beigetragen haben. Unser falsches Denken verursacht ein allgemeines Unbehagen und einen Mangel an Harmonie in der heutigen Welt.

Immer wieder fragt man mich, ob Aids geheilt werden könne, und ich *bejahe* das jeweils. Es gibt ein Heilmittel für alle Krankheiten, unter denen wir leiden, aber es wird so lange nicht gefunden, wie wir unser Bewußtsein nicht von der eigensüchtigen Haltung abwenden und einander zu schätzen und zu lieben beginnen.

Die als Aids bekannte Krankheit ist zwar ein entsetzliches Leiden, aber sie hat auch schon zu erstaunlichem Wachstum und geistiger Erleuchtung Anlaß gegeben. Zuerst hat man sie mit homosexuellen Männern in Verbindung gebracht, doch inzwischen hat sie die gesamte Bevölkerung ergriffen. Die Weltbevölkerung hat das Ausmaß ihrer Verbreitung nur widerwillig zur Kenntnis genommen. Erst langsam dämmert uns die Erkenntnis, daß die Aids-Frage uns alle betrifft. Dank Aids werden wir gezwungen, einiges in den Bereichen Toleranz, Verständnis und Akzeptanz zu lernen.

Dieses Leiden fördert zudem Persönlichkeitsanteile und Charaktermerkmale zutage, von deren Existenz die Betreffenden zuvor nichts ahnten. Unglaublich viele mit dem HIV-Virus infizierte Menschen stellen sich nun unter anderem Fragen zu ihrer Spiritualität, ihrem einmaligen universellen Wesen, ihrer Angst vor dem Unbekannten und – was die Hauptsache ist – zur Liebe. Unsere Seelen wachsen unter dem größten Druck am besten. Das trifft nicht nur auf die Betroffenen, sondern auch auf deren Familien und Freunde zu.

Bei Sitzungen mit Geistwesen, die an Aids gestorben sind,

haben viele von ihnen Gründe dafür angeführt, weshalb sie diese Erfahrung machen mußten. Sie haben klargemacht, daß dieser Lebensweg lange vor ihrer Geburt auf der Erde ausgewählt worden war. Viele sagten, sie hätten mitgeholfen, das negative Karma dieses Planeten auszugleichen, das durch unser falsches Denken und Verhalten anderen gegenüber entstanden sei. Verstorbene Krebskranke haben mir dasselbe gesagt.

Ich widme dieses Kapitel allen, die von diesem furchtbaren Leiden betroffen sind, allen, die den Kranken geholfen haben, und allen, die geliebte Menschen auf diese qualvolle Art verloren haben.

**Mamis kleines Mädchen**

Man muß wissen, daß der Erfolg einer Sitzung zur Hauptsache davon abhängt, wie klar ein Geist sich mitteilen kann. Die folgende Sitzung war aus zwei Gründen sehr eindrücklich. Erstens äußerte sich hier ein Kind klar und deutlich und verstand, worum es bei der Kommunikation ging. Zweitens kann man sagen, daß Kinder, die durchkommen, jeweils rein und ganz unschuldig sind.

Eines Tages rief mich eine völlig verstörte Frau namens Miriam an und bat mich um Hilfe. Sie berichtete, ihr kleines Mädchen sei an Aids erkrankt und nach einer Bluttransfusion gestorben. »Ich kann einfach nicht weiterleben, wenn ich nicht weiß, daß mit meinem Kind alles in Ordnung ist«, sagte sie. Ich konnte ihr kurzfristig einen Termin geben, weil jemand abgesagt hatte.

Als Miriam Johnson ankam, meinte sie, meine Arbeit sei ihr nicht unvertraut, aber sie sei völlig am Ende und jeder, der ihr auch nur ein bißchen weiterhelfen könne, wäre ihr ein großer Beistand. Ich bat sie, sich zu setzen, und erklärte ihr ausführlich, wie ich arbeitete und was sie sich davon erwarten konnte. Sie war etwas nervös, aber nachdem ihr klargeworden war, daß ich weder bedrohlich noch ein Schwindler war, entspannte sie sich und wartete auf das, was geschehen würde.

Ich begann die Sitzung mit meinem üblichen Gebet. Es dauerte einige Minuten, bis ich ein ganz leises Gedankenflüstern in meinem Kopf wahrnahm.

»Ich glaube, da ist ein kleines Mädchen. Sie hat langes kastanienbraunes Haar, strahlende grüne Augen und ein bezauberndes Lächeln. Sie ist offenbar etwas schüchtern.«

Mit Tränen in den Augen fragte Miriam: »Ist sie das? Ist sie das wirklich?«

»Sie sagt, sie sei es.«

»Wie kann ich das wissen? Ich meine, was kann sie mir sagen?«

Ich fuhr fort: »Ich bekomme den Namen Bethie gesagt.«

Miriam fing an, haltlos zu weinen. »Ja, das war ihr Kosename. Ich nannte sie immer Bethie. Sie heißt eigentlich Elizabeth.«

»Sehr seltsam ... sie hält etwas in der Hand, was ich nicht genau erkennen kann. Moment. O, hatte sie Stofftiere?«

»Ja, in ihrem Zimmer.«

»Sie erwähnt, daß Sie ihr ein Stofftier gaben. Warten Sie. Sie zeigt es mir. Hmm, es sieht aus wie ein rotes Pony. Macht das Sinn?«

»Nein, ich erinnere mich nicht, daß sie ein rotes Stoffpony hatte. Vielleicht hat sie eins gehabt, aber ich erinnere mich nicht daran.«

Daraufhin bat ich Bethie telepathisch, mir mehr über das Tier zu erzählen. Nach einigen Minuten fuhr ich fort:

»Bethie zeigt mir ein Zimmer in einem Krankenhaus, und Sie stehen mit einem roten Stoffpony da.«

Da fiel bei Miriam der Groschen.

»Natürlich, klar. John und ich haben es ihr gebracht, und sie hat es die ganze Zeit über im Krankenhaus nicht mehr aus der Hand gelassen. Es tut mir leid, daß ich mich nicht daran erinnert habe.«

»Ich muß sagen, Ihre Tochter ist sehr intelligent, und sie ist eindeutig mit einer Aufgabe in diese Welt gekommen. Ihre Energie und Lebenslust gefallen mir sehr. Man würde nie denken, daß sie so jung gestorben ist.«

Miriam nickte und wischte sich die Tränen aus den Augen.

»Sie erzählt etwas von einem Zeltlager. Erinnern Sie sich, ob sie in einem Zeltlager war?«

»Ja, das war letzten Sommer.«

»Es klingt wie Rentier?«

»Nein, es war Camp Rainier.«

»Nun, das klingt ganz ähnlich. Ihre Tochter zeigt mir eine Medaille mit einer Art Band daran. Ist das für Sie verständlich?«

»Ja«, Miriam blieb die Luft weg, »sie hat eine Medaille gewonnen. Ich habe sie gerade erst angeschaut. Sie hat sie beim Rudern gewonnen. Sie hat beim Rudern den ersten Preis gewonnen.«

Ich antwortete: »Ja, sie war heute früh bei Ihnen im Schlafzimmer, als Sie sie aus der Schachtel nahmen.«

Miriam traute ihren Ohren kaum.

»Sie läßt John grüßen und sagt Ihnen, sie sei mit Ihrer Entscheidung einverstanden. Tut mir leid, ich habe keine Ahnung, was sie damit meint.«

Miriam traten wieder Tränen in die Augen. Sie sah mich mit großen Augen an und sagte: »Ich habe John eben erst gesagt, ich würde ihn heiraten, aber ich sei nicht sicher, ob mein kleines Mädchen damit einverstanden wäre.«

»Sie sagt, sie sei es, und sie habe gesehen, wie John sich über sie gebeugt und ihr einen Kuß auf die Stirn gegeben habe, als sie im Krankenhaus starb.«

Nach mehreren anderen unglaublichen, aber nachweisbaren Tatsachen fragte ich Miriam, ob sie irgendwelche Fragen habe.

»Ja. Wird mein kleines Mädchen im Himmel sein, wenn ich hinkomme?«

In diesem Augenblick gab mir die kleine Bethie ein unendlich schönes, liebevolles Gefühl ein. Sie bat mich, ihrer Mutter zu sagen, daß sie nicht nur dort auf sie warten werde, sondern sie würde sie abholen und mit in den Himmel nehmen.

Die Sitzung war zu Ende, und Miriam lächelte über das ganze Gesicht. Sie konnte nicht an sich halten, umarmte mich immer wieder und wiederholte, wie dankbar sie sei. Jetzt konnte sie endlich wieder weiterleben, weil sie wußte, daß ihr kleines Mädchen in Sicherheit und quicklebendig war. Aus einer verzweifelten Miriam war eine freudestrahlende Frau geworden.

**Das Herz**

Das Schöne an meiner Arbeit ist, daß ich nicht nur andere über die Wirklichkeit des Lebens nach dem Tod aufklären kann, sondern dabei auch umwerfende und wunderbare Veränderungen bei ihnen miterlebe. Die nachfolgende Sitzung ist wohl eine der bewegendsten Äußerungen ewiger Liebe gewesen, die ich je erlebt habe.

Es kommt häufig vor, daß die Mitteilungen, die ich bekomme, für den Empfänger erst später einen Sinn ergeben. Das war auch bei meiner Séance mit einem jungen Mann namens Tom der Fall. Als ich mich in seine Energie einstimmte, nahm ich einen jungen Mann zu seiner Rechten wahr. Er begann damit, die Umstände seines Todes zu beschreiben, von denen ich vor der Sitzung nichts gewußt hatte.

»Ich habe einen Mann hier, der Sie sehr liebt. Er steht rechts neben Ihnen. Er hat blaue Augen, braunes Haar und einen Bart. Er ist ziemlich jung gestorben. Es scheint, als hätte er später sterben sollen ... hm, wissen Sie, wer das sein könnte?«

»Ja, ich glaube schon«, antwortete Tom.

»Er vermittelt mir ein Gefühl, als sei er nicht ganz da, als habe er Drogen genommen. Mir scheint, er hat Schmerzmittel bekommen, etwas wie Morphium.«

»Ja, das stimmt.«

»Ich empfinde auch, daß er schwer atmet. Ich glaube, man mußte ihm Sauerstoff geben. Ich spüre, daß er ganz schwach ist. Der Zustand fühlt sich an wie Aids. Verstehen Sie das?«

Tom fing an zu weinen: »Ja, ich verstehe. Daran ist er gestorben.«

»Er schickt Ihnen seine Liebe und sagt, er sei ständig in Ihrer Nähe. Er hat versucht, Ihnen mitzuteilen, daß er bei Ihnen ist, aber Sie sehen ihn nicht, und dann ist er ganz frustriert. Er sagt, Sie seien befördert worden.«

»Ja, mein Abteilungsleiter hat heute erwähnt, das sei vorgesehen.«

»Ihr Freund lacht. Er sagt, er habe geholfen, Ihnen den Aufstieg zu verschaffen, und jetzt schuldeten Sie ihm etwas.«

Tom lachte.

»Kennen Sie jemanden namens Gary?«

»So heißt er!«

»Er sagt etwas über Ihren Vorgarten und daß Sie dort Blumen pflanzen wollen. Ich sehe ihn den Rasen gießen – er sagt, sie würden nicht die richtigen Blumen nehmen. Wissen Sie, was das zu bedeuten hat?«

»Ja, ich glaube schon. Ich war letzte Woche in der Gärtnerei und habe Blumen für den Vorgarten besorgt. Ich habe sie mit nach Hause genommen, aber noch nicht eingepflanzt.«

»Warum nicht?« fragte ich.

»Als ich heimkam, habe ich sie neben die anderen gehalten, und die Farben passen nicht zusammen. Ich muß sie also zurückbringen. Gary hat es mit seinem Garten sehr genau genommen; er hat ihn jeden Tag gegossen. Ich wußte, daß diese Farbmischung ihm nicht gefallen würde. Ich traue mich nicht, Blumen einzusetzen, die seinen Farbvorstellungen zuwiderlaufen. Er hätte das gar nicht gerne.«

»Nein, hat er auch nicht«, rief ich aus.

Wir mußten beide lachen.

»Er sagt, Sie seien in der Garage einige Kartons durchgegangen. Er zeigt mir Fotoalben. Macht das Sinn?«

»Ja, das habe ich diese Woche gemacht. Ich möchte umziehen und wollte sehen, was ich behalten wollte und was nicht.«

»Gary sagt, Sie hätten bereits mit jemandem über den Hausverkauf gesprochen und sich ein Haus hinter dem jetzigen angesehen.«

»Das verstehe ich nicht.«

»Gary sagt, Sie sollten abwarten, dann würde es Ihnen klar. Er zeigt mir etwas mit zwei Herzen, die ineinander verschlungen sind. Haben Sie so etwas im Schlafzimmer?«

Tom wurde nicht klug aus den Herzen. Er ging das Haus in Gedanken durch und konnte sich nicht vorstellen, was meiner Beschreibung entsprechen sollte. Ich meinte, es würde vielleicht später einen Sinn ergeben.

»Gary läßt Ihnen sagen, er liebe Sie sehr und werde das immer tun. Er läßt Sie wissen, daß er immer bei Ihnen ist.«

Tom sagte Gary seinerseits, wie sehr er ihn liebe und wie glücklich ihn das Wissen darüber mache, daß Gary bei ihm sei.

»Gary wird Ihnen ein Zeichen senden, damit Sie wissen, daß er da ist.«

»Das wäre großartig. Ich kann es kaum erwarten.«

Damit endete die Sitzung. Tom versicherte mir, er sei sehr erleichtert. Er hatte Garys Persönlichkeit in vielem erkannt, das zur Sprache gekommen war. Er dankte mir und ging.

Vier Monate später kam Tom wieder zu mir und erzählte mir die folgende unglaubliche Begebenheit. Er sagte, er sei nach der Sitzung nach Hause gegangen, habe das Tonband weggelegt und nicht mehr an die Sitzung gedacht. Drei Wochen später wurde er befördert, wie Gary gesagt hatte. Tom fuhr fort: »Meine Mitarbeiterin gab mir zwei Karten. Die eine war eine Glückwunschkarte für die Beförderung. Dann sagte sie: ›Es ist etwas Seltsames passiert.‹ Als sie aus dem Kartengeschäft ging, blieb sie vor einer anderen Karte stehen und spürte den starken Impuls, sie zu kaufen. Sie verstand nicht weshalb, aber sie wußte, daß sie sie mir geben sollte. Als ich die Karte öffnete, waren zwei ineinander verschlungene Herzen zu sehen und darunter: *Ich liebe dich.*«

Tom sagte, etwas an der Karte sei ihm bekannt vorgekommen. Er sei also nach Hause gegangen und habe die Kartons mit den Briefen und Karten von Gary durchgesehen. Dabei sei ihm klargeworden, was die Karte zu bedeuten hatte. Alle waren genauso unterschrieben: *Ich liebe dich … Gary.*

**Mam, Pa, ich bin's!**

Viele Menschen, die zu mir in eine Sitzung kommen, sind äußerst skeptisch. Gewöhnlich gestattet es ihnen ihre Weltanschauung nicht, die Möglichkeit eines Lebens nach dem Tode in Betracht zu ziehen. Meine Arbeit stellt die meisten herkömmlichen Überzeugungen, die auf starren Vorstellungen und Engstirnigkeit beruhen, in Frage.

Jedes Lebewesen wird von einer Energie umgeben, die man als *Aura* bezeichnet. Wenn ein Geist Sie besucht, sieht er Sie als Energieform. Nicht nur sieht er den physischen Körper (Gesicht, Brust, Beine und so weiter), sondern er sieht Sie auch auf vielen anderen Ebenen. In der Aura sieht der Geist Ihren emotionalen, mentalen und geistigen Körper und auch, in welchem Zustand jeder davon sich befindet. Alle Gedanken, Worte, Taten, Gefühle und Gesundheitsprobleme sind in Ihrer Aura enthalten. Deswegen können Geistwesen auf etwaige Krankheiten, Leiden oder emotionale Probleme hinweisen. Das tun sie vorzugsweise dann, wenn sie der Ansicht sind, sie könnten etwas zur Unterstützung des Betreffenden tun. Ein Geistwesen kann sich auch über alle sonstigen in der Aura enthaltenen Informationen äußern, beispielsweise zukünftige Ereignisse, über die Sie nachgedacht haben.

Die folgende Sitzung hat die Denkweise meiner Klienten völlig verändert. Ich will nochmals wiederholen, daß ich nicht dafür verantwortlich bin, wer oder was durchkommt. Es meldete sich jemand, den sie nicht erwartet hatten, mit einer in meinen Augen außergewöhnlichen Mitteilung. Vor mir saß das Ehepaar Vivian und Paul Strauss. Offensichtlich waren sie skeptisch, also begann ich sehr direkt:

»Ich weiß natürlich nicht, mit wem Sie Kontakt aufnehmen möchten, aber darf ich Sie fragen, ob Sie eine Tochter verloren haben?«

Die beiden sahen einander fragend an und dann wieder zu mir her. Vivian ergriff das Wort.

»Nein. Aber was sehen Sie sonst noch?«

»Neben Ihnen steht eine etwa zwanzigjährige junge Frau. Es tut mir leid, ich kann ihren Namen nicht verstehen. Mal sehen, vielleicht sagt sie mir, wer sie ist.«

Einige Minuten verstrichen.

»Vivian, hier ist eine ältere Dame, die zu Ihrer Mutter gehört und über Chicago spricht.«

»Ja, das ist meine Großmutter, die Mutter meiner Mutter. Sie hat in Chicago gewohnt. Was sagt sie?«

»Sie macht sich Sorgen wegen Ihrer Mutter. Hat Ihre Mutter ein Augenleiden oder eben einen Untersuchungstermin bei einem Augenarzt vereinbart?«

Paul rutschte unbehaglich auf seinem Stuhl hin und her. Diese Mitteilung hatte offenbar ins Schwarze getroffen, und er erwiderte:

»Stimmt genau.«

»Die Dame sagt, Sie hätten Schwierigkeiten mit Ihrer Mutter gehabt und redeten nicht mehr mit ihr. Sagen wir es so: Ihre Mutter kann einen manchmal etwas überfahren, und zwischen Ihnen beiden stieben meistens die Funken. Macht das Sinn?«

Sie trauten ihren Ohren kaum. Ich hatte die Situation genauso beschrieben, wie sie war.

»Ja, ich komme mit ihr nicht so gut zurecht, wie ich es möchte«, sagte Vivian. »Es ist schwer, mit ihr umzugehen.«

»Ihre Großmutter – die Mutter Ihrer Mutter – möchte, daß Sie sie besser behandeln. Sie sagt, Sie sollten mehr Verständnis für sie aufbringen.«

Das Paar nickte zustimmend, und ich fuhr fort.

»Die Dame läßt Sie ganz herzlich grüßen. Wer ist Paul?«

»Das bin ich«, sagte Paul.

»In der geistigen Welt gibt es noch jemanden mit diesem Namen.«

Vivian und Paul blickten einander an. Ich sah, wie Tränen in ihre Augen traten.

»Ich bekomme gesagt, es sei Ihr Sohn. Stimmt das?«

»Ja, das stimmt.«

»Paul, ich möchte Ihnen sagen, was Ihr Sohn mir übermittelt. Sie sollen besser auf sich achten. Er macht sich große Sorgen um Ihre Gesundheit. Er sagt, Sie hätten seinen Tod nicht überwunden, Sie würden an der Trauer festhalten und sie nicht herauslassen. Das schadet Ihrer Gesundheit. Sie sollten hinausgehen und etwas anderes tun. Mögen Sie Gartenarbeit?«

»Ja.«

»Ihr Sohn möchte, daß Sie Blumen im Vorgarten pflanzen.«

»Daran habe ich gerade vor ein paar Tagen gedacht.«

»Er hat Ihnen den Gedanken eingegeben.«

Die beiden sahen mich entgeistert an. Die Genauigkeit der Mitteilungen berührte Sie offensichtlich sehr, und jetzt hingen sie an meinen Lippen.

»Das klingt vielleicht etwas seltsam für Sie«, sagte ich, »aber ich soll Ihnen folgendes sagen: Ihr Sohn möchte Ihnen sagen, daß er drüben eine Freundin hat.«

Vivian bedeckte ihr Gesicht mit den Händen und fing an zu weinen.

Sie murmelte: »Das ist gut. Geht es ihr gut?«

Es war mir nicht klar, um was es ging, deshalb bat ich die Eltern, mir diese Botschaft zu erläutern:

»Ist seine irdische Freundin ebenfalls gestorben?«

»Ja, mehrere Monate nach unserem Sohn. Sie war wie eine Tochter für uns«, erklärte Vivian.

»Mein Gott, das ist ja unglaublich«, murmelte ich. »Sie läßt Ihnen sagen, daß sie beieinander sind. Ach, das ist ja die junge Frau, die zu Beginn der Sitzung da war.«

Beide nickten. Die Sitzung dauerte noch eine kleine Weile an, und ich übermittelte ihnen einige persönliche Details über ihren Sohn und auch, wie er gestorben war.

»Wissen Sie, Ihr Sohn ist offenbar etwas wild. Es ist ihm

schwergefallen, zur Ruhe zu kommen. Ich weiß, daß er dieses Mädchen bei sich hat, aber er hat jedenfalls ziemlich herumgeflirtet.«

»Ja, das stimmt. Er hatte viele Liebschaften, wenigstens hat er das gesagt.«

»Ich glaube, er mochte Musik. Wissen Sie etwas über die Gitarre in der Garage?«

Paul antwortete: »Ja, wir haben sie uns eben wieder mal angesehen. Paul wollte in einer Band mitspielen. Er hat die ganze Zeit geübt.«

»Er sagt, Sie sollten sie sich nochmals vornehmen, wenn Sie nach Hause kommen. Sie würden sehen, daß die zweite Saite kaputt ist.«

Paul war sich dessen nicht sicher, wollte aber nachsehen.

»Er erwähnt ein Auto. Haben Sie einen Lieferwagen?«

»Ja.«

»Er sagt etwas über neue Reifen oder neue Reifen besorgen?«

Ich dachte, der Mann würde gleich einen Herzschlag bekommen. Er wurde leichenblaß.

»Ich habe sie erst letzten Freitag montieren lassen.«

»Ihr Sohn sagt, Sie sollten die Scheinwerfer kontrollieren; Sie brauchen neue.«

»Mein Gott, das habe ich gestern abend auch bemerkt.«

Das Paar war sprachlos.

»Ihr Sohn ist ziemlich rasch gestorben. Ich habe ein sehr seltsames Gefühl im Kopf, als hätte ich Drogen genommen, aber ich glaube nicht, daß er an einer Überdosis gestorben ist. Es ist eher etwas in seinem Körper. Er sagt immer wieder, er habe nicht sehr lange leiden müssen und ist froh darüber. War etwas mit seinem Blut nicht in Ordnung?«

»Ja!«

»Hatte er Aids?«

Sie fingen wieder an zu weinen.

»Ja.«

»Seltsam. Die meisten Aids-Verstorbenen, die durchkommen, waren recht lange krank, bevor sie starben. Diesen Eindruck habe ich bei Ihrem Sohn nicht. Ich meine, es sieht aus, als sei er krank geworden und kurz darauf gestorben.«

»Ja. Er erfuhr, daß er es hatte, kam eine Woche später ins Krankenhaus und starb. Es ging alles sehr schnell«, erläuterte der Vater.

»Ist die junge Frau auch an Aids gestorben?« fragte ich.

»Ja«, antwortete die Mutter.

»Sie läßt Sie ganz, ganz herzlich grüßen und bittet Sie, auch Carrie zu grüßen. Verstehen Sie das? Sie möchte diese Frau grüßen lassen und ihr danken.«

»Carrie ist ihre Mutter.«

»Ihr Sohn läßt Ihnen sagen, wie leid es ihm tut, daß Sie das miterleben mußten, und es gehe ihm jetzt gut. Er wird jetzt Musik machen.«

Vivian und Paul reichten einander die Hände. Ihr Wunsch, um dessen Erfüllung sie gebeten hatten – nämlich einen Blick in eine völlig neue Welt zu werfen –, war wahr geworden. Sie wußten, daß sie ihren Sohn nicht zurückhaben konnten, aber mit meiner Hilfe hatten sie einen Beweis, daß er auf der anderen Seite lebte. Jetzt waren sie bereit, selbst wieder zu gesunden. Seither hat sich Vivians Beziehung zu ihrer Mutter sehr gebessert, und Paul hat seinen eigenen schönen Blumengarten angelegt, in dem er sitzt, meditiert und das Leben aus einer neuen Sicht betrachtet.

**Tschüs, Baby**

Ich habe bereits erwähnt, daß ich nie weiß, was während einer Sitzung den stärksten Eindruck auf Klienten macht. Viele Mitteilungen klingen banal, aber es ist mir natürlich klar, daß sie als Legitimation dienen. Manchmal empfange ich eine Mitteilung, die mir völlig belanglos und unvernünftig oder zu sehr von mir selbst beeinflußt erscheint. Später stelle ich jedoch jedesmal fest, daß genau dieses Wort, diese Wendung oder Beschreibung für einen Klienten besonders aussagekräftig war. Ungeachtet dessen, wie viele Jahre ich diese Arbeit schon ausführe, muß ich immer wieder lernen, auf meine Verbindung mit der geistigen Welt zu vertrauen. Die folgende Sitzung zeigt sehr schön, wie etwas völlig Banales das Leben eines Menschen auf immer verändern kann.

Ich leitete eine Gruppensitzung im Haus einer Frau im kalifornischen San Bernardino. Nach Durchsagen für drei der Anwesenden wandte ich mich an eine junge Frau, die allein auf einem Sofa saß und Laurie hieß. Ich übermittelte ihr eine halbstündige Mitteilung ihrer Großmutter, die den Familienbesitz beschrieb und auch, wer jetzt welche von ihren Sachen hatte und wo sich diese im Haus befanden.

Ich war beinahe fertig, als der Geist eines jungen Mannes erschien und sich direkt neben die junge Frau setzte. Es war, als halte er ihre Hand in der seinen. Er begann, mir seine Nachricht zu senden.

»Ich soll Ihnen sagen, daß ich einen jungen Mann neben Ihnen sitzen sehe. Er sagt, Sie seien heute abend seinetwegen hier. Ist das für Sie verständlich?«

Ich dachte, Laurie falle gleich in Ohnmacht. Sie erbleichte, und ihre Augen fielen ihr beinahe aus dem Kopf, während sie versuchte, ihre Tränen zurückzuhalten.

Sie öffnete den Mund und sagte: »Ja, ist er hier?«

»Dieser Mann sagt, er liebe Sie, und es tue ihm sehr leid. Es tut ihm sehr leid, was er getan hat.«

Laurie wischte sich die Tränen aus den Augen und lächelte mich strahlend an.

»Er gibt mir ein großes *M* als Anfangsbuchstaben eines Namens. Ja. Am Anfang ein *M* und am Ende ein *Y*.«

»Genau. Er heißt Marty.«

»War er Ihr Freund?«

»Ja.«

»Er erwähnt irgendwelche Schwierigkeiten, und er sei Ihnen gegenüber nicht ehrlich gewesen.«

»Ich weiß. Das ist schon in Ordnung. Sagen Sie ihm bitte, es sei schon gut.«

Daraufhin erklärte ich Laurie, wie sie ihm ihre eigenen Gedanken schicken könne und mich nicht braucht, um sich mitzuteilen.

»Marty kommt mir wie ein etwas schwieriger Bursche vor. Er hat einen herrlichen Humor, aber ich muß schon sagen, er wendet ihn etwas verdreht an. Verstehen Sie? Ich meine, er sagt ganz skurrile Dinge, und die Leute könnten ihn völlig falsch verstehen.«

Laurie schmunzelte verständnisvoll. Sie sagte, er habe andere häufig mit seinen Bemerkungen vor den Kopf gestoßen.

»Er sagt, Sie hätten eigentlich zusammenziehen wollen, aber Sie konnten nicht, oder es gab Probleme. Er sagt, zu viele Leute hätten sich eingemischt. Ist das verständlich?«

»Ja, meine Mutter mochte Marty nicht sehr und war dagegen, daß wir zusammen waren, deshalb hat sie uns eine Menge Ärger gemacht, als wir uns vornahmen zusammenzuziehen.«

»Das versteht er. Er erklärt mir, er habe eine bewegte Vergangenheit gehabt, und Sie hätten ihm geholfen, sich zu fangen. Ich glaube, er hat sich mit den falschen Leuten abgegeben.«

Laurie nickte zustimmend.

Ich fuhr fort: »Ich glaube, daß er sehr drogenabhängig war. Wahrscheinlich hat er sich den Virus so geholt – weil er Nadeln mit anderen zusammen benutzte. Wissen Sie darüber Bescheid?«

»Ich weiß nicht. Das hat er mir nie gesagt. Aber ich nahm an, daß es so gewesen ist. Er war in einem ziemlich schlechten Zustand, bevor wir einander begegnet sind.«

»Er sagt mir, Sie seien das Beste, das ihm je zugestoßen sei. Es ist ziemlich paradox – er spricht von einer Verlobung. Wollten Sie heiraten?«

Laurie fing wieder an zu weinen.

»Wir hatten darüber geredet. Er sagte, er wolle das, und wir waren gerade dabei, ein Datum festzulegen.«

»Er erwähnt einen Verlobungsring. Er sagt, er habe ihn für Sie ausgesucht.«

Laurie brach zusammen. Einige Minuten später zeigte sie uns einen Verlobungsring mit einem Diamanten, den sie an einer Kette um den Hals trug.

Unter Tränen erklärte sie: »Seine Mutter hat ihn mit einem Brief an mich gefunden. Er wollte ihn mir an seinem Todestag geben.«

Allen Anwesenden stockte der Atem. Ich wartete, bis Marty sich wieder meldete.

»Er möchte Ihnen für Ihre Pflege danken. Haben Sie ihm beim Essen und Baden geholfen?«

»Ja, ich habe ihn gepflegt. Sonst wollte niemand etwas mit ihm zu tun haben. Mir hat es nichts ausgemacht. Ich habe ihn ja geliebt.«

»Das war sehr gut von Ihnen. Die Geistwesen haben Sie geprüft und Sie haben die Prüfung eindeutig bestanden.«

Im restlichen Verlauf der Sitzung dankte Marty Laurie immer wieder dafür, daß sie ihm geholfen habe, sich zu fangen und auch für ihre Hilfe während seiner Krankheit. Er wollte ihr unbedingt klarmachen, daß er sie noch immer liebte. Laurie glaubte zwar, daß sie mit dem Geist ihres verstorbenen Liebsten redete, aber ich merkte, daß sie dennoch nicht ganz sicher war. Meine Energie nahm ab, und meine Führer wiesen mich an, für den Abend Schluß zu machen.

Ich dankte allen, wandte mich an Laurie und sagte: »Marty sagt: Tschüs, Baby.«

Laurie fuhr mit einem Aufschrei hoch. Ich fragte sie, ob etwas nicht stimme, und sie rief aus: »Als ich gestern nacht an Marty dachte, sagte ich ihm: Wenn dieser Typ echt ist und du durchkommst, dann ruf mich bei meinem Kosenamen. Mein Kosename ist *Baby.*«

Ein Raunen ging durch den Raum, und wir alle konnten nur noch über die Macht des Geistes und der Liebe staunen.

# 7

# Selbstmord

Wenn wir auf die Welt kommen, bringen wir alles mit, was wir in vergangenen Leben je erlebt haben. Anders ausgedrückt: Unser jetziges Leben ist eine Sammlung vergangener Gedanken, Taten und positiver oder negativer Handlungen, die wir mit uns tragen. Aufgrund unseres vergangenen Karmas werden wir in bestimmte Familiensituationen mit der jeweiligen wirtschaftlichen und gesellschaftlichen Stellung hineingeboren, die wir für unser spirituelles Wachstum brauchen.

Bevor wir inkarnieren, bereitet sich die Seele in den geistigen Gefilden auf ihr neues Leben vor. Häufig kehrt eine Seele in den Wirkungskreis zurück, in dem sie schon früher interessante Leben verbracht oder Erfahrungen gesammelt hat. Nehmen wir einmal an, eine Seele habe vor, im Jahr 2021 als Arzt auf der Erde zu leben. Sie wird mit ihren Führern und Lehrern zusammen Zeit darauf verwenden, die notwendigen Gaben dafür zu vervollkommnen und sich über etwaige neue Entwicklungen und Methoden auf dem Gebiet der Medizin zu informieren, die dann verfügbar sein werden. Vielleicht erfährt sie auch etwas über neue Krankheiten oder Plagen, unter welchen die Menschheit leiden wird, und wie sie durch ihre künftige Arbeit auf der Erde den Menschen Wissen und Liebe vermitteln kann. Nimmt eine Seele diese Kenntnisse auf, werden sie integriert und tragen zur neuen Persönlichkeit bei. Es ist überaus wichtig, daß eine Seele versteht, welchen Wert ihre Mitarbeit an der Zukunft der Menschheit hat und wie sie das Leben vieler beeinflußt.

Als geistige Wesen lernen wir ununterbrochen weiter und entwickeln und entfalten uns. Wir betrachten unsere künftige Inkarnation wie einen Entwurf dessen, was wir im physischen Körper erreichen und lernen wollen. Deshalb suchen wir uns stets die für unser spirituelles Wachstum und Bewußtsein besten Gelegenheiten und Erfahrungen auf der Erde aus. Unser Karma ist mit dem Zeitpunkt unserer nächsten Inkarnation und unseren Erfahrungen darin eng verknüpft.

Letzten Endes sind wir alle hier, um *lieben* zu lernen. Das klingt vielleicht einfach, aber es ist nicht so leicht. Die Liebe hat viele Gesichter. Eine der ersten Lektionen besteht darin, uns selbst lieben zu lernen. Ohne Selbstliebe und Selbstbewußtsein wissen wir nicht, wie wir andere lieben sollen. Meistern wir aber die bedingungslose Liebe uns selbst und anderen gegenüber, werden wir erleuchtet und respektieren das Naturgesetz von Ursache und Wirkung – nicht, weil wir eine bessere Stellung im Leben anstreben, sondern weil wir wissen, daß es keinen anderen Weg gibt. Wenn wir dieses Gesetz verstehen und danach leben, lernen wir die Einmaligkeit anderer achten. Dann leben wir auch in Harmonie mit unseren Mitmenschen und zum Besten aller.

### Die Neigung zum Selbstmord

Diese Welt ist ein Ort, an dem wir Seiten und Aspekte des Menschseins, der *Conditio humana,* erleben, die wir sonst nirgends erfahren können. Es ist ein Ort des Wachstums, und Wachstum ist nie einfach. Die meisten unserer Zeitgenossen müssen sich ständig mit Überlebensfragen auseinandersetzen. Ununterbrochen stehen wir vor finanziellen, beruflichen, emotionalen oder gesundheitlichen Problemen. Häufig sind diese Sorgen mit einem selbstzerstörerischen Impuls verbunden. Wir denken dann etwa: »Das halte ich nicht aus« oder: »Wenn ich tot wäre, wäre ich besser dran.«

Es ist ganz normal, daß die meisten Menschen mindestens einmal im Leben an Selbstmord denken. Dieser Impuls kommt und vergeht wieder, wenn sich die Situation geändert hat. Der Persönlichkeitstyp, der von der Idee der Selbstzerstörung besessen ist und mehrere Versuche unternimmt, sein Leben zu beenden, gehört in der Regel zu einer der folgenden Kategorien:

- Kontrollierende Persönlichkeiten, die die Kontrolle über ihre Situation verloren haben.
- Menschen mit einem sehr negativen Selbstbild, die glauben, sie seien nichts wert, weil sie meinen, nichts zur Gesellschaft beizutragen. Sie finden, der Welt würde es ohne sie bessergehen.
- Todkranke, die ihrem Leiden und den Todesschmerzen entgehen wollen.
- Geisteskranke oder Leute mit einer gestörten Biochemie.

Es ist nur verständlich, daß man bei bestimmten Gefühlen, Umständen oder Überzeugungen ausgezeichnete Gründe anführen kann, weswegen man sein Leben beenden sollte. Aus spiritueller Sicht ist dies jedoch weder gut noch richtig. Wir alle haben ein Schicksal, in das wir hineingeboren werden. Unser karmisches Schicksal kann einen Monat, 35 Jahre oder 80 Jahre dauern. Bevor wir in diese Welt zurückkommen, werden wir von einem starken Verlangen nach dem Geborenwerden und physischen Erfahrungen erfüllt und kommen mit einem in unsere Psyche eingebauten Zeitmechanismus auf die Welt. Wird das Leben abgebrochen, hört zwar die Existenz des physischen Körpers auf, nur sollte man auch wissen, daß die *magnetischen Bande*, die uns mit der Erde verbinden, noch immer wirksam sind. Diese Bande werden erst dann durchgetrennt, wenn die uns vorbestimmte Zeit auf der physischen Ebene abgelaufen ist. Wie geschrieben steht: *Alles hat seine Stunde.*

Wenn sich jemand umbringt, stellt er meistens als erstes fest, daß er nicht tot ist. Er fühlt sich unendlich schwer, weil die Erdenbande immer noch mit seinem Wesen verknüpft sind. Man könnte sagen, daß die Seele nicht wirklich frei ist. Die sterbliche Persönlichkeit stirbt, nicht aber die unsterbliche Seele. Die Seele bleibt zwischen der physischen und geistigen Welt stecken – zwar lebt sie, kann aber weder mit ihren Lieben noch mit irgend jemandem sonst Kontakt aufnehmen. Die Seele empfindet Schuld, Schmerz und Qualen wegen des abgebrochenen Lebens. Sie lernt ihr Schicksal kennen und wie nützlich und sinnvoll ihr Leben gewesen wäre, hätte sie weitergelebt. Im geistigen Zustand wird sie sich dessen bewußt, weshalb sie gerade die Erfahrungen machen mußte, die sie zum Selbstmord getrieben haben. Sie spürt auch den Kummer und die Wut der Hinterbliebenen. Am schlimmsten aber ist, daß sie sich in einem unglückseligen Schwebezustand befindet. Sie kann weder in die himmlische Welt eingehen noch in die physische Welt zurückkehren. Sie steckt in einem Niemandsland mit der ständigen Erinnerung an ihre Schreckenstat fest. Sie sieht ihren Tod immer wieder wie einen schlechten Film vor sich abrollen. Sie ist wie in einem Kino ohne Ausgang gefangen.

Manche sind sich dessen bewußt, was sie getan haben, viele Selbstmordopfer jedoch merken nicht einmal, daß sie gestorben sind. Diese Seelen erleben gewöhnlich einfach immer wieder ihren Tod. Der Selbstmord wird zu einer Art Endlosband

– häufig einem ziemlich grausigen. Erst nach langer Zeit kommt der Moment, an dem sie erkennen, daß sie auf der physischen Ebene tot sind.

**Selbstmord aus geistiger Sicht**

Hinter jeder Tat steckt eine starke Kraft, Motivation genannt. Diese Motivation ist der entscheidende Faktor nicht nur für einen Selbstmord, sondern für jede Tat im Leben. Motivation führt zur Handlung, und wir handeln aufgrund unserer Motivationen. Wie ich immer wieder anführe, gibt es ein Naturgesetz von Ursache und Wirkung. Anders ausgedrückt: Handlung ist das unmittelbare Ergebnis der Motivation.

Todkranke oder auch viele betagte Kranke möchten durch einen Selbstmord ihrer Familie Zeit, Geld und Seelenqualen ersparen. Aber sie sind sich der spirituellen Seite ihrer Tat nicht bewußt. Vielleicht haben die Familienangehörigen, bevor sie sich auf die physische Ebene begaben, bestimmte Umstände und Situationen ausgesucht, um ihr Gruppenkarma abzutragen. Oder sie brauchen die Erfahrung, einem Kranken zu Diensten zu sein. Manchmal hört man sagen, Beihilfe zum Selbstmord sei das Beste – es setze dem Leiden ein Ende und verleihe dem Tod Würde. Wer aber kann schon Gott spielen? Wie sollen wir wissen, ob eine Seele die Erfahrung einer unheilbaren Krankheit nicht gewählt hat, um Karma abzutragen? Verkürzen wir die Zeit, die ein Kranker unter normalen Umständen gelebt hätte, wissen wir auch nie, ob wir etwas Wertvolles hätten lernen können oder ob diese Erfahrung für den Aufstieg auf eine neue geistige Ebene notwendig gewesen wäre.

Jedenfalls wird eine Seele nach einem Selbstmord die Erfahrung noch einmal machen und in einem nächsten Leben mit demselben oder einem ähnlichen Gebrechen wiederkehren müssen. Es ist dann vielleicht nicht mehr ganz so schlimm wie zuvor, weil ein Teil bereits durchlebt wurde. Gewöhnlich muß eine Seele jedoch eine Krankheit ganz ausschöpfen, damit sie nie wieder davon befallen wird.

Es gibt zwei Ausnahmen, bei denen Selbstmord kein Unrecht ist:

Wenn der Selbstmord von Geisteskranken oder Menschen verübt wird, deren biochemisches Gleichgewicht gestört ist. In diesem Fall sind sich die Betreffenden ihrer Entscheidung nicht voll bewußt. Wenn sie die Schwelle zum Jenseits überschreiten, kommen sie in eine Art Krankenstation, wo ihre Geistesstörung geheilt wird und ihre Seele ihren Normalzustand wiedererlangt.

Die zweite Ausnahme betrifft den Selbstmord von Seelen, die vor dem geeigneten Zeitpunkt in die physische Welt wiedergekehrt und nicht reif genug sind, mit den Lektionen umzugehen, die sie glaubten meistern zu können. Auch wenn eine Seele meint, sie verfüge über eine gewisse Stärke, fühlt sie sich manchmal sehr unbehaglich, wenn sie auf die Welt kommt. Wer mit diesem Mangel behaftet ist, sagt vor dem Tod häufig Dinge wie: »Ich gehöre nicht hierher« oder: »Ich glaube nicht, daß die Zeit für mich richtig ist«.

Weil die Seele naturgemäß wächst und lernt, bauen wir stets bestimmte Situationen in unser Leben ein, die wir überwinden oder ausgleichen wollen. Meiner Ansicht nach gäbe es weniger Selbstmorde, wenn alle wüßten, daß physische, geistige oder seelische Schmerzen auf der Erde normal sind und Selbstmord sie *in keiner Weise* lindert. Wir alle, besonders aber die Jugend, sollten über das »Unrecht« des Selbstmordes aufgeklärt und vermehrt auf die Verantwortung aufmerksam gemacht werden, das Leben voll auszukosten.

Immer wieder hat man mich gefragt: »Was sollte mit der Leiche eines Selbstmörders geschehen?« Der Körper ist lediglich eine Hülle. Wenn ein Geist diese Hülle abgelegt hat, hängt er überhaupt nicht mehr daran. Er ist wie ein abgelegtes Kleidungsstück. Im Fall eines Selbstmordes oder tragischen Unfalls wäre es allerdings wichtig, den Körper im Feuer zu bestatten. Ist der Geist noch in einem erdgebundenen Zustand und wird der Körper durch Einäscherung rasch zerstört, dann verbinden ihn keine physischen Bande mehr mit dem Geist, und die Seele kann sich ihrer neuen Lage leichter bewußt werden.

Es sollte uns allerdings allen klar sein, daß es keine einfache Antwort auf diese Frage gibt, weil sich die Umstände bei jedem Selbstmord voneinander unterscheiden. Aber wir können denen, die diesen schrecklichen Fehler begangen haben, helfen.

Man sollte dazu wissen, daß man sich in Gedanken Zugang zu den Selbstmordopfern verschaffen kann. Als erstes teilen wir also den Betreffenden gedanklich mit, sie sollten keine Energie mehr darauf verwenden, in die physische Welt zurückkehren zu wollen. Sie müssen begreifen, daß sie den physischen Körper abgelegt haben. Als nächstes können wir ihnen Liebe sowie Gedanken des Friedens und der Vergebung senden. Diese edlen Inhalte sind ein Trost für gequälte Seelen, die sich ihrer Lage so eher bewußt werden.

Wie gesagt, gibt es vielerlei Gründe für eine selbstzerstörerische Tat, aber das Ergebnis ist für alle gleich. Bis zum heutigen Tag habe ich es noch nicht erlebt, daß der Geist eines Selbstmörders sich gemeldet und mir mitgeteilt hätte, er sei froh über seine Entscheidung oder würde es wieder tun. Ganz im Gegenteil. Alle Selbstmordopfer bedauern das Verbrechen an ihrer Seele. Ich kann nur sagen, daß alle, die zurückgekommen sind, andere davor gewarnt haben, ihren Fehler nachzuahmen. Der Selbstmord hat ihren geistigen Fortschritt verlangsamt, und es ist ihnen stets schwergefallen, sich selbst dafür zu vergeben.

Ich habe die folgenden Fälle als Beispiele für Umstände und Beweggründe ausgesucht, die Menschen zum Selbstmord getrieben haben, und für ihre Reaktion, als sie endlich mit ihren Lieben sprechen konnten. Häufig konnte ich ein Selbstmordopfer einfach deswegen nicht erreichen, weil es unbewußt war oder in einem Schwebezustand zwischen den Welten verharrte.

**Es tut mir leid!**

Der folgende Fall zeigt deutlich, wie verstört der Geist einer Frau war, die sich nach der Beendigung ihres Lebens nichts sehnlicher wünschte, als ihren Lieben mitzuteilen, sie sei bei ihnen und brauche ihre Vergebung. Er zeigt auch, wie verwirrt die Hinterbliebenen sind. Etwa in der Mitte der Sitzung brach die Ratsuchende zusammen, die die Sitzung gewünscht hatte, und bat den Geist um Verzeihung, weil sie glaubte, für den Selbstmord ihrer Freundin verantwortlich zu sein.

Es war kurz vor meiner monatlichen Demonstration für die Methodistengemeinde in Hollywood. Mein Wohnzimmer, in dem diese Demonstrationen gewöhnlich stattfanden, war zu klein für die vielen Leute, die an jenem Abend teilnehmen wollten. In mein Wohnzimmer passen 30, in die Kirche 200 Teilnehmer; also fand die Demonstration in der Kirche statt.

Der Himmel sah an diesem Abend bedrohlich aus, als würde es gleich sintflutartig zu regnen beginnen. Ich stand am Altar und schaute über die Menschenmenge hinweg. Es war ein sehr seltsamer Moment. Ich sah die vielen Menschen, und dann sah ich mich um. Ich konnte es kaum fassen, daß ich eine Séance in einer Kirche abhalten sollte. Ich mußte innerlich lachen und dachte bei mir: »Wenn mich mein Familienpfarrer jetzt sähe!« Dann begann ich mit meiner Meditation, und während ich noch sprach, hörte ich das Geräusch der ersten Regentropfen auf dem Dach. Was dann kam, war kein Regenschauer, sondern ein Sturzbach. Ein leuchtender Blitzstrahl erhellte die farbigen Glasfenster. Es sah unglaublich aus – Spielberg hätte es nicht besser machen können! Dann folgte der krachende Donner.

Da sagte ich zu den versammelten Menschen vor mir: »Wenn Sie vorher keinen Schrecken hatten, haben Sie jetzt bestimmt einen!«

Wie bei jeder Gruppensitzung oder Demonstration weiß ich nie, wer zuerst durchkommt. Wie in den meisten Fällen hörte ich zuerst die Gedanken eines Geistwesens.

»Hier ist eine Frau, die unablässig den Namen Susan wiederholt.«

Gleich hörte ich eine Frau in der zweiten Kirchenbank links aufschreien. Ich sah sie an und fragte: »Sagt Ihnen das etwas?«

»Ich bin mir nicht sicher«, antwortete sie, »das heißt, ich kenne jemanden mit diesem Namen.«

Ich fuhr fort: »Sie sagt, Sie würden ihre Mutter kennen.«

»Ich habe erst gestern mit ihrer Mutter gesprochen. Wir haben uns gestritten.«

Und damit stieß die Frau einen weiteren gellenden Schrei aus, als verliere sie gleich die Fassung.

Alle sahen zu ihr hin. Offensichtlich litt sie irgendwelche entsetzlichen Schmerzen. Ich wartete einen Moment.

»Diese Frau möchte bei Ihnen sein. Seltsam, aber sie fühlt

sich nicht an, als gehöre sie zu Ihrer Familie. Aber sie ist Ihnen trotzdem sehr nahe und sagt, sie liebe Sie.«

Die Frau ließ den Kopf hängen. Ich fuhr fort.

»Sie gibt mir den Namen Kathy. Sagt Ihnen das etwas?«

Die Frau wischte sich die Tränen aus den Augen, und ohne aufzuschauen, stammelte sie: »So heißt sie.«

»Sie sagt mir, Sie hätten eben eine neue Arbeit angetreten, und sie möchte Ihnen mitteilen, daß sie Ihnen geholfen hat, sie zu bekommen. Sie zeigt mir auch zwei Kätzchen, eins mit grauen Streifen, das andere mit weißen und schwarzen Flekken. Sie bezeichnet sie als Ihre Kinder.«

»Ja, das sind meine Katzen, das stimmt. Sieht sie sie im Haus?« fragte sie.

»Ja, sie sagt Ihnen, daß sie im Haus sind. Sie erwähnt die Glocke, mit der sie in der Küche spielen. Ich glaube, sie ist an einem Türknauf festgebunden.«

Die Frau nickte.

»Sie zeigt mir ein Haus. Also es sieht irgendwie besonders aus. Hmmmm ... Es ist ein Holzhaus. Ich würde sagen, aus hellem Holz. Es sieht aus wie eine Berghütte. Ein Holzgeländer führt um die äußere Veranda. Kennen Sie das Haus?«

»Ja, es hat uns gehört.«

»Sie sagt mir, Sie hätten Pläne für Erneuerungen oder einen Anbau gehabt. Seltsam, sie bezeichnet die Bauunternehmer immer wieder als Schlitzohren.«

»Ja«, kam es nun klar und deutlich, »wir wollten eine Außenwand der Veranda erneuern und konnten keinen anständigen Bauunternehmer finden. Sie haben uns alle nur reingelegt.«

»Sie zeigt mir ein Foto in einem herzförmigen Rahmen. Sagt Ihnen das etwas?«

»Ja, das ist das Bild von Kathy, das ich habe. Es ist das einzige von ihr. Bitte sagen Sie ihr, es tue mir leid.«

»Sie weiß, daß es Ihnen leid tut, aber sie sagt, es sei nicht Ihre Schuld. Verstehen Sie das?«

»Doch, es war meine Schuld. Ich bin schuld, daß sie tot ist.«

Ich hörte ganz genau hin und spürte plötzlich einen Pistolenlauf in meinem Mund.

»Ich spüre eine Pistole in meinem Mund. Der Lauf fühlt sich kühl an. Es tut mir leid, aber es kommt mir vor, als hätte sie sich mit einer Pistole im Mund umgebracht. Stimmt das?«

Das verschlug der Frau den Atem, und sie bejahte.

»Wissen Sie, ich spüre, wie sie vor ihrem Tod schrie und zeterte. Hatte sie sich gerade sehr gestritten?«

»Ja.«

»Sie sagt, sie sei sehr verwirrt gewesen und habe sich einige Stunden lang im Schlafzimmer eingeschlossen.«

»Ja, wir hatten uns gestritten. Das stimmt. Bitte sagen Sie ihr, es tue mir so leid, und ich liebe sie sehr.«

»Ja, das weiß sie«, erwiderte ich.

»Ihre Freundin sagt, es sei ihre eigene Entscheidung gewesen, sich umzubringen. Damals wollte sie Ihnen deswegen Schuldgefühle einjagen, aber jetzt weiß sie, daß das nicht recht war, und bittet Sie, ihr zu vergeben, Ihnen diesen Schmerz angetan zu haben. Sie läßt Ihnen sagen, sie habe nicht den Mut gehabt, die Beziehung zu Ihnen abzubrechen, und mit dem Gedanken an jemand anderen konnte sie sich nicht abfinden, das war zu schwer für sie. Ergibt das einen Sinn für Sie?«

»O ja. Ich verstehe. Aber ich werde mir das nie vergeben.«

»Sie sollten aber. Sie haben nicht abgedrückt. Sie haben das Gespräch mit ihr gesucht, aber sie wollte nicht hören. Sie können nicht Gott spielen. Verstehen Sie, Ihre Freundin hat die Liebe in sich selbst nicht gefunden und nicht begriffen, daß sie etwas Besonderes war. Sie ist zurückgekommen, um Ihnen zu sagen, daß Sie keine Schuld trifft.«

Die Frau hörte offenbar, was ich sagte. Die Durchgabe ging noch etwas weiter, dann fuhr ich mit einer anderen Botschaft für jemand anderen unter den Zuhörern fort.

In der Pause kam die Frau zu mir und umarmte mich. Sie sagte: »Ich habe nie an so was geglaubt, aber das war eindeutig Kathy, die durchgekommen ist.« Kathys Botschaft hatte ihr sehr geholfen. Sie meinte: »Es waren einfach zu viele Tatsachen dabei, die nur auf sie hindeuteten.« Dann fügte sie hinzu, sie wolle versuchen, sich zu vergeben, und sie würde zu Kathy beten und um ihre Hilfe bitten.

Später erfuhr ich, daß sie eine Affäre mit einer anderen Frau gehabt hatte. Als sie Kathy sagte, sie wolle ihre Beziehung abbrechen und es sei an der Zeit, sich zu trennen, stritten sie sich eine Weile. Kathy ging ins Schlafzimmer, holte die Pistole heraus und lud sie. Dann ging sie ins Bad, steckte sich die Waffe in den Mund und drückte ab.

Noch eine Schlußbemerkung: Kathy hatte ihrer Freundin gesagt, die Erinnerung an ihren Tod suche sie immer noch heim, aber sie bekomme Hilfe von Geistwesen.

**Es ist nie zu spät, »ich liebe dich« zu sagen**

Es ist wirklich ein Jammer, wenn sich ein junger Mensch, dem alles im Leben offensteht, umbringen will. Natürlich fühlen sich die Familienangehörigen schuldig und glauben, sie hätten es irgendwie verhindern können. Der Geist des Menschen schämt sich nicht nur, es fällt ihm auch schwer, sich dafür zu vergeben und sich wieder zu lieben.

Genauso verhielt es sich im folgenden Fall. Ein junger Mann kam zurück, um mit seiner Mutter über die Liebe zu sprechen, die er nie wahrgenommen hatte, bis es zu spät war.

Trotz unglaublicher Schmerzen und Seelenqualen schwang doch auch viel Optimismus darin mit. Es war eine meiner bewegendsten Sitzungen, und dabei habe ich am deutlichsten erfahren, was bedingungslose Liebe überhaupt heißt. Bei einer so großen Liebe fällt jedes Urteil dahin.

Als ich die Tür öffnete, stand eine mittelgroße Frau mit einem bezaubernden Lächeln und zarter Haut vor mir. Sie sah aus wie Ende Fünfzig und strahlte Frieden und Selbstsicherheit aus. Sie konnte sich gut ausdrücken und wirkte so, als betrachtete sie das Leben und sich selbst mit realistischen Augen.

Sie äußerte gleich, sie sei noch nie auf einer Séance gewesen und schenke dem, was ich da tue, keinen besonderen Glauben, aber ihr Therapeut habe gemeint, vielleicht helfe es ihr, Probleme aus ihrer Vergangenheit zu lösen. Sie sagte, sie sei »zu allem bereit«, um im Jetzt zu leben. »Außerdem«, fuhr sie fort, »probiere ich immer gerne alle Möglichkeiten aus.« Als sie das sagte, kam sie mir gleich irgendwie seelenverwandt vor. Sie hatte eine äußerst charmante Persönlichkeit und einen herrlich erfrischenden Humor. Natürlich hatte ich keinerlei Anhaltspunkte oder Informationen über sie oder denjenigen, mit dem sie Kontakt aufnehmen wollte. Ich fragte sie, ob sie sich ganz entspannt fühle, und als sie meinte: »Ich fühle mich wunderbar«, fing ich mit der Sitzung an.

»Hinter Ihnen steht ein Mann, der mir sagt, ich solle Ihnen herzliche Glückwünsche zum Geburtstag übermitteln.«

»Oh, vielen Dank. Ich habe vor zwei Tagen Geburtstag gehabt.«

Ich fuhr fort: »Dieser Mann steht Ihnen sehr nahe; er erwähnt eine Reise nach Afrika oder einen Aufenthalt in Afrika. Ergibt das einen Sinn für Sie?«

»O ja. Mein Mann und ich sind oft lange dort, und wir hoffen, bald wieder hinfahren zu können. Das ist aber erstaunlich!«

»Haben Sie einen Sohn und eine Tochter?«

»Nein, nur zwei Söhne.«

»Dieser Mann hinter mir erwähnt einen Sohn. Ich bin mir nicht sicher, ob er selbst Ihr Sohn ist oder über Ihren Sohn spricht.«

»Ich weiß nicht.«

»Moment – oh, ich verstehe. Ihr jüngster Sohn ist gestorben. Stimmt das?«

»Ja, das stimmt.«

»Er ist da. Er steht hinter Ihnen. Er ist völlig perplex, weil er kaum glauben kann, daß wir das hier tun. Oder daß Sie das tun.«

»Das verstehe ich nur zu gut.«

»Sagt Ihnen eine Sammlung alten Kunsthandwerks aus Eingeborenenstämmen etwas?«

»Ja, mein Mann hat einen Antiquitätenhandel. Unser Haus ist voll davon. Mein Gott, das ist ja verblüffend.«

»Ich bekomme den Namen Andrew oder Andy gesagt?«

»So heißt er. Wir nannten ihn Andy nach seinem Vater.«

»Er zeigt mir ein prachtvolles Haus mit wunderbaren Ölbildern an den Wänden. Sie stammen offenbar aus aller Welt. Es sieht so ziemlich wie ein Museum aus.«

»Das stimmt. Sie sind wirklich erstaunlich! Ich sammle Kunst, vor allem Ölbilder, und habe eine ziemlich große Auswahl davon –, du meine Güte.«

Ich merkte, wie sie dahinterzukommen versuchte, woher ich diese Informationen erhielt.

»Er zeigt mir auch ganz ungewöhnliche Stoffe – Tücher oder Decken. Die haben Sie im ganzen Haus verteilt. Er zeigt mir auch welche, die an den Wänden hängen.«

Sie nickte.

»Was heißt das, er wohne hinten? Andy sagt, er wohne hinten.«

»Wir haben ein Gästehaus, und Andy hat es als Malatelier benutzt. Er war die meiste Zeit dort.«

Ich begriff: »Deswegen zeigt er mir lauter wunderschöne Farben. O ja, jetzt sehe ich auch seine Palette.«

Die Sitzung erbrachte mindestens eine weitere halbe Stunde lang erstaunliche Beweise für das Leben nach dem Tod. Andy beschrieb in Einzelheiten, wo er war und was er erlebte.

»Er sagt mir, als er dort ankam, sei er in einer Art Krankenhaus gewesen. Er sagt, sie hätten ihm über seine geistige Störung hinweggeholfen. Er erzählt mir, er wohne jetzt in einer Künstlerkolonie, wo sich alle mit ihrer jeweiligen Kunstform beschäftigten. Da lerne er Leute kennen, die er versteht und die ihn verstehen. Er lernt zur Zeit sehr viel über alles dazu.«

Dann sprach er über seine Beziehung zur Mutter, und auch darüber, wie er gestorben war.

»Ihr Sohn war ein sehr empfindsamer Mensch. Ich spüre, daß er sehr unglücklich war – nicht eigentlich unglücklich, eher deprimiert. Ich spüre, daß er seine Gefühle nicht beherrschen konnte. Hat er irgendwelche Drogen genommen?«

»Ja. Andy hat von seinem Arzt Medikamente gegen manische Depression bekommen. Aber er hat auch Drogen genommen.«

»Hmm. Ja, ich merke, daß er irgendwelche Drogen genommen hat, aber er ist sich sicher, daß seine Biochemie gestört war und daß das zu seinem Tod geführt hat. Er erwähnt auch, er habe Ihnen häufig gesagt, er hasse Sie.«

»Ja, das hat er.«

»Sie wissen natürlich, daß er das nicht gemeint hat. Er war krank.«

»O ja, das ist mir klar.«

»Er läßt Sie wissen, die Drogen und seine eigene Frustration hätten ihn verleitet, so etwas zu sagen. Er hat es auch nicht aus Ihrer Sicht sehen können, bis er gestorben ist. Er sagt, Sie hätten jahrelang versucht, ihm zu helfen, und hätten nie aufgegeben. Sie seien nicht einmal laut geworden, wenn er etwas Falsches getan habe.«

Die Frau rutschte unbehaglich auf dem Stuhl hin und her und sagte dann: »Naja, ich weiß nicht. Aber ich habe meinen Sohn geliebt. Er hatte ganz offensichtlich ein Problem. Was soll eine Mutter denn sonst tun? Ich liebte ihn trotz allem und habe zu ihm gehalten.«

Ich fiel ein: »Sogar in harten Zeiten. Wie er sagt, hat er Sie schrecklich behandelt, und Sie haben es einfach hingenommen.«

»Ich habe doch verstanden, was passierte. Wenigstens habe ich mir die größte Mühe gegeben, es zu verstehen. Ich habe für Andy getan, was ich nur konnte, weil ich sicher sein wollte, daß er nicht in Gefahr war. Ich wollte sein Glück, aber er blieb immer ein Einzelgänger. Ich habe ihn geliebt und werde ihn immer lieben. Sein Vater und ich haben unser Bestes getan, auch wenn sein Vater manchmal die Geduld verlor. Aber seltsamerweise konnte ich Andy verstehen. Mir kam es vor, als könne ich manchmal direkt durch ihn hindurch in seine Seele blicken. Ich wußte, wie elend er sich fühlte. Es war schrecklich für mich, daß er so leiden mußte.«

»Es tut ihm leid, daß er Ihnen das alles angetan hat.«

»Das ist nicht nötig. Ich liebe ihn.«

Jetzt veränderte sich die Stimmung und wurde sehr gefühlsgeladen, während Andy seinen Tod beschrieb.

»Ihr Sohn ist im Hinterhaus und ganz verstört. Es geht ihm durch den Kopf, daß er allem ein Ende setzen könnte. Gefühlsmäßig kann er nicht mehr. Er schaut immer wieder seine Bilder an. Er fragt sich, was wohl mit ihnen geschehen werde, wenn er stirbt. Dann scheint es ihm einfach nicht mehr wichtig zu sein. Er ist so deprimiert. Da ist soviel Selbsthaß. Waren Sie weg, als er starb?«

»Ja. Wir sind an jenem Nachmittag von einer Reise zurückgekommen. Sein Vater hat ihn gefunden.«

»Ihr Sohn zeigt mir eine Wiese hinter dem Haus. Es sieht aus wie eine Wiese oder ein langgestreckter Garten.«

»Genau. Das ist unglaublich. Ich weiß nicht, was ich sagen soll, aber das trifft alles genau zu.«

Ich unterbrach die Sitzung und fragte sie, ob sie sich wohl fühle und ob ich weitermachen solle. Sie erwiderte, alles sei in Ordnung und ich solle unbedingt fortfahren.

»Ihr Sohn zeigt mir einen großen Baum. Er sieht aus wie eine Eiche. Sie ist sehr groß und dick. Er klettert hinauf.«

Da spürte ich plötzlich, wie sich mir die Kehle zuschnürte, und ich konnte nicht mehr atmen. Ich spürte den Todesmoment, weil Andrew mir genau übermittelte, was er durchgemacht hatte. Wieder unterbrach ich die Sitzung und bat Andrew, mir seinen Tod nur bildlich zu zeigen, damit ich ihn nicht nachempfinden mußte. Ich bat auch meine Führer, die Kommunikation zu überwachen, da Andys Geist seine Todessituation nicht in der Hand hatte. Einige Minuten später fuhr ich fort. Andrew zeigte mir nun den Verlauf seines Todes in Bildern.

»Ihr Sohn hat sich an der Eiche im Hinterhof erhängt. Er ist auf einer Leiter bis zu einem Ast hochgestiegen. Ist das so richtig?«

Andrews Mutter fing an zu weinen. Sie nahm ein Taschentuch aus ihrer Handtasche, tupfte sich die Augen ab und bestätigte, genauso sei es gewesen.

Ich fuhr fort. »Ich fühle mich schrecklich. Das ist erstaunlich. Ich habe selten so etwas empfunden oder gesehen. Ihr Junge hat seinen Körper durch den Kopf verlassen.«

Andy zeigte sich mir, wie er über seinem Körper schwebte.

»Er kann nicht glauben, daß er tot ist, weil er sich so lebendig fühlt. Er glaubt, er habe etwas vermasselt, und versucht mit aller Gewalt, durch den Kopf wieder in seinen Körper zu schlüpfen. Das gelingt ihm nicht, und er ist total frustriert. Er fängt an zu weinen.«

Diese Erfahrung überwältigte mich. Ich konnte nicht anders, als seiner Mutter immer wieder zu sagen, wie unglaublich das alles sei. Doch dann fuhr ich fort:

»Andy sagt, er habe dort gewartet und nicht gewußt, was er nun tun solle. Dann sah er, wie sein Vater ihn fand, und das brachte ihn völlig durcheinander. Andy begriff sofort, daß er etwas Falsches getan hatte. Er hat mit Ihnen und seinem Vater mitgelitten. Er war dabei, als sein Vater es Ihnen sagte und Sie zusammenbrachen. Er hörte, wie Sie dachten, Sie hätten immer gewußt, daß das eines Tages passieren würde. Er hat auch Ihre Liebe gespürt. Es war ihm schrecklich, Ihnen das angetan zu haben.«

»Sagen Sie ihm bitte, daß ich das verstehe.«

»Er sagt: Danke, Mam. Vergib mir. Ich liebe dich sehr, und ich liebe auch Vater. Man hilft mir hier, Mam. Sie haben nette Leute hier, die dafür gesorgt haben, daß ich mich wiederfinde. Es war zu schwer, Mam.«

Dazu erklärte ich, jeder Geist habe einen freien Willen und inkarniere manchmal zum falschen Zeitpunkt. »Wenn das geschieht, hat der Betreffende in der Regel zeit seines Lebens das Gefühl, *er gehöre nicht hierher*.« Ich führte weiter aus, ihr Sohn habe nicht hierhergehört, weil es für seine Seele nicht der richtige Zeitpunkt für ein Erdenleben gewesen sei. Seine Seele war für die Erlebnisse, die vor ihr lagen, noch nicht reif genug. »Häufig ist es dann einfach zuviel, und die Seele sucht einen Ausweg. Deswegen begeht der Betreffende dann Selbstmord.«

Die Frau verstand das alles vollkommen. Sie bestätigte, daß Andy nie hierhergehört habe: »Sogar als kleines Kind schien er ganz anders zu sein als sein Bruder und die meisten gleichaltrigen Kinder.« Diese Sitzung hatte gewissermaßen die Auffassung bestätigt, daß man manchmal zu früh in die Welt zurückkehrt.

Die Mutter war überglücklich, Kontakt zu ihrem Sohn aufgenommen zu haben, und ergänzte, sie habe gehofft, daß eines Tages ein Wunder geschehen würde. Das sei dieser Tag. Sie teilte Andy mit, sie werde den Rest ihres Lebens in Gedanken bei ihm verbringen, damit er durch sie etwas vom Erdenleben mitbekomme.

Dann verabschiedete ich sie; es war ein besonderer Segen für mich, an dem Tag diese weise, alte Seele zu Besuch gehabt zu haben. Sie wußte, was es heißt, Liebe in allen Menschen und in jeder Erfahrung zu sehen.

### Mutter und Vater

Wenn eine Person aus der eigenen Familie sich das Leben nimmt, ist das wohl eines der niederschmetterndsten Erlebnisse für die Familie. Nicht nur bleibt eine gähnende Leere zurück, die man unmöglich füllen kann, sondern Fragen über Fragen stürmen über einen herein. *Warum hat sie das getan? Hätte ich sie daran hindern können? Tut es ihr leid, was sie getan hat? Und was geschieht nun mit ihr?*

Jedes Jahr erleben Tausende von Menschen das Elend, das

der Selbstmord eines Familienangehörigen auslöst. Ich bin zwar nur ein einzelner und kann nur eine beschränkte Anzahl Leute sehen, aber es verschafft mir dennoch große Genugtuung, wenn ich ihnen die Antworten ihrer Lieben auf diese Fragen übermitteln kann.

In der folgenden Sitzung konnte ich außerdem zu der notwendigen Einsicht beitragen, welche Motivation hinter der Lebensidee der betreffenden Seele steckte und weshalb sie sich auf der Welt verhielt, wie sie es getan hat. Diese Mitteilungen waren für die Ratsuchende aus zweierlei Gründen wertvoll. Nicht nur veränderten sie ihre Ansicht in bezug auf den Selbstmord, sondern lieferten ihr auch die Antwort auf Fragen, die ihre Eltern betrafen. Sie hatte ihr Leben lang ihre Beziehung zu ihnen zu verstehen versucht. Nun fand eine Heilung statt, und ihr Leben änderte sich von Grund auf.

Ich öffnete einer sehr attraktiven Frau namens Nancy die Tür. Sie war charmant, aber auch etwas ängstlich und nervös. Ich setzte mich gleich mit ihr ins Wohnzimmer und führte aus, was der Abend bringen würde. Sie erklärte, es sei ihr nicht ganz wohl und der Versuch, Kontakt mit der Welt der Geister aufzunehmen, sei ihr etwas unheimlich. Ich versicherte ihr, sie habe nichts zu befürchten und es gebe nichts, weswegen sie sich beunruhigen sollte. Ich sagte ihr, ich arbeite mit dem Christuslicht der Liebe, und wenn es ihr aus irgendeinem Grund während der Sitzung nicht wohl sei, würden wir gleich aufhören.

Nancy fragte mich, was ich mit »Christuslicht der Liebe« meinte, worauf ich erläuterte, daß es sich dabei um die reine, nichturteilende Liebe höchster Ordnung handelte, die der Meister, den wir Jesus nennen, verkörpert. Es ist dieselbe Liebe, auf der die meisten christlichen Glaubensrichtungen beruhen. Ich bitte bei meiner Arbeit immer um dieses Licht der Liebe oder des Schutzes.

Sie sagte, sie vertraue mir. Nachdem ich mein Eingangsgebet gesprochen hatte, begann ich.

»Nancy, ein ägyptischer Führer, der mit mir arbeitet, sagt mir, Ihre Familie sei da. Er sagt, die, mit denen Sie sprechen möchten, seien hier.«

Nancy starrte mich mit ihren großen blauen Augen an. Ihr Mund öffnete sich, und sie brachte kein Wort hervor.

»Hinter Ihnen steht eine Frau. Sie trägt ein grünliches Kleid und sieht sehr hübsch aus. Sie hat hellbraunes Haar. Ich würde ihr Lächeln als klein, aber fein beschreiben. Ich weiß, das klingt seltsam. Ihre Augen sind von einem wunderbaren Blau. Sie sagt, ich solle Ihnen sagen, es gehe ihr jetzt gut.«

Nancy konnte mich weiterhin nur starr anblicken.

»Diese Frau kommt mir wie eine Mutterfigur vor. Sagt Ihnen der Name Joan etwas?«

»Ja, so heißt meine Mutter, und sie ist gestorben. Sie beschreiben sie genauso, wie sie aussah.«

»Ich glaube, sie ist viel jünger, als Sie sie in Erinnerung haben. Ja, sie sagt mir, Sie hätten ein Hochzeitsbild von ihr, und genauso sieht sie als Geist aus.«

»Ja, das habe ich gestern abend angeschaut.«

Nancy wischte sich Tränen aus den Augen. Sie sagte immer wieder, sie könne das kaum glauben, es sei wirklich unglaublich. Ich fuhr mit der Sitzung fort.

»Ihre Mutter läßt Ihnen sagen, sie hätte Margaret und Katherine gesehen.«

»Margaret ist ihre Mutter, Katherine ihre Schwester«, sagte Nancy.

»Sie erwähnt auch einen John. Kennen Sie jemanden mit diesem Namen?«

»Mein Gott, John ist mein Mann. So heißt er. Sieht Mam ihn?«

»Ja, sie sieht ihn. Sie läßt ihn grüßen und ihm sagen, er solle gut für Sie sorgen.«

Nancy war sehr beeindruckt. Sie schüttelte ungläubig den Kopf.

»Nancy, Ihre Mutter vermittelt mir das Gefühl, als sei sie vor ihrem Tod ziemlich krank gewesen. Es ist mir, als seien da ziemlich viele Medikamente oder Pillen gewesen. Ergibt das einen Sinn?«

»Ja, das stimmt.«

»Wissen Sie, ob Ihr Vater sie gefunden hat? Ich glaube, sie lag im Schlafzimmer auf dem Boden?«

»Ja, Vater hat sie gefunden.«

»Das tut Ihrer Mutter sehr leid. Sie bittet Sie, ihr zu vergeben. Sie sagt, sie habe Sie nicht so unglücklich machen wollen. Ich muß sagen, es kommt mir vor, als sei Ihre Mutter geistig nicht ganz beieinander. War sie häufig deprimiert?«

»Hm, ja. Ich weiß nicht, was es war, aber Mam war ständig krank. Ich meine, sogar als Kind habe ich sie so in Erinnerung.«

»Ihre Mutter entschuldigt sich, daß sie Ihnen keine gute Mutter war. War sie immer wieder in einer psychiatrischen Klinik?«

»Ja, fast ihr ganzes Leben lang. Sie war manisch-depressiv.«

Ich fiel ein: »Ich wußte es. Sie fühlt sich an, als sei sie nicht im Gleichgewicht. Sie war jemand, der zuließ, daß das Leben sie lebte, statt es selber in die Hand zu nehmen. Sie möchte Ihnen sagen, daß sie Sie sehr liebt und es ihr leid tut, Ihnen das zu Lebzeiten nicht gesagt zu haben. Ich glaube, Ihre Mutter hat nicht verstanden, was Liebe ist, und nicht gewußt, wie sie lieben sollte.«

»Mein Gott, das klingt absolut richtig.«

»Nancy, ich glaube, der Geisteszustand Ihrer Mutter war für ihren Tod verantwortlich. Hat sie sich umgebracht?«

Nancy brach in Tränen aus.

»Ja. Ich habe versucht, ihr zu helfen, aber sie wollte mich nicht um sich haben. Ich glaube, sie war einfach zu deprimiert. Ich habe es versucht, James, aber ich wußte einfach nicht, wie ich mit ihr umgehen sollte. Hätte ich etwas tun können, um sie davon abzuhalten oder es zu verhindern?«

»Nein, Ihre Mutter war ihr eigener größter Feind. Sie hätten sie nicht davon abbringen können. Ihre Mutter hätte nicht auf Sie gehört. Ihre Mutter hat nicht auf viele Menschen gehört.«

Nancy lächelte und nickte.

»Ihrer Mutter tut es leid, daß Sie Ihnen keine Mutter sein konnte. Sie wollte Sie nicht verletzen. Sie läßt Ihnen sagen, daß sie die Tiere liebt.«

»Mein Gott, ja, meine Mutter liebte Tiere über alles.«

»Skippy oder Skipper ist bei ihr. Wer ist das?«

Nancys Augen weiteten sich, und ihr Mund öffnete sich noch mehr.

»Das war unser Hund, als ich aufwuchs. Mutter liebte ihn. Sie waren so gute Freunde. Skipper schlief jede Nacht dicht neben ihr. James, kann ich Sie fragen, ob Mam glücklich ist? Ich meine, ist sie an einem guten Ort, und was geschieht mit ihr? Wo kommt sie hin?«

Ich leitete die Fragen in Gedanken an Joan, ihre Mutter, weiter und wartete auf Antwort. Manchmal dauert es eine Weile, bis ein Geist, dem man eine Frage stellt, diese versteht und mir darauf antwortet.

Es vergingen einige Minuten, dann führte ich aus: »Ihre Mutter läßt Ihnen sagen, eine Frau habe ihr geholfen, eine Art

Beraterin. Ihre Mutter hat ihrem Leben selbst ein Ende gesetzt, aber sie konnte nichts dafür. Sie war psychisch zu sehr gestört. Seit ihrem Tod hat sie daran gearbeitet, ihren Geisteszustand zu verändern und zu lernen, ihre eigene Liebe wieder in ihr Herz einzulassen und die Liebe in sich selbst zu erkennen. Sie ist an einem guten Ort, der ziemlich aussieht wie die Erde, nur schöner. Sie sagt, sie ruhe nicht aus, obwohl sie tot ist. Ganz im Gegenteil. Sie versucht auf ihre Weise, die verlorene Zeit aufzuholen.«

Von da an bekam die Sitzung eine völlig neue Note, während ich Nancy weiterhin Nachrichten von ihrer Mutter mitteilte.

»Sie läßt Sie wissen, daß es ihr gutgeht. Sie ist bei ihrer Familie, arbeitet aber trotzdem an sich. Sie weiß, daß das niemand für sie tun kann und sie das selbst tun muß. Ihre Mutter hatte ein schrecklich schlechtes Gewissen wegen Ihrem Vater. Sie sagt immer wieder, wie sehr sie sich dafür verantwortlich fühlt. Ich verstehe nicht, was sie damit sagen will.«

»Ich schon«, sagte Nancy, und wieder rollten die Tränen.

»Gut, lassen Sie mich weitermachen. Ihr Vater, hmmm. Ist Ihr Vater ein sanftmütiger Mensch? Ich muß sagen, wenn Ihre Mutter Ihren Vater erwähnt, nehme ich gleich die Schwingungen eines Mannes auf. Er steht neben mir. Ist Ihr Vater gestorben?«

»Ja, er ist kurz nach Mam gestorben. Geht es ihm gut? Ich muß es wissen, sagen Sie es mir bitte. Kann er mich hören?«

»Ja, Ihrem Vater geht es gut. Er ist bei Ihrer Mutter. Er sagt, er wollte nur bei Ihrer Mutter sein, und dort ist er jetzt. Er sagt, wie ganz anders es dort ist, wo sie jetzt sind. Er hatte sich den Himmel als einen Ort mit Engeln und Harfen vorgestellt, aber er hat noch keine gesehen. Er ist auf dem Land. Er sagt immer wieder, wie dumm er doch war.«

»Ja, machen Sie bitte weiter.«

»Das ist sonderbar. Mochte Ihr Vater Pferde?«

»Er ist auf einem Bauernhof aufgewachsen. Da hatten sie sicher Pferde, aber ich bin nicht sicher. Ich …«

Ich unterbrach sie, weil ihr Vater mir etwas anderes sagte.

»Nein, Ihr Vater spricht von Rennpferden. Er mochte Rennpferde sehr. Er hat auf sie gesetzt.«

»Meine Güte, das stimmt. Er ist jeden Samstag zur Rennbahn gegangen. Das ist unglaublich. Tut er das immer noch?«

»Er sagt, er könne schon, wenn er wolle. Sie haben das dort auch, aber sie geben einander kein Geld. Es geht dabei eher um den Sport. Nancy, Ihr Vater läßt Ihnen sagen, er habe Sie enttäuscht. Es tut ihm leid, aber er war so einsam. Er hat Sie im Stich gelassen.«

Nancy meinte dazu: »Ich verstehe, Paps. Es war hart.«

»Nancy, ich weiß nicht, was das zu bedeuten hat. Ihr Vater zeigt mir eine Pistole. Sie sieht aus wie eine 45er, aber verzeihen Sie, ich kann die Pistolen nicht auseinanderhalten. Es ist eine Faustfeuerwaffe, aber sie ist auch wieder nicht so klein. Er zeigt sie mir und auch einen gemütlichen Raum mit einer Galerie und Bücherregalen ringsum. Ich sehe auch eine Lockente.«

»Die hat er gesammelt.«

»Ihr Vater zeigt mir eine Blutlache. Er selbst sitzt zurückgelehnt auf einem Stuhl. Mein Gott, hat er sich erschossen?«

Nancy brach in Tränen aus und stammelte ein Ja.

Ich war schockiert. Ein Selbstmord war schon genug, aber beide Eltern, das war undenkbar. Ich spürte solche Seelenqual und empfand großes Mitgefühl für Nancy. Es dauerte einige Minuten, bis ich mich wieder gefaßt hatte. Es war einfach nicht zu glauben.

»Das tut mir leid, Nancy. Ich wollte nicht, daß es so plastisch würde, aber ich gebe genau das wieder, was ich aufnehme. Ihr Vater hat sich in die linke Schläfe geschossen. Er sagt, Sie wüßten das. Ist es so?«

»Ja, ich habe ihn gefunden. Ich hatte den ganzen Tag versucht, ihn zu erreichen, aber er hat nie abgenommen, deshalb habe ich auf dem Heimweg von der Arbeit bei ihm zu Hause vorbeigeschaut. Ich bin in sein Arbeitszimmer gegangen und habe ihn zurückgelehnt in seinem Stuhl gefunden. Die Pistole lag auf dem Boden, direkt unter seiner Hand.«

»Das tut mir sehr leid. Das ist entsetzlich. Ihr Vater läßt Ihnen sagen, es sei ein Fehler gewesen. Er wußte nicht, wie er ohne Ihre Mutter weitermachen sollte. Er habe Ihnen und John auch nicht zur Last fallen wollen. Sie hatten ja Ihr eigenes Leben. Das ist interessant – das habe ich schon einmal gehört: Ihr Vater sagt, er habe auf der andere Seite nicht allzu lange warten müssen, weil sein Leben ohnehin schon fast vorbei war.«

»Was soll das heißen?«

Ich erklärte Nancy, Selbstmörder seien solange noch an die Erde gebunden, bis sie normal gestorben wären. Das Leben ihres Vaters wäre bald zu Ende gewesen. Als er sich umbrachte, blieb ihm nur noch verhältnismäßig wenig Zeit auf der physischen Ebene. Ich berichtete Nancy auch, ihre Mutter habe auf ihren Vater gewartet.

Darauf fragte Nancy: »Wie konnte sie das?«

»Ihre Mutter war in der geistigen Welt auf einer etwas höheren Ebene. Von einer höheren Ebene kann man auf niedrigere zurückkehren und anderen helfen. Hingegen können die Seelen von einer niedrigeren Ebene nicht aufsteigen, solange sie es nicht verdient haben.«

Diese Vorstellung verblüffte Nancy offensichtlich, aber schließlich war es ihre erste Begegnung mit der metaphysischen Welt. Ich versicherte ihr, die Vorstellung würde sie immer besser verstehen, je mehr sie sich mit Metaphysik befaßte.

»Nancy, Ihr Vater läßt Ihnen sagen, er sei wieder glücklich, weil er mit Ihrer Mutter zusammen ist.«

»Das freut mich außerordentlich. Gott, habe ich mir Sorgen um ihn gemacht. Ich bin so froh, daß es ihm gutgeht und sie beieinander sind, nicht?«

»Ja, sie sind beieinander. Seltsam, Ihr Vater erwähnt einen See oder ein Haus an einem See. Er sagt, Ihre Mutter hätte ihm beim Angeln an einer Hafenmole zugesehen. Ich weiß nicht, was das heißen soll.«

»Ich schon. Als ich ein kleines Mädchen war, hatten wir ein Ferienhaus an einem See, und mein Vater nahm uns zum Angeln mit zur Mole. Er hat mir das Angeln beigebracht.«

»Nun, Ihr Vater läßt Sie wissen, daß er im Himmel ist.«

»Wenn Vater angelt, dann ist er im Himmel.«

Damit war die Sitzung zu Ende; wir dankten den Geistwesen und unseren Führern. Ich fügte noch ein besonderes Gebet für Nancy hinzu, Sie möge das Gehörte zu ihrer Heilung verwenden. Ich weiß, daß mein Gebet erhört wurde, denn beim Weggehen wandte sie sich mit Tränen in den Augen zu mir und sagte: »James, ich weiß nicht, was ich sagen soll. Das war ein Wunder. Ich fühle mich so leicht. Ich spüre einen solchen Frieden. Es ist ein Friede, den ich über zehn Jahre lang gesucht habe, aber nie finden konnte. Vielen, vielen Dank, daß Sie mir dabei geholfen haben. Das war wirklich sehr gut. Gott segne Sie!«

## *Die Todesstrafe*

Ich möchte in diesem Kapitel noch zwei weitere Arten besprechen, durch die ein Leben frühzeitig abgebrochen werden kann. Obwohl weder die Todesstrafe noch medizinische Eingriffe dasselbe sind wie Selbstmord, geht es in beiden Fällen dennoch um die Unterbrechung eines Seelenschicksals. Deshalb möchte ich darauf hinweisen, daß nicht nur Selbstmord unrecht ist, sondern auch die Todesstrafe.

Etwas vom Schlimmsten, was man sich vorstellen kann, ist wohl, daß ein Mensch einem anderen das Leben nimmt, bevor es für diesen an der Zeit ist. Das ist eine verheerende, furchtbare Tat, und zudem erscheint sie mir völlig unverzeihlich zu sein. Bei einem Mordfall kommt noch erschwerend dazu, daß dem Recht Genüge getan werden muß. Unglaublicherweise herrscht die Auffassung, eine so brutale Tat werde dadurch gerächt, daß die Gesellschaft sich des Missetäters entledigt. Doch das ist nicht der Fall. Wird darüber hinaus argumentiert, durch eine prompte Hinrichtung würden Steuergelder gespart, sieht es sogar aus, als sei die Todesstrafe akzeptabel.

Es ist aber unrecht, daß einer dem anderen das Leben nimmt, und das trifft auf jeden Fall auch auf die Todesstrafe zu. Bitte überlegen Sie einen Augenblick und betrachten Sie die Lage aus spiritueller Sicht, nicht bloß gefühlsmäßig. Unser Universum ist viel weiter, als wir denken, und wir sollten sowohl einen solchen Fall als auch all unsere Handlungen mit den Augen des Geistes betrachten. Gott in seiner unermeßlichen Weisheit hat einen Lebensrhythmus für jedes Wesen erschaffen. Die Sonne geht auf und unter, die Planeten kreisen um die Sonne, die Gezeiten teilen sich in Ebbe und Flut, und genauso hat jede Seele ihren Rhythmus mit Anfang und Ende.

Dieser Rhythmus bestimmt den natürlichen Zeitpunkt für jede Seele, an dem sie diese Welt verläßt und wieder in die geistige Welt zurückkehrt. Und Gott allein kennt den ganzen Plan.

Wenn jemand vor dem vorbestimmten Zeitpunkt gewaltsam aus dem physischen Körper gerissen wird, hat das spirituelle Folgen. Beim Selbstmord bleiben die magnetischen Ströme der Seele innerhalb der Erdatmosphäre, bis der naturgegebene Zeitpunkt gekommen ist und sie hinübergehen kann. Wenn die Seele eines Menschen bei der Todesstrafe aus dem Körper gerissen wird, bleibt die Persönlichkeit des Verbrechers genauso wie vor der Hinrichtung. Wenn er auf der anderen Seite ankommt, hat er gewöhnlich Angst und ist wütend, weil seine Seele höchstwahrscheinlich nicht gerade hochentwickelt ist und die geistigen Gesetze nicht kennt. In den meisten Fällen zieht eine solche Seele endlos mit Gleichgesinnten durch die niedere Astralwelt. Und weil die Gedanken dieser gequälten Seelen von Zorn und Haß erfüllt sind, lechzen sie häufig nach Rache für ihren unzeitgemäßen Tod. Sie suchen die Erde nach charakterschwachen Menschen ab, die sie geistig dahingehend beeinflussen können, andere zu töten oder zu verletzen. Das klingt zwar wie im Film, aber leider ist es allzu wahr.

Das Beste, was wir tun können, ist, die Insassen unserer Gefängnisse zu rehabilitieren und ihnen beizubringen, wie heilig das Leben ist. Ich weiß, das klingt wie ein Wunschtraum, aber wenn wir jemanden töten, bevor die Zeit für seine Seele gekommen ist, nehmen wir ihm jede Möglichkeit, sich zu ändern und wieder einzugliedern. Ein Mensch braucht nur einen Augenblick, das Licht Gottes zu erkennen und verwandelt zu werden. Ein solcherart wieder eingegliederter Mensch hilft vielleicht eines Tages dabei, jemanden an der

Zerstörung eines weiteren Lebens zu hindern. Die Tür zum Wachstum und zur Erleuchtung sollte stets offenbleiben.

Mit der Todesstrafe setzen wir die Gewalttätigkeit gegen andere nur weiter fort. Treffen wir doch die Entscheidung nicht gar so schnell, ohne die Folgen unserer Handlung zu überdenken. Wenn wir verstehen, welche geistigen Auswirkungen sie hat, können wir unsere Überzeugung ändern und pflichten Todesurteilen nicht mehr so schnell bei. Unsere Gesellschaft hat die geistige und moralische Verantwortung, unentwickelten und gequälten Seelen beizustehen. Wir wollen sie doch nicht wie den Müll von gestern behandeln!

Verstehen Sie mich bitte nicht falsch: Ich heiße deshalb Mord nicht gut. Ich möchte nur darauf hinweisen, daß jemand, der einen anderen tötet, das nur tut, weil er das Bewußtsein seines eigenen göttlichen Selbst noch nicht erlangt hat. Ist jemand sich seiner Göttlichkeit bewußt, weiß er auch, daß das Umbringen eines Menschen völlig unakzeptabel ist. Wer sind wir denn, daß wir über andere richten könnten? Kennen wir denn die Lebensgesetze genügend, um Gott zu spielen? Ich versichere Ihnen, daß wir diese Macht nicht haben. Wie gesagt, wir sollten geistig offen bleiben und lernen, die Dinge aus einem spirituellen, verantwortungsbewußten Blickwinkel zu betrachten.

**Lebenserhaltende Apparate**

Ist jemand an lebenserhaltende Apparate wie ein Beatmungsgerät angeschlossen, dann ist meiner Meinung nach wiederum ein göttlicher Plan am Werk. Man kann an jeder Krankheit oder gesundheitlichen Krise wachsen oder sich weiterentwickeln, aus der wir individuell und als Gesamtgesellschaft etwas lernen können. Medizinische Errungenschaften und neue Technologien gehören zu diesem Wachstum.

Jede Entdeckung findet zur richtigen Zeit statt. Vielleicht wären weitere großartige Durchbrüche und Erfindungen möglich, würden die Egos der Menschen nicht so sehr von politischer oder finanzieller Gewinnsucht beherrscht.

Aber die Menschheit hat doch schon gewaltige Kenntnisse erlangt und Hilfsmittel geschaffen, die zu einem produktiveren und besseren Leben beitragen. Die moderne Medizin einschließlich starker Medikamente und Impfungen, die man vor einem Jahrhundert noch nicht kannte, hat schon viele Menschenleben gerettet. Die Wissenschaft kann stolz auf diese Erfolge sein, insbesondere darauf, daß sie es geschafft hat, zu einer besseren Lebensqualität beizutragen. Das Schlüsselwort ist *Qualität*. Ärzte sind nicht da, um Gott zu spielen; das könnten sie auch gar nicht, selbst wenn sie es wollten. Ich möchte hier keine Diskussion darüber führen, ob es richtig oder falsch ist, Leben mit Maschinen aufrechtzuerhalten, aber ich möchte auf folgendes hinweisen:

Wie gesagt, gibt es einen Zeitpunkt für den Beginn und die Beendigung eines jeden Lebens. Ich persönlich glaube, daß sich die Seele aus dem Körper zurückzieht, wenn die Zeit dafür gekommen ist. Die Wissenschaft kann die große Uhr des Universums nicht anhalten, auch wenn sie es vielleicht zu können glaubt, und auch ungeachtet dessen, wie sehr sie es versucht. Ich glaube, daß die Seele jede nur mögliche Erfahrung zu machen sucht. Wenn sie an eine lebenserhaltende Maschine angehängt wird, kann es durchaus sein, daß sie der Wissenschaft dadurch erst recht dazu verhilft, eine weitere große Erfindung für künftige Generationen zu machen – nicht nur medizinisch, sondern vielleicht auch noch auf andere Weise. Wir sollten solche Fälle immer aus der Sicht der Seele betrachten. Vielleicht hat sie sich vor ihrer Inkarnation bereit erklärt, diese Erfahrung zu machen. Es könnte auch eine

Situation sein, die Familienangehörigen und Freunden hilft, Liebe und Mitgefühl zu erlernen. Vergessen wir nie, daß eine Seele ihre Lektionen des Liebeempfangens und der Achtung vor der Heiligkeit des Lebens zu lernen hat.

Wie jedes moralische Urteil muß jede Seele diese Entscheidungen alleine treffen. Ich kann nur wiederholen, daß jede Seele einmalig ist, unterschiedliche geistige Bedürfnisse hat und daher das erlebt, was ihr am besten zum Wachstum verhilft. Es gibt hier keine richtigen oder falschen Antworten. Uns steht es nicht zu, die Entscheidungen anderer in diesen Dingen zu beurteilen; vielmehr sollten wir solche Erfahrungen und Lektionen aus geistiger Sicht betrachten.

# 8

# Die starken Bande der Liebe

Ich selber halte es für den wichtigsten Teil meiner Arbeit, der Angst die Macht zu nehmen, die wir ihr geben. Angst ist nicht nur eine Illusion, sondern das größte Hindernis für das eigene Wachstum, und sie engt die Möglichkeiten des Menschengeistes ein, Hervorragendes zu leisten. Angst kettet den Menschen an seine inneren Konflikte und nimmt ihm die Freiheit. Leben wir *in Angst*, so können wir nicht *in der Liebe* leben, und damit kehren wir einem kreativen, produktiven Leben den Rücken.

Angst ist ein Teufelskreis. Lassen wir uns auf sie ein, so erwecken wir sie zum Leben und ziehen genau das an, wovor wir Angst haben; als Folge davon wird die Angst real. Mit anderen Worten: Das alte Sprichwort »Man zieht genau das an, wovor man sich fürchtet« stimmt wirklich. Vergessen wir nicht, daß unsere Gedanken etwas erschaffen können. Denken ist göttliche Energie oder Kreativität. Wir können diese Energie verwenden, wie wir wollen, weil wir einen freien Willen haben. Aber wir sollten auch wissen, daß wir für die Folgen unseres Denkens verantwortlich sind. Bestehen wir darauf, auf eine bestimmte Art, nämlich *angstvoll,* zu denken, nimmt diese Gedankenenergie in unserem Leben Gestalt an.

Wenn ich bei einer Sitzung meine Klienten übersinnlich wahrnehme, kann ich ihnen sagen, wie sie die Angst in ihren

Geist einlassen und wie die Angst ihren Körper, ihre Gesundheit und ihr Leben insgesamt beeinflußt. Ich helfe ihnen, diesen Gegner möglichst leicht zu erkennen und herauszufinden, wie sie ihre Überzeugungen ändern können, die zu dieser Angst geführt haben. Gelingt ihnen das, bekommen sie Zugang zu ungeahnten schöpferischen Kräften in sich selbst.

Der Anfang allerdings ist schwer. Der Mensch ändert sich nicht so leicht, besonders nicht nach jahrzehntelanger Konditionierung durch Familie, Gesellschaft und Kirche. Wenn überhaupt, so kann ich einen Samen säen und meine Klienten über ihre Möglichkeiten aufklären. Vermag ich eine neue Tür in ihrem Denken zu öffnen, kann ich ihnen auch Anleitungen geben, wie sie die Gedanken positiv und liebevoll verwenden können.

Eine unserer größten Ängste ist die Verlustangst. Bei manchen äußert sich diese Angst so, daß sie es ihnen unmöglich macht, Glück, das Gute oder Überfluß in ihrem Leben zu schätzen. Menschen, die alles besitzen, was sie sich je gewünscht haben, glauben dann etwa, sie würden das Glück nicht verdienen oder seien dieses Überflusses nicht wert. Andere können sich ein erfülltes, freudiges Leben gar nicht vorstellen, weil es *zu gut ist, um wahr zu sein.* Sie sind sicher, daß etwas schiefgehen wird, und gewöhnlich tut es das auch. Immer wieder erinnere ich meine Klienten daran, daß wir aus göttlichem Licht bestehen. Das Licht ist allumfassend, stets schöpferisch und immer im Überfluß vorhanden. Auch wenn man dieses Licht nicht sieht, so sollten wir dennoch glauben, daß bei Gott – dem Licht – alles möglich ist. Gott sagt immer *ja;* wir sind es, die *nein* sagen!

In dieser Angst steckt auch die Angst vor dem Tod. Ich bin davon überzeugt (wahrscheinlich dank der früher einmal besuchten Psychologievorlesungen über Freud), daß der unbewußte Lebenswille oder Lebenstrieb der stärkste ist. Die meisten Menschen sind vorwiegend ichbezogen und wollen nicht zugeben, daß das Leben auch endet, deswegen fürchten sie den Tod. Diese Angst rührt von der Tatsache her, daß der Tod ein Zustand ist, über den wir keine Kontrolle haben. Der Tod ist das absolut Unbekannte. Er entzieht sich unseren menschlichen Sinnen und dem rationalen, logischen Denken. Wir haben Angst vor dem Unbekannten, weil wir nicht wissen, was uns dort erwartet. Nicht nur wissen wir nicht, was uns im Tod erwartet, sondern auch nicht, wohin wir gehen, wenn überhaupt irgendwohin. Unglücklicherweise macht der Tod die besten Schlagzeilen, denn dieses Schreckensdenken, das ständig aus der primitiven Auffassung unserer Gesellschaft vom Tod stammt, kann unsere Angst davor nur verstärken.

Ich staune oft darüber, daß immer noch so viele Menschen glauben, wir würden nach dem Tod aufhören zu existieren. Der Wert meiner Arbeit liegt für mich darin, diese Sicht aufzulösen und eine geistige Öffnung bei ihnen für etwas zu bewirken, das jenseits der physischen Sinne liegt. In dem Augenblick, in dem ich jemandem eine geistige Botschaft von einem geliebten Menschen übermittle, ändert sich sein Leben in der Regel von Grund auf. Wenn ich an all die Jahre zurückdenke, wünschte ich, ich hätte diese erstaunlichen Erfahrungen auf Video aufgenommen. Man kann menschliche Reaktionen schwer in Worte fassen – es ist nicht dasselbe, wie wenn man sie plötzlich in ihrem ganzen Glanz selber sieht. Mit diesem Buch versuche ich, Ihnen dieses Gefühl ansatzweise zu vermitteln. Wenn die Verbindung zwischen den beiden Welten – der materiellen und geistigen – hergestellt ist, kommt es oft zu Begegnungen, die an ein Wunder grenzen.

Es ist nur allzu verständlich, daß die Menschen, die zu mir

kommen, nervös sind. Höchstwahrscheinlich ist es die erste Erfahrung, die sie bei einem Spiritisten machen, und sie können sich überhaupt nicht vorstellen, was sie erwartet, außer dem wenigen, das sie möglicherweise darüber gelesen oder ungenauen Berichten aus Film oder Fernsehen entnommen haben. Bei nervösen Klienten voller Erwartungsängste stelle ich gleich zu Beginn klar, daß die Geistwesen nicht nur meine, sondern auch *ihre* Energie verwenden. Ich erkläre ihnen, die Energie gleiche elektrischem Strom, und wenn sie nervös sind, wird eine Welle oder ein Kräuseln durch die elektrische Leitung gesendet, und die Gedanken kommen unverständlich bei mir an. Je ruhiger sie sind, desto besser ist die Verbindung, und desto leichter fällt es mir, die Gedanken eines Geistes zu verstehen. Am wichtigsten aber ist, daß ich meine Klienten dazu bringe, mir zu vertrauen. Wenn ich ihnen etwas über sie sagen kann, was sonst niemand weiß, wird ihnen klar, daß alles mit rechten Dingen zugeht, und sie wehren sich nicht mehr so dagegen. Dann kann ich weitermachen, die Tür zum Geist öffnen und sie in das Unbekannte einführen.

Eine Séance beginnt etwa damit, daß ich einen Namen oder hervorstechenden Charakterzug *aufnehme* oder den Geist beschreibe, den ich sehe. Manchmal ist es ganz einfach: »Ich habe Ihren Vater bei mir, und er sagt mir, er sei an einem Herzschlag gestorben.« In dem Augenblick, in dem die Durchsage und ihre jenseitige Herkunft jemandem einleuchtet, verändert sich die Energie im Raum vollständig. Eine Begegnung hat begonnen, und Spannung liegt in der Luft. Beim Klienten findet nicht nur eine innere Veränderung statt, sondern er zeigt auch körperliche Reaktionen – die Augen weiten sich, der Mund steht offen, Schweißperlen treten auf die Stirn, und das Herz schlägt schneller. Jetzt will der Klient mehr erfahren und beginnt, selber mit dem Geist zu reden. Gewöhnlich muß ich ihn dann bitten, etwas zurückhaltender zu sein und sich zu beruhigen, weil der Geist sich alle Mühe gibt, mir etwas zu übermitteln, und jede unnütze Aufregung seine Signale stört.

Außer einem sichtbaren Hochgefühl kommen bei den Klienten auch Gefühle hoch, und meistens fangen sie an zu weinen. Sie weinen aus einer Mischung von Trauer, großer Freude, Glück und Erleichterung. Wenn ich ihnen über bestimmte Eigenarten berichte oder einen Tonfall nachahme, dämmert es ihnen, daß jemand, den sie liebten, *nicht tot* ist. Außerdem *spüren* sie tatsächlich, wie *die Liebe* des Geistes in den Raum strömt. Werden immer mehr Einzelheiten durchgegeben, legt auch ein eventueller »ungläubiger Thomas« seine Zweifel ab und schöpft Hoffnung. Ein trauriges Gesicht verändert sich rasch in eines, in dem sich reine Freude, Glückseligkeit und Zufriedenheit spiegeln. Zudem belegen die nachweisbaren Botschaften, daß es nach dem Grab noch eine Welt gibt, und das beeindruckt alle zutiefst.

Eine Begegnung zwischen Lebenden und Toten macht den Hinterbliebenen manchmal zum erstenmal klar, daß der Tod ihnen die Liebe, die sie einst mit Familienangehörigen und Freunden auf der Erde verband, nicht genommen hat. Statt dessen erfahren sie nun, daß ihre Lieben immer noch bei ihnen weilen und sich sehr für ihren Alltag interessieren. Es ist für die Hinterbliebenen auch eine große Beruhigung, zu wissen, daß ihre Lieben auf sie warten, wenn sie an der Reihe sind, in die geistige Welt einzugehen. Sie begreifen, daß sie nicht mehr wie bis dahin weiterleben können, nachdem sie die Liebe von der anderen Seite gespürt und die dortigen Zeugnisse gehört haben; das, was einst unbekannt war, ist nicht mehr unbekannt. Im Wissen, daß es *keinen Tod* gibt, können sie befreit weiterleben. In einem einzigen Augenblick verwandelt sich ein kummervolles Leben in eines, in dem sie bereit sind, jeden Tag und jeden Augenblick *neu* auszukosten.

Mit diesem neuen Bewußtsein wird es den Lebenden klar, daß sie ihren eigenen wichtigen Beitrag an diese Welt beizusteuern haben; dann wollen sie die kostbare Zeit, die ihnen noch bleibt, auch nicht mehr vergeuden. Sie fangen an, das Leben im Wissen zu betrachten, daß wir alle eins sind und daß das, was den einen berührt, alle berührt. Sie überdenken jeden Gedanken und alles, was sie tun, mit einem größeren Verantwortungsbewußtsein, weil sie von ihren Lieben wissen, daß ihre Taten sie in der Welt des Geistes *einholen*. Ebenso haben meine Klienten von ihren Verwandten aus der geistigen Welt erfahren, daß die Welt nicht der einzige Ort für ein Wiedersehen ist. Auch drüben haben sie alte Familienmitglieder, Freunde und Schulkameraden wiedergesehen. Nach jahrelanger Trennung haben sie auf der anderen Seite, wo die Liebe ewig währt, wieder Verbindung mit lange verlorengeglaubten Lieben aufgenommen.

Mit anderen Worten: Niemand ist je allein.

### Herzlichen Glückwunsch zum Hochzeitstag

Ein sehr ergreifendes Wiedersehen fand vor einigen Jahren statt. Dabei ging es um eine stabile, liebevolle Beziehung zweier Menschen. Ich bekam den Anruf eines Mannes namens Larry Gray. Er war Ende Siebzig, kultiviert und drückte sich mit seiner tiefen Stimme etwas theatralisch aus. Er hatte über einen Freund von mir gehört und wollte wissen, ob ich »etwas Besonderes« für ihn tun könne. Ich wollte wissen: »Was denn?« Darauf erwähnte er, sein fünfzigster Hochzeitstag stehe kurz bevor, und er wolle ihn mit seiner Frau feiern. Das einzige Hindernis dabei sei, daß sie gestorben war. Ich meinte, das ließe sich einrichten, und wir legten Datum und Zeitpunkt fest.

Der vereinbarte Tag für unsere Sitzung kam, und mittags um halb eins klingelte es an der Tür. Ich öffnete, und vor mir stand der fast zwei Meter große Larry Gray in einem schönen, maßgeschneiderten braunen Anzug, wie man ihn in den Siebzigern trug. Wie ich ihn so ansah, dachte ich unwillkürlich bei mir: Was für ein reizender Mensch.

Larry ergriff das Wort: »Guten Tag. Ich hoffe, ich störe nicht?«

»Nein, überhaupt nicht. Sie sind sicher Larry Gray.«

»Ja, der bin ich. Ich hoffe, ich komme nicht zu spät oder halte Sie von irgend etwas ab?«

Larry entschuldigte sich für alles, was er tat. Offensichtlich wollte er niemanden verletzen oder stören.

»Nein, nein, gar nicht, Larry. Ich habe Sie erwartet. Kommen Sie doch herein.«

Ich führte ihn in mein Sitzungszimmer und bat ihn, auf dem Sofa Platz zu nehmen. Er fing wieder an zu sprechen; offensichtlich redete er gern und viel. Ich mußte ihn unterbrechen, sonst würde uns keine Zeit für die Sitzung bleiben. Als ich ihn darauf aufmerksam machte, meinte er äußerst höflich: »Oh, das tut mir leid. Wissen Sie, ich bin ein alter Mann, und alte Männer wie ich reden gerne. Tut mir leid. Natürlich sollten vor allem Sie reden. Deshalb bin ich ja da, nicht wahr?« und er lachte still vor sich hin.

Ich setzte mich und erklärte ihm, wie ich arbeitete. Ich sprach das Eingangsgebet, und als ich fertig war, blickte ich auf und sah rechts von Larry eine wunderschöne Brünette stehen, die wie in den Vierzigern gekleidet war. Ich sagte zu ihm: »Ich glaube, Kay steht in einem hellrosa Kleid neben Ihnen. Sie wirkt auf mich, als wäre sie eine Schauspielerin gewesen.«

»Das war sie auch. Wir haben uns in Berkeley beim Theaterspielen kennengelernt«, antwortete Larry.

Ich fuhr fort: »Sie nennt Sie *Liebster.* Sie sagt *Liebster* statt Ihren Namen.«

»Wie schön. Wir hatten viele Namen füreinander. Ach, ich sehe so alt aus. Ich habe ganz graues Haar.«

»Sie sagt, sie habe Ihr Herz geheiratet, nicht Ihr Haar.« Darauf mußten wir beide lachen, dann fuhr ich fort.

»Kay sagt, Sie hätten eine wunderbare Stimme und würden ständig singen.«

»Ja, das stimmt. Ich gehe jedes Wochenende in die *Christian-Science*-Kirche und singe im Chor mit. Das gibt mir etwas zu tun. Sie sind dort sehr nett zu mir.«

»Jetzt spricht sie von Ihrer Hochzeit. Haben Sie außerhalb von Kalifornien geheiratet, etwa in New York?«

»Ja, in New York City. Kann sie Ihnen sagen, in welchem Jahr das war?«

»Ich glaube, sie sagt mir 1940.«

»Ja, das stimmt. Und die Kirche? Sagt sie Ihnen auch, in welcher Kirche das war?«

»Mal sehen.« Ich wartete einen Moment, nahm aber nur etwas über eine Schauspielerkirche auf.

Larry antwortete: »Die Kirche war gleich um die Ecke, und die Schauspieler aller Theater gingen hin. Sagt sie Ihnen auch, wo wir gewohnt haben?«

Ich stellte seiner Frau die Frage mental, und nach einigen Augenblicken kam die Antwort: »Sie erwähnt den Norden der Stadt. Es klingt wie Upper West Side, in einer winzigen Wohnung.«

»Oh, das ist ganz ausgezeichnet. Ja. Es hieß Washington Heights. Donnerwetter, ich bin ganz begeistert.«

»Larry, sie sagt etwas über Philadelphia. Hatten Sie irgendwelche Beziehungen zu Philadelphia?«

»Ja.«

»Sie erwähnt nämlich eine Zugreise nach Philadelphia. Hatten Sie Verwandte in Philadelphia?«

»Ja.«

»Das war etwa zur selben Zeit wie Ihre Hochzeit. Sie wohnten in New York und fuhren nach Philadelphia.«

»Nach unserer Hochzeit bin ich eine Zeitlang jeden Sonntag nach Philadelphia gefahren, bis ich dort aus der Kirche austrat und eine in New York fand.«

Ich mußte lachen und klatschte in die Hände: »Sehr gut, sehr gut. Aber sehen wir mal, was es sonst noch gibt. Kay sagt, sie sei allein gewesen, als sie starb, und sie habe das so gewollt. Sie sollten sich deswegen bitte nicht grämen.«

»Oh, das hat mich sehr mitgenommen, Kay. Meine Güte, du hättest doch warten können.«

»Nein, sie mußte gehen, als es für sie richtig war. Sie ist eine ganz reizende Frau. Sie trägt einen wunderschönen Hut. Er sieht aus wie aus den vierziger Jahren. Sie sagt mir, sie habe sehr gerne Hüte getragen und hätte Ihnen oft gesagt: Ich gehe in die Stadt – ich will mir einen Hut kaufen.«

»Ja, genau. Ach, ist das lange her! Aber Kay liebte ihre Hüte. Sie hatte eine prachtvolle Sammlung davon. Sie zog sich immer so schön an. Sie mochte Farben und schöne Sachen sehr.«

»Das tut sie immer noch. Sie sagt immer wieder etwas von einem Klavier.«

Larry mußte lachen und meinte, Kay solle mir unbedingt etwas über das Klavier erzählen.

»Sie sagt, Sie hätten ein Klavier zu Hause, auf dem sie sehr gerne gespielt hat. Sie hat oft gespielt. Sie sagt auch etwas von Wagner. Verstehen Sie das?«

»Ja, allerdings. Das ist ganz erstaunlich. Ich habe Kay ein Klavier gekauft, und es ist immer noch im Haus. Aber ich habe gespielt, sie hat sich nie daran gesetzt. Ich spielte, und sie sang mit. Wir waren ein hübsches Duo. Erinnerst du dich, Kay? O ja, ich spiele immer noch. Sieht sie mich spielen?«

»Sie sieht Sie Klavier spielen und steht an derselben Stelle, genauso wie früher, etwas links von Ihnen. Was ist mit Wagner?« fragte ich Larry.

»Nun ja, ich schäme mich, es zu erwähnen, aber ich bin ein begeisterter Sammler alter Schallplatten. Ich habe eine schöne Auswahl beieinander. Klassische Musik mochte ich besonders, und neulich habe ich eine Schallplatte von Wagner abgespielt. Es klingt vielleicht verrückt, aber ich lasse sie den ganzen Tag über laufen. Es entspannt mich. Ich denke, das ist doch in Ordnung; es schadet niemandem.«

Ich gab zurück: »Nein, nur der Nadel«, und wir lachten beide. Dann fuhr ich mit der Botschaft fort.

»Larry, Kay sagt, daß sie vorhin mit Ihnen auf dem Friedhof war.«

»Hm, heute ist unser Hochzeitstag und ich wollte sie wissen lassen, daß ich sie liebe und an sie denke. Das weißt du also, Kay?«

»Ja, sie hat sich sehr gefreut, daß Sie da waren. Sie mag die Rosen sehr, die Sie zum Friedhof gebracht haben.«

»Oh, nicht der Rede wert. Ich dachte, sie würden ihr gefallen.«

»Das haben sie«, fuhr ich fort. »Sie zeigt mir eine gemauerte Grabanlage. Sagen Sie mir bitte, liegt sie in einer Art Grabkammer?«

»Ja, und ich werde genau neben ihr liegen.«

»Sie zeigt mir, wie sie Sie mit den Blumen sah. Seltsam, sie gibt Ihnen eine Stange in die Hand. Ich weiß nicht, was das zu bedeuten hat. Verstehen Sie das?«

»Nun ja, ich glaube schon. Als ich auf den Friedhof ging,

um sie zu besuchen, mußte ich eine Stange nehmen, um die Blumen vor ihrer Kammer hinzulegen. Sie liegt ganz oben. Könnte sie das gemeint haben?«

»Ja, das ist es. Und sie erwähnt auch den Weg dorthin.« Kay übermittelte mir nun ganz rasch eine weitere Botschaft. Ich sah auf und antwortete: »Ja, klar, verstanden, danke.« Dann wandte ich mich an Larry. »Liegt ihre Grabkammer ganz hinten? Es ist irgendwie schwierig, dahinzukommen. Es ist hinten, ein paar Marmorstufen hinunter und dann zur Seite. Sie sagt mir das alles.«

Larry war sich nicht sicher. Als ich Kays Botschaft zu entziffern versuchte, hatte ich mich in diesem Labyrinth völlig verirrt und auch Larry durcheinandergebracht. Dann fuhr ich fort.

»Neben Kay steht eine Frau. Sie hat eine ganz eigene Stimme. Sehr theatralisch. Ich glaube, sie hat auch in Opern gesungen. Sie erwähnt wieder das Klavier. Wissen Sie weshalb?«

»Ja, natürlich. Das ist Esther. Sie war eine großartige Sängerin. Wir drei haben zusammen am Theater gearbeitet. Sie war jahrelang meine Klavierlehrerin. Ach, wie schön, von ihr zu hören.«

»Diese Dame läßt Ihnen sagen, es gebe drüben eine große Theatergruppe – viele Stimmbildner und Musiklehrer. Allerdings sei es ganz anders. Die Musik sei nicht wie auf der Erde – viel reiner. Sie sagt, dort gebe es vollkommene Harmonien. Auf der Welt rede man nur darüber, aber das treffe es nicht im geringsten.«

»Wie schön.«

Die Sitzung dauerte noch eine Weile an, und seine Frau und die Klavierlehrerin tauschten Erinnerungen an vergangene Zeiten auf der Erde aus. Es war ein wunderschöner fünfzigster Hochzeitstag. Ich dachte bei mir: *Was könnte sie jetzt noch Schöneres sagen?* Und dann kam es.

»Larry, kennen Sie Paris? Ich meine, waren Kay und Sie einmal dort?«

»Ja, das waren wir. Was sagt sie darüber?«

»Sie bittet mich, ich solle etwas davon sagen, wie sie auf dem Eiffelturm in Paris stand. Das war einer der glücklichsten Momente in ihrem Leben. Wissen Sie, worauf sie anspielt?«

Larry fing an zu weinen. Er nahm ein Taschentuch heraus, wischte sich die Augen und sah mich gerade an. »Es war auch einer der glücklichsten Tage in meinem Leben. Dort haben wir den ersten Tag unserer Hochzeitsreise verbracht.«

Ich fügte hinzu: »Kay sagt, Ihr ganzes gemeinsames Leben sei eine Hochzeitsreise gewesen.«

Larry lächelte, und ich übermittelte ihre Mitteilungen weiter.

»Sie wird immer bei Ihnen sein, Larry, und ... Moment, sie möchte, daß Sie nach Hause gehen und ihr ein Liebeslied auf dem Klavier vorspielen.«

Da schmunzelte Larry und sagte: »Ach, das ist sie, meine Kay. Sie kann nie genug davon bekommen.«

Und ich bestätigte: »Nein, das wird sie nie.«

**Charlie**

Das Gefühl der Erfüllung in meiner Arbeit mißt sich an an den zwischenmenschlichen Beziehungen einander innig liebender Menschen. So war es mir immer erschienen, bis ich eines Tages einen Telefonanruf bekam, bei dem die Vermittlung sagte, eine taube Frau sei am Apparat und wolle mich sprechen. »In Ordnung«, sagte ich, und die Vermittlung übersetzte unser Telefonat. Die Frau hieß Susan, war sehr deprimiert, bat um eine Sitzung und wollte wissen, ob sich das machen ließe. Ich bejahte, und wir vereinbarten ein Datum.

Am Tag der Sitzung war ich mir nicht sicher, ob etwas durchkommen würde. Um elf Uhr klingelte es an der Tür. Draußen warteten zwei Frauen – die eine war eher mager und hatte dunkles Haar, die andere etwas größer und rothaarig. Die Magere stellte sich als Kathy und Susans Dolmetscherin vor.

Ich bat sie herein, bot ihnen ein Glas Wasser an und sagte: »Ich hoffe, es war nicht zu schwierig herzufinden.« Als ich mich umschaute, sah ich, wie Kathy Susan eifrig Zeichen machte. Dann gingen wir ins Sitzungszimmer und beschlossen, am besten setze sich wohl Susan vor mich hin, und Kathy solle sich hinter mich stellen, um für Susan in der Zeichensprache zu übersetzen.

Ich fing mit meinen Erläuterungen über die Kommunikation mit den Geistwesen an. Als gebürtiger New Yorker spreche ich ziemlich schnell, aber Kathy hielt die ganze Zeit über Schritt mit mir. Ich staunte, wie schnell sie das Gesagte übersetzen konnte. Wenn ich daran zurückdenke, erinnere ich mich genau, was ich dabei empfand, ganz besonders, wie liebevoll und heilsam Kathy arbeitete. Ich war genauso überrascht über ihre Dolmetscherkünste wie sie über meine.

Dann begann ich die Sitzung mit Susan mit einem medialen Diagramm von ihr. Wenn ich ein mediales Diagramm von jemandem mache, habe ich in der Regel einen Block und Stift in der Hand, fühle mich in das Energiemuster der oder des Betreffenden ein und schreibe oder zeichne meine Eindrücke auf. Manchmal mache ich das zu Beginn einer Sitzung, um besser in die Séance hineinzukommen. Wenn ich jemandem zutreffende seelische Informationen über ihn übermittle, weiß er gleich, woran er mit mir ist. Zweifel schwinden, und die

Verbindung mit den Geistwesen wird viel einfacher. Susan schien eine ausgesprochene Einzelgängerin zu sein, und dazu konnte sie auch noch sehr stur sein. Ich beschrieb ihre nicht sehr kommunikative, eher zurückhaltende Familie und teilte ihr mit, sie sei taub, weil die beiden kleinen Knochen in den Ohren bei ihrer Geburt nicht voll entwickelt waren. Das bestätigte sie und freute sich, daß ich ihr so genaue Angaben machen konnte. Nachdem ich mit dem Diagramm von ihr fertig war, sprach ich mein Gebet und begann, mich den Geistwesen zu öffnen. Unverzüglich strömten mir Einzelheiten über ihr Haus zu.

»Seltsam, aber mir wird etwas gezeigt, was ich für Ihr Haus halte. Haben Sie ein bräunliches Sofa unter einem Fenster mit einer farbigen Woll- oder Patchwork-Decke darauf?«

Nach der Übersetzung antwortete Kathy für Susan: »Ja, das stimmt. Es steht direkt unter dem Fenster, und die Decke liegt auf dem Sofa, aber nicht immer.«

Ich muß schon sagen, es war etwas ganz anderes, das Feedback von jemandem zu bekommen, der hinter mir stand, auch wenn es die Dolmetscherin war.

Ich fuhr fort: »Rechts vom Sofa sind mehrere Bilder auf einem Metallgestell. Ich sehe auch etwas wie Plastik- oder Seidenblumen auf diesem Regal. Ist das zutreffend?«

»Ja, das stimmt genau.«

»Man zeigt mir auch einen orangefarbenen Teppich. Er ist an einigen Stellen abgetreten, besonders bei der Tür. Ich glaube, es ist die Eingangstür zu Ihrer Wohnung. Dann sehe ich eine Küche. Moment, ich weiß nicht, wer mir das zeigt. Lassen Sie mich nachfragen.«

Ich bat den Geist innerlich, sich zu erkennen zu geben. Als keine Antwort kam, wartete ich ganz ruhig weiter. Dann bekam ich viele Bilder auf einem Kühlschrank gezeigt, die ich

Susan beschrieb. »Ich bekomme viele Bilder auf dem Kühlschrank gezeigt, und auf vielen davon ist ein Hund.«

Susan mußte lachen. Sie sagte, das seien Fotos von ihrem Hund. Als ich fortfuhr, spürte ich plötzlich, wie eine ungeheure Liebe den ganzen Raum erfüllte. Es war eine unendlich edle und bedingungslose Liebe. Dann platzte ich heraus: »Charlie.«

Da fing Susan hysterisch an zu weinen. Ich war völlig verdutzt, sah sie nur an und wartete auf eine Antwort oder Erklärung. Offenbar hatte ich eine wunde Stelle getroffen, und wollte wissen, was es war.

Kathy erklärte für Susan: »Ja, Charlie war mein Hund. Ich bin hergekommen, um Kontakt mit Charlie aufzunehmen. Er ist vor zwei Monaten gestorben und fehlt mir sehr.«

Ich traute meinen Ohren kaum. Jetzt war mir klar, weswegen es mir so schwergefallen war, herauszufinden, mit wem ich in Verbindung stand. Offensichtlich stammten diese Mitteilungen von einem *Hund.* Der Hund zeigte mir einfach das, was er verstehen konnte.

Susan teilte Kathy etwas in der Zeichensprache mit, die es für mich übersetzte: »Susie sagt, Charlie habe immer sehr gerne auf dem Sofa gelegen, und sein Lieblingsplatz war auf der Decke. Von Zeit zu Zeit kratzte er auch am Teppich vor der Tür, als wolle er etwas vergraben.«

»Jetzt verstehe ich. Es ist mir seltsam vorgekommen, alles von so weit unten aus zu sehen, aber jetzt verstehe ich, weshalb. Ich sehe alles mit Charlies Augen.«

Nach einem kurzen Moment fuhr ich fort. »Charlie liebt Sie sehr. Er zeigt mir ein rotes Licht und teilt mir mit, er habe etwas mit diesem roten Licht gemacht.«

Susan war ganz außer sich, und aufgeregt machte sie Kathy Zeichen. »Ja, es war das Licht, das aufleuchtete, wenn das

Telefon klingelte. Charlie kam jeweils und stieß mich an, wenn er es sah. Er war großartig! Er war ganz menschlich.«

»Jetzt übermittelt er mir, daß er ein hübsches rotes Halsband mit Edelsteinen anhatte … naja, sie sahen jedenfalls aus wie Diamanten. Sicher waren sie nicht echt.«

Susan lachte und sagte, das seien sie nicht, aber sie hätten trotzdem geglänzt. Sie habe sich immer geärgert, wenn andere sich über Charlie lustig gemacht hätten, weil er ein so »feminines Halsband« gehabt habe.

Ich mußte innerlich lachen und fuhr dann fort: »Charlie beschreibt, wie Sie mit ihm zum Laden an der Ecke gingen, um Brot und Milch zu kaufen.«

»Ja, das stimmt.«

Dann mußte ich laut lachen; Charlie hatte mir etwas Lustiges mitgeteilt, und ich versuchte, den Gedanken wiederzugeben.

»Charlie erzählt, er habe es nicht gemocht, wenn Sie ihn im Waschbecken badeten.«

»Ja. Jeden Freitag bekam er sein Bad, und Sie haben recht, er mochte es überhaupt nicht. Er hat sich die ganze Zeit gewehrt. Aber allmählich hat er sich wohl daran gewöhnt. Kann ich Sie etwas fragen?«

»Ja, natürlich.«

Susan fing leise an zu weinen und stellte ihre Frage in der Zeichensprache. »Hat Charlie sehr gelitten, als er starb? Und bitte sagen Sie ihm, es tue mir leid.«

Ich fragte: »Hat Charlie irgendwann Probleme mit den Beinen gehabt? Ich meine, konnte er nicht mehr laufen? Ich spüre einen Schmerz auf der rechten Seite.«

»Nein, erst ganz am Ende. Er hat Medikamente bekommen.«

»Wissen Sie, ob er zuckerkrank war?«

»Ja. Er hatte auch Probleme mit den Nieren. Sagt er Ihnen das alles?«

»Ja. Er übermittelt mir mental, was ihm gefehlt hat, bevor er starb. Er sagt auch, er liebe Sie sehr, und Sie hätten ihm geholfen. Haben Sie ihn einschläfern lassen?«

»Ja. Aber das wollte ich gar nicht.«

»Ihr Hund hatte am Ende große Schmerzen. Sie haben ihm wirklich geholfen. Wissen Sie das?«

Susan antwortete nicht. Sie neigte den Kopf und nickte.

»Charlie schläft immer noch bei Ihnen am Fußende Ihres Bettes. Macht das einen Sinn?«

»Ja. Er ist immer mitten in der Nacht aufs Bett gekommen. Ich wachte oft auf, und sein Kopf lag neben meinem auf dem Kissen.«

»Kennen Sie jemanden, der so ähnlich wie Ivy heißt? Ich weiß, es ist ein sonderbarer Name, aber es ist doch ein Name?«

Susan überlegte, aber es fiel ihr nichts dazu ein. Doch kurz danach platzte sie heraus: »O doch – letzte Woche habe ich mit ihr gesprochen. Sie hilft mir, einen neuen Hund zu besorgen. Es ist sehr schwierig, einen Hund für Hörbehinderte zu finden, und sie sagte, sie hätte vielleicht einen für mich.«

»Ich bekomme eine ganz starke Schwingung oder Empfindung von Ihrem Tier, nämlich daß Sie diesen anderen Hund bekommen und dann nicht mehr allein sind. Charlie sagt, er wolle dabei helfen und darauf achten, daß der neue Hund dann auch wisse, was er zu tun habe. Übrigens zeigt er mir ein weißes Tier – sieht fast aus wie ein Husky.«

Susan wurde ganz aufgeregt: »Genau so einen will mir Ivy besorgen.«

»Machen Sie sich keine Sorgen, Sie werden ihn bekommen. Charlie sagt, Sie würden nie mehr allein sein.«

Dann dankten wir den Geistwesen für ihre Hilfe, und ich bat sie, Susan auf ihrem Weg weiterzuhelfen.

Wie ich bereits an früherer Stelle sagte, überleben auch Tiere den Tod. Wenn Tiere in die geistige Welt übergehen, akzeptieren sie diesen Übergang als etwas ganz Natürliches. Wir könnten einiges von ihnen lernen. Immer wieder hat man mich gefragt: »Wohin geht denn mein liebes Haustier?« Auch Haustiere gehen in eine himmlische Welt ein, eine sehr schöne Welt, die der unseren sehr ähnlich ist. Sie kommen an denselben Ort, wo die Menschen hingehen. Wenn ein Tier stirbt, wird es von seinen früheren Bezugspersonen auf der Welt abgeholt. Ist niemand da oder hat ein Tier keine nahen Beziehungen zu Menschen gehabt, wird es meistens von Tierwärtern abgeholt, großzügigen, liebevollen Seelen, die sich um unsere Haustiere kümmern, bis jemand aus der Familie, der das Tier sehr gemocht hat, in der geistigen Welt ankommt. Höchstwahrscheinlich handelt es sich bei den Tierwärtern um Menschen, die auf der Welt sehr tierlieb waren.

Gewöhnlich kehrt ein eben verstorbenes Tier an seinen weltlichen Wohnort zurück. Meistens liegt es dann auf dem selben Stuhl, schläft auf demselben Fleck wie früher und paßt auf Sie auf. Es erinnert sich an die Güte und Liebe, die Sie ihm auf Erden gaben und kommt immer wieder, um auf Sie aufzupassen und Sie zu beschützen.

Nehmen Sie also bitte nie das Leben eines Tieres oder irgendeiner anderen Lebensform einfach als selbstverständlich hin. Wir sind hier, um das Geheimnis des göttlichen Plans der Liebe für alle Geschöpfe Gottes miteinander zu teilen.

**Alzheimer**

Langsam und zusehends geschwächt an Alzheimer zu sterben, ist nicht nur würdelos, sondern manchmal geradezu unmenschlich. Dennoch erkranken jedes Jahr Hunderttausende an diesem schleichenden Leiden. Bei der Alzheimer-Krankheit werden die Nervenzellen im Gehirn angegriffen, und die Hirnsubstanz nimmt ab. Begleiterscheinungen sind Vergeßlichkeit oder völliger Verlust des Erinnerungsvermögens sowie Desorientierung in Zeit und Raum. Im Endstadium leidet der Kranke manchmal unter einer schweren Psychose einschließlich Wahnvorstellungen und Paranoia.

Zwar steht die Krankheitsursache noch nicht fest, aber es gibt verschiedene Theorien darüber. Die einen glauben, sie sei erblich bedingt. Andere meinen, Umweltfaktoren wie Blei oder Metalle spielten eine Rolle. Eins steht jedoch fest: Mit zunehmender Überalterung der Bevölkerung nimmt auch der Druck auf die Familie und ärztlichen Betreuer zu. Ich hoffe sehr, daß die Forschung vorangetrieben wird und Lösungen erlaubt, die diesem schrecklichen Leiden ein Ende setzen.

Man hat mir immer wieder Fragen über Freunde und Familienangehörige gestellt, die Alzheimer haben, etwa: »Können sie mich hören? Sehen sie mich? Wo sind sie? Sind sie immer noch da? Sind sie tot? Hat ihre Seele den Körper verlassen? Kann die Seele weiterleben? Was erzählen sie überhaupt?«

Eines Tages hatte ich eine Sitzung mit einer charmanten Frau namens Sydelle, die von einem engen Freund geschickt worden war. Zu Beginn der Sitzung erwähnte sie, ihr Vater sei gestorben und sie habe einige Probleme zu lösen. Vor allem aber wollte sie wissen, ob er Frieden gefunden habe.

Als wir anfingen, spürte ich Sydelles große Nervosität und Unsicherheit sehr stark, nicht nur hinsichtlich der Sitzung, sondern auch wegen ihrer eigenen Zukunft. Viele Fragen schienen in ihrem Kopf herumzuwirbeln. Ich versicherte ihr, ihre Ängste und Befürchtungen würden durch unsere Kommunikation mit der geistigen Welt sicherlich ausgeräumt, und stimmte mich auf ihre Energie ein. Sofort nahm ich eine gewisse Feindseligkeit zwischen ihr und ihrer Mutter auf.

»Sydelle, reden Sie und Ihre Mutter miteinander?«

»Ja, das tun wir.«

»Ich will nicht neugierig sein, aber ich habe so ein Gefühl, als ob Sie und Ihre Mutter nicht ganz zusammenpaßten.«

»Ich bin nicht sicher, ob ich Sie verstehe?«

»Es fühlt sich an, als sei sie Ihnen manchmal eine Last, und Sie verlieren die Geduld mit ihr.«

»O ja, das stimmt. Es ist schwer, ihr etwas klarzumachen.«

Etwas veränderte sich, und es war, als öffne sich eine Tür hinter mir; plötzlich kam eine ganze Menge Geistwesen hereingestürmt.

»Ich habe plötzlich das Gefühl, als sei der Raum voller Leute. Moment ... ich will mich darauf einstimmen, wer das ist.« Ich schloß meine Augen und sah die Gestalt eines Mannes. Er stand ganz gerade mit ernster Miene da und fühlte sich an, als *sei er irgendwie da und doch nicht da.*

»Sydelle, ich glaube, Ihr Vater ist hier. Ich spüre, daß vor seinem Tod etwas mit seinem Kopf nicht gestimmt hat; er macht eindeutig den Eindruck, daß sein Kopf betroffen war. Ich habe auch den Eindruck, als sei er lange in einem Krankenhaus oder Pflegeheim gewesen. War er lange bettlägerig?«

»Ja. Mein Vater hat dreizehn Jahre an Alzheimer gelitten.«

»Mein Gott, deswegen fühlt er sich so abwesend an. Er kann das alles nicht glauben. Ich muß sagen, er kommt mir nicht vor, als habe er sich schon ganz an alles gewöhnt. Ich meine, er sieht sich um und verbreitet ein Gefühl, als könne er das alles nicht glauben.«

»Naja, er hat wohl an so etwas wie das hier nicht geglaubt.«

»Kann sein, ja ... aber Ihr Vater möchte Ihnen dafür danken, daß Sie die Kerze angezündet haben. Ergibt das einen Sinn?«

»Ja. Als er krank war, habe ich Kerzen angezündet, damit er leichter hinübergehen könnte.«

»Dafür dankt er Ihnen, und auch für all Ihre Gebete. Sie haben ihm sehr geholfen. Er sagt, er sei immer noch verwirrt, aber langsam finde er sich zurecht. Hat sein Begräbnis in einem Tempel stattgefunden?«

»Ja.«

»Er war dort. Er sagt, er habe Sie alle gesehen. Aber er war erstaunt, wie wenige gekommen sind. Er sagt, er hätte doppelt so viele erwartet.«

»Er hatte so viele Freunde, aber weil er schon so lange krank war, sind ihm nicht viele geblieben.«

»Wer ist Jack?«

»Er. So heißt er.«

»Er erwähnt eine afrikanische Decke und sagt etwas von Fotos. Er hat sie alle gesehen. Haben Sie Fotos von Ihrem Vater ausgestellt? Fotos von ihm, aus seinem ganzen Leben?«

»Ja, das stimmt. Zu seiner Beerdigung habe ich eine seiner afrikanischen Decken genommen und Fotos von ihm darauf angeordnet. Es sollte eine Collage über das Leben meines Vaters sein.

»Wer ist Rose?«

»Seine Mutter.«

»Er läßt Ihnen sagen, Rose sei zu seiner Begrüßung gekommen, als er starb. Er hatte sie lange nicht gesehen. Stimmt das?«

»Sie ist gestorben, als er noch ein Kind war.«

»Sie ist eine lustige Frau. Wissen Sie, daß sie Ihnen in der Küche zusieht? Sie mag auch Ihre Kleider. Sie zeigt mir weich fallende Kleider.«

Sydelle lachte laut auf und dankte mir, ihre Großmutter mit hergebracht zu haben. »Ich habe sie nie kennengelernt, aber es freut mich, sie um mich zu haben.«

Jack meldete sich wieder, und ich fuhr mit seinen Mitteilungen fort: »Ihr Vater erwähnt den Namen Mark und sagt, er würde ihm helfen.«

»Mark ist mein Bruder. Das ist interessant – Mark hat nach dem Tod meines Vaters das Geschäft übernommen.«

»Wissen Sie, ob Mark Jacks Manschettenknöpfe oder Krawattennadeln hat?«

»Ja, er trägt Vaters Manschettenknöpfe.«

»Wissen Sie, ob er in einem Büro mit Auszeichnungen und Belobigungen an der Wand sitzt?«

»Ja, er hat das Büro meines Vaters, und es ist genauso wie zu Vaters Zeiten. Die Auszeichnungen sind Preise für den besten Verkäufer. Sie hängen an der Wand hinter dem Schreibtisch.«

»Ihr Vater zeigt mir seinen dunkelgrünen Stuhl. Jetzt sitzt Ihr Bruder im Büro darauf. Fragen Sie ihn bitte, ob der Sitz leicht eingerissen ist. Es müßte rechts sein, unter seinem Bein, wenn er sich hinsetzt.«

»Seltsam – aber wissen Sie was? Mark hat erwähnt, er müsse sich einen neuen Stuhl besorgen, weil der alte abgenutzt sei. Ich weiß nicht, ob er einen Riß hat, aber ich will ihn auf jeden Fall fragen. Das ist erstaunlich.«

Es kommt selten vor, daß Klienten sich geschäftlichen Rat von der anderen Seite holen. Ich sage ihnen meist, die Geistwesen wüßten nicht unbedingt, wie sich die Dinge hier entwickeln. Wie gesagt, spielen dabei viel zu viele Faktoren mit, einschließlich der karmischen Gesetze. Ich sage meinen Klienten: »Wir können den Geist zwar fragen, aber Sie sollten wissen, daß Sie Ihre eigenen Entscheidungen treffen müssen. Es ist nicht die Aufgabe des Geistes, Ihnen zu sagen, wie Sie leben oder Ihre Geschäfte abwickeln sollen.«

Sydelle sagte ich dasselbe, und sie antwortete darauf, ihr wäre der Rat ihres Vaters lieb, da es ursprünglich sein Geschäft gewesen sei. »Ich bin sicher, daß er einen vernünftigen Rat hat.«

Ich sagte ihr also, was ich empfing. »Wissen Sie, ob Ihr Bruder erwogen hat, sich mit einem Partner zusammenzutun?«

»Ich bin nicht sicher, aber ich will ihn fragen.«

»Gut. Er sagt, es sei sehr schwierig gewesen, mit diesem Geschäft Geld zu verdienen. Es sieht nach schweren Zeiten aus. Aber er meint, Sie würden wohl abwarten müssen, weil es sich wieder ändern werde und Sie das Geschäft schließlich verkaufen könnten.«

Sydelle schnappte nach Luft und erklärte, sie hätten keineswegs die Absicht, das Geschäft zu verkaufen. Vielmehr wollten sie es so lange wie möglich in der Familie behalten.

»Ihr Vater sagt, er habe sich zu sehr um sein Geschäft gekümmert, und es habe sein ganzes Leben aufgefressen. Er möchte nicht, daß es Ihnen ebenso ergeht. Er wünschte, er hätte mehr Zeit für andere Dinge als die Arbeit auf der Welt gehabt. Er meint, er hätte viel mehr tun können, wenn er sich die Zeit dafür genommen hätte. Er war aber stur und ehrgeizig in bezug auf die Arbeit. Er wollte etwas erreichen, um sich zu beweisen. Er sagt, Sie hätten ihm viel beibringen können. Sie würden ihm jetzt viel beibringen.«

Bei Sydelle und ihrem Vater kamen Gefühle hoch. Dann kam er auf Sydelles Mutter zu sprechen.

»Er macht sich Sorgen um Ihre Mutter. Er sagt, Sie hätten

sich zu oft gestritten. Etwas in ihm liebt sie immer noch, und er versteht sie jetzt besser. Sie ist mit sich selbst nicht im reinen. Sie erwartet, daß alle Welt alles für sie tut. Sie müssen Ihr eigenes Leben leben. Sagen Sie ihr das.«

»Das will ich tun.«

Ich fragte Sydelle, ob sie noch etwas von ihrem Vater wissen wolle. Ihre Frage half mir, Alzheimerkranke anders zu sehen.

»Wo war mein Vater, als er Alzheimer hatte? Ich meine, wo war seine Seele? Ist sie gestorben und anderswohin gegangen?«

»Ihr Vater findet das eine interessante Frage, und er will sie beantworten, so gut er kann. Man verstehe die Dinge in den himmlischen Welten so anders als auf der Erde. Er meint, er sei die meiste Zeit unbewußt gewesen – wie in einem leichten Schlaf. Er sagt, er sei manchmal auch außerhalb seines Körpers gewesen und das, was er für seine Seele halte, habe auf seinen Körper im Bett und die Leute im Zimmer herabgeschaut. Es sei schwierig für ihn gewesen, weil er dort kein Zeitgefühl hatte wie wir. Er hatte kein Zeit- und Raumbewußtsein wie wir auf der Welt.«

»Hat er geistige Wesen um sich herum gesehen?«

»Er hat Energien in seiner Nähe gespürt, wußte aber bis zu seinem Tod nicht, wer das war. Er sagt, eine väterliche Person und Rose hätten ihn abgeholt.«

Ich teilte Sydelle mit, viele aus der geistigen Welt, die an Alzheimer erkrankt waren, hätten Ähnliches berichtet. Manche wußten nicht mehr, wo sie waren, andere schliefen die ganze Zeit hindurch, und wieder andere waren meistens außerhalb ihres Körpers, sahen ihre Familienangehörigen und versuchten immer wieder, ihnen etwas mitzuteilen.

Sie drang weiter in mich: »Weshalb mußte er diese Krankheit bekommen?«

»Er meint, daß Sie das wohl kaum richtig verstehen können, aber ob Sie es glauben oder nicht, er hat es sich ausgesucht, bevor er auf die Welt gekommen ist. Er sagt, er habe diese Erfahrung machen müssen – als Ausgleich.«

Ich erläuterte das anhand meiner Kenntnisse darüber: Oft muß eine Seele eine Krankheit bekommen und sie überwinden, um daran zu erstarken und die Verbindung dazu zu unterbrechen, damit die jeweilige Krankheit aus der Familie getilgt wird.

Nach dieser Sitzung vor vielen Jahren sind Sydelle und ich gute Freunde geworden. Sie ruft mich alle paar Monate an, um sich nach meinem Befinden zu erkundigen, und neulich teilte sie mir mit: »Ich weiß nicht, ob du dich erinnerst, aber in einer unserer ersten Sitzungen fragte ich Vater nach dem Geschäft. Er sagte, wir würden einen Partner finden und es schließlich verkaufen. Ich wollte dir nur sagen, daß mein Bruder vor ein paar Monaten einen Partner gefunden hat und jetzt dabei ist, die Verkaufsverträge für den Betrieb zu unterschreiben.«

**Der Gipfelstürmer**

Der nächste Fall ist einer der bekanntesten in meiner Laufbahn. Ein Jahr nach der Sitzung gelangte die Nachricht über die unglaublichen Einzelheiten, die durchgegeben worden waren, an die Presse, und der Fernsehsender NBC wollte die Sitzung in der Sendung *Ungelöste Rätsel* nachstellen. Einige Monate danach wurden Vorsprechtermine eingerichtet, um jemanden zu finden, der mir ähnlich sah. Wieder ein paar Monate später wurde die Sendung aufgenommen; das ist nun zwei Jahre her. Inzwischen ist sie zu einer der beliebtesten in der gesamten Geschichte der *Ungelösten Rätsel* geworden und wird immer wieder auf dem *Lifetime*-Kabelkanal ausgestrahlt. Es war auch eine meiner denkwürdigsten Sitzungen.

Im Juni 1995 saß ich eines Tages vor meiner Wohnung und wartete auf meinen nächsten Klienten. Ich sah in meinem Terminkalender nach, aber die Namen Don und Sue Raskin, die um 18 Uhr kommen sollten, waren mir nicht bekannt. Um fünf vor sechs kam ein Paar den Weg entlang. Ich erinnere mich noch an meine erste Reaktion. Der Mann sah nicht nur schlecht, sondern sogar ziemlich krank aus, und ich dachte, die Frau, die ihn begleitete, sei seine Tochter, aber es stellte sich heraus, daß es seine Frau war.

Nach meinem Gebet nahm ich gleich mehrere Geistwesen um mich wahr. Darunter waren viele weibliche und einige sehr starke männliche Energien. Ich begann, meine Empfindungen und Beobachtungen weiterzugeben, und hoffte, die anwesenden Geister seien die, mit denen sie Kontakt aufnehmen wollten.

»Wissen Sie, Don, als Sie hereinkamen, stand ein junger Mann hinter Ihnen. Er sieht bei seinem Tod jung aus. Haben Sie einen verstorbenen Sohn?«

Sie sahen einander verwundert an, und sehr zögernd wandte er den Blick zu mir und bestätigte die Aussage.

»Er sagt, er liebe Sie sehr, wirklich sehr, und Sie hätten nichts zu befürchten. Er liebt Sie wirklich. Er liebt Sie. Er wiederholt das immer wieder. Bedeutet Ihnen der Anfangsbuchstabe A etwas? Kannte er jemanden, der Adam hieß?«

»Ich glaube nicht«, antwortete Sue.

Ich sah Don an und berichtete ihm von seiner Mutter und seinem Vater. »Ihr Sohn sagt, Ihre Mutter und Ihr Vater seien heute hier. Sie sind Hand in Hand mit Ihrem Sohn hergekommen. Sagt Ihnen der Anfangsbuchstabe M etwas?«

»Ja, das ist mein Vater. Er hieß Mike«, antwortete Don.

»Dann ist auch eine Dame namens Lillie, Millie oder Ellie da.«

Sue fiel ein: »Das ist meine Schwester. Sie ist auch gestorben.«

»Hat man sie auch Babs genannt?«

»Ja, unter anderem.«

»Ihre Schwester ist sehr witzig. Sie und Ihr Vater machen zusammen Witze. Sie kommen gut miteinander aus. Aber Ihr Sohn möchte etwas sagen. Er sagt, er sei heute abend hier der Ehrengast. War er in einem Krankenhaus?«

»Ja.«

»Er sagt, es sei ihm sehr schlecht gegangen. Kam es denn überraschend? Er sagt, die Leute seien furchtbar erschrocken, es sei ganz unerwartet gewesen. Es klingt wie ein Unfall. Hat er Kopfverletzungen gehabt?«

»Ja, genau.«

Die Raskins faßten einander fest an den Händen.

»Ich spüre seine Kopfschmerzen. Ich glaube, daß auch sein Hals betroffen war. War er eine Zeitlang in einem Helikopter? Er weiß über den Helikopter Bescheid.«

»Ja. Er wurde mit dem Helikopter ins Krankenhaus geflogen.«

»Er vermittelt mir ein starkes Klettergefühl. Er zeigt mir einen Berg. Dann spüre ich auch, wie ich ausrutsche oder falle. Verstehen Sie das?«

Sie fingen beide an zu weinen und bestätigten, das stimme.

Ich fuhr fort: »Er sagt, er habe immer gewußt, daß ihm so etwas zustoßen würde. Er hat immer auf Messers Schneide gelebt. Sie hätten nichts dagegen tun können. Machen Sie sich keine Schuldgefühle mehr deswegen – Sie hätten ihn nicht davon abhalten können. Hat er je an Fallschirmspringen gedacht? Er zeigt mir Fallschirmsprünge. Er sagt, wenn er nicht bei einer Bergtour gestorben wäre, wäre er beim Fallschirmspringen umgekommen.«

Don meldete sich zu Wort: »Er war immer abenteuerlustig und hat ständig allerhand unternommen.«

»Hat er gerne fotografiert? Er sagt, er habe überall auf der Welt Aufnahmen gemacht. Er weiß, daß Sie sich seine Bücher angesehen haben. Er sagt, es gebe kein einziges Bild in seinen Alben, das eine annähernde Ahnung von dem Ort vermittelt, wo er ist. Die Farben des Himmels seien ... unglaublich mannigfaltig. Unbeschreiblich! Lila und rosa. Sorgt Euch nicht wegen mir, sagt er. Ich erlebe hier ein großes Abenteuer. Wer ist Tam oder Tammy?«

»Seine Schwester.«

»Könnten Sie ihr sagen, er liebe sie und danke ihr für all ihre guten Wünsche, guten Gedanken, ihre Gebete und ihre Liebe. Sie bedeuten ihm sehr viel.«

»Ja, das tun wir auf jeden Fall.«

»Hat seine Nichte ihm einen Brief oder eine Karte geschrieben?«

Don antwortete: »Ja, ich glaube schon, bei der Beerdigung.«

»Sagen Sie ihr bitte, sie habe Ihrem Sohn sehr gefallen. Er erwähnt auch jemanden namens Mark. Kannte er einen Mark?«

»Ja, das war sein bester Freund.«

»Grüßen Sie ihn von Doug. Sagen Sie ihm bitte, er werde stets in seiner Nähe sein, und sie würden immer gute Freunde bleiben.«

Dann sah ich Don an, der gar nicht gut aussah. Mir wurde klar, daß Trauer sein Leben beherrschte; er sah nur noch wie eine leere Hülle aus. Ich übermittelte ihm die Sorge seines Sohnes wegen seiner Gesundheit.

»Don, Doug sagt, Sie sollten achtgeben, daß Sie kein Magengeschwür bekommen. Er sagt, Sie hätten Schlafstörungen. Waren Sie deswegen beim Arzt?«

»Ja, erst letzte Woche. Er hat mir Schlafpillen verschrieben.«

»Er möchte Ihnen beiden sagen, Sie hätten ihm geholfen, sein Leben voll auszukosten. Sie haben ihn immer unterstützt. Sie haben immer an ihn geglaubt. Sie sind die besten Eltern gewesen. Sie sind großartig, sagt er. Haben Sie bei der Beerdigung ein Foto von ihm verwendet?«

»Ja.«

»Er zeigt mir ein Brett mit vielen Fotos, und in der Mitte ist ein großes. Er sagt, es sei Ihnen schwer gefallen, dieses Hauptfoto zu finden.«

Sie mußten beide lachen, und Sue meinte: »Wir haben überall nach diesem wichtigsten Foto gesucht – wir hatten ja so viele Bilder von Doug auf seinen vielen Reisen.«

»Er hat gesehen, wie viele Leute gekommen sind, und hofft, daß Sie nicht zuviel Arbeit mit der Beerdigung hatten.«

»Wir wollten das so haben. Wir wollten damit sein Leben feiern.«

»Doug sagt, Sie hätten die Musik für den Gottesdienst ausgesucht – sie habe schottisch oder irisch geklungen, wie Enya.«

»Genau, es war Enya!« staunte Sue.

Ich sah Don an, als Doug die nächste Frage an ihn stellte.

»Don, treiben Sie gewöhnlich Sport? Doug zeigt mir nämlich ein Pferd. Warum gehen Sie nicht beide zusammen mal auf einen gemeinsamen Ausritt?«

Don antwortete: »Mein bester Freund und ich reiten zusammen aus. Das ist das Hemd, das mir Doug dafür geschenkt hat.«

»Genieße es, Vater, bitte amüsier dich für mich. Sei fröhlich.«

Dann kam eine höchst überraschende Frage durch, und die Antwort versetzt mich noch heute in Erstaunen.

»Haben Sie ein Foto von ihm kopiert oder reproduziert? Er lacht über dieses Bild, als sei es ein Privatwitz oder so etwas.«

»Das Foto wurde auf einer Reise mit Doug aufgenommen. Unserer Tochter fiel eine helle Stelle mitten auf dem Bild auf, die aussah wie ein herzförmiges Rauchwölkchen. Sie konnte die Worte *Ich liebe euch* im Herzen erkennen und hat das Bild vergrößern lassen.«

»Er sagt: ›Das war ich‹ und lacht darüber. ›Versteht Ihr? Das war ich. Das war mein Geschenk an euch. Betrachtet es als eine Postkarte aus dem Himmel‹.«

Diese Mitteilung zeigt einmal mehr, daß die Liebe sogar Macht über die Materie hat. Im weiteren Verlauf der Séance kamen noch Dons Eltern und seine Tante Bea durch. Alle beschrieben in allen Einzelheiten, wie sie Don als Kind gekannt hatten. Dann fiel Doug wieder ein und redete bis zum Ende der Sitzung. Jeder seiner Gedanken war ein weiterer erstaunlicher Beweis für das Leben nach dem Tod.

Ich fragte Sue: »Haben Sie Zeitungsartikel mit der Schere ausgeschnitten?«

»Ja.«

»Sie haben alle um Sie herumgestanden und haben Ihnen beim Ausschneiden zugeschaut. Wann war das?«

»Letzte Woche. In der Zeitung war ein langer Artikel über Doug und seinen Tod. Es war nicht einfach ein Nachruf, es ging um den Fujiyama.«

»Haben Sie vor, ein Album oder Erinnerungsbuch anzulegen? Er sagt, Sie würden alles zusammentragen, aber Sie hätten noch nichts eingeklebt. Sie haben es einfach hineingelegt. Er weiß das.«

Beide lächelten, und ich fuhr fort.

»Kieto. Was hat das zu bedeuten?«

»Das ist ein kleiner Ort in Japan, nicht weit vom Unfallort entfernt. Wir waren mit ihm dort.«

»Hatte er ein Fahrrad? Ein Mountainbike? Wissen Sie etwas über das Rad?«

»Wir lassen es uns gerade schicken.«

»Er sagt, er habe das Foto von ihm am Fuß des Fujiyama sehr gemocht. Haben Sie dieses Foto?«

»Nein, aber manche Bilder werden vom Kletterteam gerade entwickelt, und wir haben sie noch nicht bekommen.«

»Vergessen Sie bitte dieses eine nicht.«

»Nein, bestimmt nicht.«

Die Sitzung dauerte noch etwa eine Viertelstunde an. Die Raskins fühlten sich beim Heimgehen ganz anders als beim Herkommen. Der Ausdruck auf Dons Gesicht ließ eindeutig erkennen, daß er nun auf dem Weg zur Genesung war. Nicht nur wußten jetzt beide, daß ihr Sohn noch immer lebte, sondern auch, daß er ständig in ihrer Nähe war.

Später erfuhr ich, daß Doug Raskin kein gewöhnlicher Sohn gewesen war; er schien ein Engel vom Himmel gewesen zu sein. Er hatte viele Jahre lang fremde Länder bereist und den Armen geholfen. Er war sogar mit Nahrungsmitteln auf dem Rücken durch wilde Gewässer geschwommen, um den Armen etwas zu essen zu bringen. Er war abenteuerlustig und hilfsbereit, und alle, mit denen er zu tun gehabt hatte, hatten seine Ausstrahlung ganz offensichtlich gespürt.

Etwa zwei Monate nach dieser ersten Sitzung klingelte das Telefon wieder, und Sue Raskin war am Apparat. Sie erzählte, sie habe eben Post bekommen – Dougs Klettergruppe habe die Fotos geschickt: »Das erste Bild, das ich herauszog, war Doug am Fuß des Fujiyama, und er lacht über das ganze Gesicht.«

# Teil III

# Der nächste Schritt

# 9

# Jenseits der Trauer

*Alles hat seine Stunde.*
*Für jedes Geschehen unter dem Himmel*
*gibt es eine bestimmte Zeit:*
*eine Zeit zum Gebären*
*und eine Zeit zum Sterben ...*

Prediger Salomo 3,1-2

Kann man den Verlust eines lieben Menschen überhaupt je überwinden? Kann man ein neues Leben beginnen, ohne daß der geliebte Mensch es mit einem teilt? Helfen die Erinnerungen an schöne Zeiten, die man zusammen verbracht hat, ein neues Leben zu beginnen?

Auf solche Fragen gibt es keine einfache Antwort. Wenn jemand aus der irdischen in die geistige Welt eingegangen ist, erleben wir ihn nicht mehr körperlich wie früher. Aber wir können ihn dennoch spüren und an unserem Leben teilhaben lassen, indem wir seine Erinnerung im Herzen bewahren und begreifen, daß er als geistiges Wesen, das nun nicht mehr durch materielle Gesetze gebunden ist, häufiger denn je zuvor bei uns ist.

Wie es in der zitierten Bibelstelle heißt, gibt es für jedes Geschehen und jede Erfahrung auf dieser Welt eine Zeit und einen Ort. Jedesmal, wenn wir wieder auf die Welt kommen, wächst unsere Seele ein Stück weiter. Jede Begebenheit im

Leben bestimmt und mißt gleichzeitig unser Wachstum. Wie die Jahreszeiten, in denen Pflanzen im Winter absterben, um im Frühjahr wiedergeboren zu werden, gibt es kein Leben ohne Ende und Neuanfang. Alles, was wir tun, dient dem Wachstum.

Zu diesem Zweck macht jedes Lebewesen auf dieser Welt auf die eine oder andere Weise Verlusterfahrungen. Es kann sich um den Verlust des Arbeitsplatzes handeln, Verlust durch Scheidung, einen Unfall oder ein Verbrechen. Es kann sich um ein unerreichtes Ziel handeln oder einfach nur um das Altern. Diese Verluste kann man als betrübliche Veränderungen der Lebensumstände betrachten, aber häufig stellen wir fest, daß auch diese ihre Zeit und ihren Platz im Leben haben. Wenn wir diese Verlusterfahrungen zulassen und transformieren wollen, können sie Schritte auf dem Weg zu einem gesünderen, ausgefüllteren und zentrierteren Leben werden. Der erste Schritt besteht darin, die Trauer zu erkennen und damit umzugehen.

### *Wie man Trauer erkennt*

Trauer nimmt viele Formen an – sie zeigt sich körperlich, geistig und auf der Gefühlsebene. Hoffnungslosigkeit, Sorgen, Schlaflosigkeit, Angst, Verzweiflung, Reizbarkeit, Ärger, Depression, Übelkeit, Atemnot, Herzklopfen, sogar Selbstmordgedanken kann man alle als Zeichen oder Symptome für Trauer oder Kummer bezeichnen. Man sollte sich unbedingt darüber im klaren sein, daß es völlig normal und natürlich ist, um den Verlust eines Menschen (oder auch einer Arbeit) zu trauern. Wenn wir trauern, haben wir das Gefühl, als sei das Leben vorbei und werde nie mehr sein wie früher. Es kommt uns vor, als könnten wir keinen einzigen Tag mehr ohne den Menschen, den wir verloren haben, weitermachen. Wir glauben, die ganze Welt stünde auf dem Kopf. Nichts mehr scheint zu stimmen oder den geringsten Sinn zu haben. Wir sind offenbar in jedem Lebensbereich völlig aus dem Gleichgewicht geraten. Wir können nicht mehr klar denken, keine richtigen Entscheidungen mehr treffen. Häufig stellen wir fest, daß wir unsere Gefühle nicht mehr in der Hand haben, oder wir brechen immer wieder wegen der geringsten Kleinigkeit in Tränen aus. All diese Gefühle gehören zur Trauer und sollten nie abgetan oder als falsch beurteilt werden.

In solchen Zeiten vernachlässigen Hinterbliebene ihr eigenes körperliches, gefühlsmäßiges und geistiges Wohlergehen häufig. Daher ist es äußerst wichtig, daß jeder lernt, mit seinem Kummer umzugehen, um ein gewißes Maß an Wohlbefinden wiederzugewinnen.

Und wie sollen wir das bewerkstelligen? Wie erholen wir uns von der Trauer? Zwar behandelt dieses Buch vor allem den Verlust geliebter Menschen, aber die folgenden Stadien lassen sich auf jeden Verlust anwenden – den Verlust eines Menschen, Haustiers, einer Wohnung, Arbeit oder auch auf den Verlust der Gesundheit bei einer chronischen Krankheit. Der folgende Heilungsprozeß läßt sich auf die meisten Situationen anwenden, in denen wir etwas verloren haben.

**1. Schock**

Wenn jemand hört, daß einer seiner Lieben gestorben ist, reagiert er meistens als erstes mit Schock oder ist wie vor den Kopf gestoßen und denkt: *Das kann nicht sein.* Vielleicht weist er die Vorstellung, der Verlust habe stattgefunden, sogar ganz von sich. Er ist wie in Trance, geht wie im Traum herum, ohne irgend etwas um sich wahrzunehmen. Später erinnert er sich möglicherweise nicht einmal mehr an die ersten Tage nach der Todesbotschaft. Mit einem solchen Gedächtnisverlust kommt uns die Natur zu Hilfe. Durch Abschalten versuchen wir unbewußt, mit der plötzlich eingetretenen Veränderung in unserem Leben zurechtzukommen.

Der erste Schock kann wenige Stunden bis mehrere Tage andauern, und wenn er nachläßt, ist es wichtig, einen engen Freund oder lieben Menschen als Beistand im Umgang mit der Trauer in der Nähe zu haben. Bei der Beerdigung stehen uns meistens Verwandte und Freunde zur Seite, später sind sie weg. In der Regel läßt der Schock aber gerade dann nach, und dann bräuchte man jemanden am dringendsten. Erst dann setzt der wirkliche Schmerz ein.

Denken Sie daran, wenn Sie diese schmerzliche Phase durchlaufen, daß es völlig normal ist, zornig und verletzt auf einen Verlust zu reagieren. Sie kommen darüber hinweg. Das Leben findet langsam wieder seine geregelte Bahn.

**2. Verdrängung**

Sind wir verletzt, neigen wir immer dazu, den Schmerz zu verdrängen. Dadurch wird er anscheinend gelindert. Wir möchten den Schmerz so sehr wegdrängen, daß wir ihn einfach verleugnen und dann glauben, er existiere nicht mehr. Wieder versuchen wir unbewußt mit dem Verlust zurechtzukommen. Verdrängung zeigt sich auf vielerlei Arten:

- Wir verlieren das Interesse an alltäglichen Dingen oder kümmern uns nicht mehr darum.
- Wir schlafen zuviel oder leiden unter Schlaflosigkeit.
- Wir verlieren den Appetit.
- Wir vernachlässigen unsere Körperpflege.
- Wir verfallen in Depression und können uns nicht mehr daraus befreien.

Wie gesagt, sollte man unbedingt wissen, daß Verdrängung eine normale Übergangsphase in Trauerzeiten ist, und wir schließlich darüber hinwegkommen.

**3. Gefühle zulassen**

Der erste Schritt auf dem Weg zur Selbstheilung ist der, die Situation so anzunehmen, wie sie ist: Man hat einen Verlust erlitten. Der Verlust ist real, und man muß sich das unbedingt eingestehen. Natürlich kommen Gefühle dabei hoch. Vergewissern Sie sich, *daß Sie etwas empfinden!* Unterdrücken Sie weder Ihre Wut noch Trauer, Bestürzung oder Hilflosigkeit. Diese Gefühle sind alle ganz natürlich. Überdecken oder verstecken Sie sie nicht in der Annahme, Sie würden sich sonst unreif verhalten oder *das sei inakzeptabel.* Wenn es Ihnen nach Weinen zumute ist, weinen Sie. Lassen Sie Ihren Tränen freien Lauf! Weinen ist eine natürliche Reaktion und für die körperliche Heilung unerläßlich. Die Wissenschaft hat tatsächlich nachgewiesen, daß Kummertränen sich biochemisch von Lach- und Freudentränen unterscheiden. Weinen hilft dem Körper also, bestimmte chemische Stoffe auszuscheiden.

Selbstverständlich denken Sie häufig an den geliebten Menschen, und dabei kommt vielleicht auch Wut in Ihnen hoch. Wenn Sie das merken, lassen Sie auch Ihrer Wut freien Lauf, ohne sich oder anderen dabei zu schaden. Lassen Sie Ihren Zorn beispielsweise aktiv durch Sporttreiben verrauchen, schlagen Sie auf ein Kissen ein, oder verziehen Sie sich irgendwohin und schreien nach Herzenslust. Es ist nur verständlich, daß Sie verletzt sind und leiden, und Ihrer Wut auf unschädliche Weise Luft zu machen tut gut und ist gesund.

Beurteilen Sie sich bitte nicht nach Vorstellungen, was Sie empfinden *sollten.* Wir sind alle verschieden, und unsere Beziehungen zu anderen sind einmalig und typisch für uns. Deshalb reagieren wir alle unterschiedlich auf dieselbe Situation, besonders bei einem Verlust. Beurteilen Sie sich nicht nach den Gefühlen anderer. Es gibt hier weder richtig noch falsch.

Gewöhnlich möchten wir alle den Schmerz so rasch wie möglich loswerden, deshalb versuchen wir es manchmal mit Beruhigungsmitteln; möglicherweise brauchen wir sie auch vorübergehend als Hilfe. Aber auf lange Sicht behindern Medikamente unseren Fortschritt, und zudem tauchen die Gefühle, die wir zu unterdrücken versuchten, in der Regel doch irgendwann wieder auf.

In den vielen Sitzungen über all die Jahre habe ich Hunderte von Menschen kennengelernt und sehe sofort, wenn jemand Verlustgefühle nicht aufgearbeitet hat. Es zeigt sich schon im Körper, denn das Äußere ist ein Spiegel des Inneren. Wenn man Gefühle stark unterdrückt, wird man krank. Die nicht aufgearbeitete Trauer nagt buchstäblich an einem und zeigt sich in unzähligen gesundheitlichen Problemen und Krankheiten einschließlich Fettleibigkeit, Allergien, diversen Wehwehchen, Atemproblemen und manchmal Krebs.

Wollen wir also gesund bleiben, kommen wir nicht umhin, die Trauer ganz durchzuleben. Gefühle sind das Barometer unserer Lebendigkeit.

**4. Zugeben und annehmen**

Haben wir nun Schock, Verdrängung, Schmerz und Zorn durchlaufen, kommt die Phase, in der wir den Tod zur Kenntnis und annehmen müssen. Das ist der erste Schritt, um wieder ein Gleichgewicht im Leben zu erreichen. Den Tod eines geliebten Menschen zu akzeptieren bedeutet nicht, daß wir seinen Tod gutheißen. Wir sehen die Dinge jetzt einfach realistisch. Wir verstehen, daß der Betreffende weitergegangen ist und wir ihn nun nicht mehr körperlich sehen. Aber wir werden ihn wiedersehen, wenn es für uns an der Zeit ist, in die geistigen Gefilde überzuwechseln.

Verlust ist Verlust, daran ist nicht zu rütteln. Der Schmerz, den Sie empfinden, entspricht der Intensität des Gefühls, das Sie für den Verstorbenen empfanden. Vergessen Sie aber nie, daß Schmerzempfinden ein Zeichen für Heilung ist. Sie können Ihre Kraft wiedererlangen und werden es auch, Sie werden weiterleben und die Lernerfahrungen machen, für die Sie hergekommen sind.

**5. Praktische Fragen lösen**

Nicht nur müssen Sie gefühlsmäßig mit dem Verlust fertig werden, sondern auch finanziell und ganz praktisch eine gewisse Ordnung in Ihren Alltag bringen, besonders wenn der Verstorbene sich in Ihrer Beziehung um alle Geldangelegenheiten gekümmert hat. Scheuen Sie sich nicht, um Hilfe zu bitten. Unter den Verwandten oder Freunden findet sich vielleicht jemand, der Ihnen in dieser Hinsicht raten und möglicherweise sehr viel mehr helfen kann, als Sie glauben.

Forderungen der Krankenkasse oder Versicherung gegenüber lassen Sie am besten für sich erledigen, damit Sie ruhiger und finanziell ungebundener sind. Je rascher Ordnung in diesen Dingen herrscht, desto erleichterter fühlen Sie sich in der Regel. Sie werden wissen wollen, wie Sie finanziell dastehen und Aufstellungen Ihrer Wertpapiere und Bankguthaben und so weiter machen. Vielleicht sollten Sie auch Ihre Ausgaben, Schulden und Darlehen aufstellen, um die entsprechenden Zahlungen vornehmen zu können. Unter Umständen müssen Sie etwas verkaufen. In manchen Fällen werden Sie Gläubiger über den Todesfall unterrichten müssen, damit diese sich danach richten können.

Ebenso müssen Sie sich um alle gesetzlichen Fragen kümmern, die Sie und den Verstorbenen betrafen. Für die meisten praktischen und finanziellen Belange brauchen Sie eine Kopie des Totenscheins oder Erbscheins. Und eventuell brauchen Sie bei einer Erbschaft oder Besitzaufteilung einen Anwalt.

**6. Weitergehen**

Wenn die Sonne untergeht, geht sie auch wieder auf. Sie haben eine äußerst gefühlsgeladene und angespannte Zeit hinter sich, die zuweilen so unerträglich schien, daß Sie nicht mehr weitermachen wollten. Aber jetzt ist die Zeit gekommen, und Sie sind bereit, Ihr Leben einmal mehr zu überdenken und weiterzugehen. Ein neues Lebenskapitel hat für Sie begonnen.

Das wäre der Zeitpunkt, in dem Sie sich Rat bei einer Selbsthilfe- oder Trauergruppe holen könnten. Es gibt vielerlei Hilfen für Menschen, die Verluste aller Art erlitten haben, beispielsweise eines Ehepartners, Kindes, von Bruder oder Schwester, andere wieder helfen beim Verlust eines Menschen durch Aids oder Krebs weiter. Die Teilnehmer haben ähnliche Verluste erlitten und sind genauso verletzt wie Sie. Alle brauchen Hilfe, um weiterleben zu können. Gehen Sie einfach probeweise einmal in eine solche Selbsthilfegruppe. Wägen Sie ab, ob Sie dazupassen und sich mit den anderen Teilnehmern verstehen. Vielleicht wäre es Ihnen lieb, daß jemand unter Ihren Freunden oder Verwandten Sie das erstemal begleitet. Vor allem aber: Haben Sie keine Angst, um Hilfe zu bitten.

Gerade dann tut es Ihnen vielleicht auch gut, regelmäßig Sport zu treiben. Gehen Sie in einen Turnklub, spielen Sie Tennis oder Golf, gehen Sie täglich spazieren oder joggen. Körperbewegung ist wichtig, damit Ihr Verstand klar und Körper und Gefühle im Gleichgewicht sind. Körperliche Betätigung baut Ärger ab, löst Depressionen auf und setzt wohltätige Hormone im ganzen Körper frei.

Wie gesagt, findet die Heilung beim Trauern nicht von heute auf morgen statt. Man kann unmöglich sagen, wie lange jemand braucht, um sich wieder ganz zu fühlen und ein neues Leben zu beginnen. Aber Ihre Lieben werden immer in Ihrer Nähe sein, auch wenn Sie ihre Gegenwart nicht wahrnehmen. Sie können stets in Erinnerung an glückliche und frohe Zeiten die damaligen Gefühle zurückholen. Setzen Sie Ihre Erinnerungen nicht herab, sie sind ebenso wertvoll wie damals, als die jeweiligen Ereignisse stattfanden.

## *Schädliche Verhaltensweisen erkennen*

Es hilft, zu wissen, daß es immer wieder Rückschläge gibt. Deshalb sollte man auch auf Gefühle und Stimmungsschwankungen achten. Manche fallen in Verdrängung zurück und schieben die Tatsache beiseite, daß der Betreffende gestorben ist. Andere kommen überhaupt nicht aus dem Verdrängen und Trauern heraus und verhalten sich manchmal selbstzerstörerisch. Achten Sie auf folgende Anzeichen – treten sie über längere Zeit auf, ist fachkundige Hilfe nötig.

- Wenn jemand anfängt, mit Selbstmordgedanken zu spielen. Das ist am Anfang normal; ständige Überlegungen über das genaue Vorgehen sind hingegen ein Warnsignal. Suchen Sie vorsorglich Hilfe.
- Wenn jemand trauert, braucht er möglicherweise am Anfang Medikamente, etwa ein Beruhigungs- und ein Stimulierungsmittel. Da man jedoch leicht von solchen Hilfen abhängig wird, sollte man sie nur unter Kontrolle einnehmen. Manchmal versucht jemand, den empfundenen Schmerz

und Schock damit zu kaschieren. Dann ist ärztliche Hilfe nötig. Je rascher man keine Medikamente mehr nimmt, desto schneller lichten sich die Nebel, und desto schneller kann mit dem Verlust umgegangen werden; dann setzt die Heilung ein.

– Wenn sich jemand überhaupt nicht mehr für die alltäglichen Dinge interessiert und sich nur noch quält oder lange allein in einer Depression hängenbleibt, ist es höchste Zeit, einen auf Trauerarbeit spezialisierten Therapeuten aufzusuchen. Dieser kann Hilfestellungen geben und den Betreffenden wieder in die Realität zurückholen.

Trauer schmerzt, dennoch gehört sie zu den Lebenserfahrungen, die wir alle notgedrungen machen. Jeder empfindet den Verlust eines geliebten Menschen. Nun gilt es zu begreifen, daß wir auch ohne ihn weiterleben.

Zwar ist es Ihnen vielleicht nicht klar, daß Ihr Licht auf dieser Welt gebraucht wird. Es gibt niemanden wie Sie auf Erden, weil Sie einmalig sind. Die Menschen brauchen Sie! Wenn Sie jemanden verloren haben, empfinden Sie vielleicht selbstauferlegte Schuldgefühle, glauben, nichts wert zu sein, und denken etwa: *Hätte ich bloß* oder *Wenn ich nur*... aber diese Selbstbeschuldigungen sind nicht nötig. Nähren Sie diese Gefühle nicht. Erkennen Sie, daß Ihre Trauer Sie anderen gegenüber, die in einer ähnlichen Lage sind, empfindsamer macht. Eines Tages werden Sie anderen in ihrer Trauer beistehen können. Der Verlust, den Sie erleiden, und mag er noch so groß sein, ist nichts im Vergleich zu Ihrer eigenen inneren Größe. Seien Sie gut zu sich selbst, und umarmen Sie sich! Sagen Sie sich, wie sehr Sie sich dafür lieben und schätzen, daß Sie am Leben sind und die Kraft und den Mut haben, dieses unglaubliche Abenteuer zu bestehen, das man Leben nennt!

# 10

# Kontakt aufnehmen

Außerordentlich viele Menschen haben mir gesagt, wie sehr sie sich dafür interessierten und wünschten, selbständig Kontakt mit ihren verstorbenen Lieben aufzunehmen. Andere, die spüren, daß sie ebenfalls eine starke übersinnliche oder mediale Veranlagung haben, möchten diese Begabung fördern. In diesem Kapitel will ich Hinweise für beide Fälle geben. Es wäre allerdings nicht recht, wenn ich denen, die einfach nur mit ihren Lieben Kontakt aufnehmen möchten, diese Anweisungen lieferte, ohne ihnen zuvor ein paar Grundsätze über die medialen Vorgänge mitzugeben. Ich glaube jedenfalls, daß Sie um so bessere Ergebnisse erzielen, je mehr Sie darüber wissen. Deshalb bitte ich Sie, das Nachfolgende sorgfältig zu lesen und je nachdem auch einzusetzen.

Das Ganze ist kein Spiel. Die Absicht liegt mir fern, Ihnen irgendwelche *Tricks* beizubringen, damit Sie andere mit Ihren übersinnlichen Fähigkeiten unterhalten können. Die Entwicklung Ihrer Intuition ist etwas Ernstzunehmendes und sollte mit dem nötigen Respekt unternommen werden. Sie können nicht einfach klingeln und erwarten, daß gleich ein Geist erscheint. Damit es Ihnen gelingt, müssen Sie daran arbeiten. Außerdem zeigen Ihre Ergebnisse an, wieviel Disziplin und Zeit Sie aufwenden und wie ernsthaft Sie Ihre Fähigkeiten entwickeln wollen. Sie sollten aber auch wissen, daß Ihre Familienangehörigen in der geistigen Welt genauso wie Sie Kontakt mit Ihnen aufnehmen möchten und alles Erdenkliche tun, um Sie wissen zu lassen, daß sie am Leben sind.

Geistwesen sind ständig um uns; manchen gelingt es, ohne viel Dazutun unsererseits bis zu uns durchzudringen, anderen fällt das recht schwer. Wir sind alle medial veranlagt. Wie wir schon sahen, ist ein Medium ein *Mittler*, ein Instrument der geistigen Welt, um eine bestimmte Nachricht weiterzugeben. Was sonst ist mediale Veranlagung, als von Gedanken, Worten oder Gefühlen, die nicht unsere sind, inspiriert zu sein? Maler, Musiker, Ärzte, ja sogar Küchenchefs und fast jedes Lebewesen hat inspirierte Gedanken. Häufig glauben wir, es seien unsere eigenen, aber meistens stammen sie aus geistigen Gefilden. Dank dieser Eingebungen zeigt sich unsere Kreativität von ihrer besten Seite. Kreativität ist nicht auf die Kunst beschränkt. Ein Arzt, der das Skalpell ansetzt, ist genauso kreativ wie eine Tänzerin, die eine Pirouette dreht.

Wenn wir erwägen, Kontakt mit dem Reich des Geistes aufzunehmen, gilt es als erstes, das in dem Bewußtsein zu tun, daß die geistige Welt oder die Schöpferkraft Gottes nicht auf einen Bereich in den Wolken beschränkt ist, der sich außerhalb unserer Reichweite befindet. Vielmehr ist diese Schöpferkraft über, unter, um uns und durchdringt uns. Sie ist mit unserer materiellen Welt verwoben. Man sollte wissen, daß diese materielle Welt nur eine Dimension von vielen ist, unser Sonnensystem nur eines von vielen und das Wesen namens Mensch nur eine Art unter vielen. Unsere erste Lektion besteht also darin, uns geistig völlig aufzuschließen und uns mit Demut und Liebe an diese Arbeit zu machen. Wenn wir uns den geistigen Gefilden öffnen, sollten wir mit soviel verfügbarem Wissen wie möglich beginnen. Je besser wir die Methoden, nötigen Umgangsformen und geistigen Naturgesetze kennen und beherrschen, desto erfolgreicher wird unsere mediale Arbeit sein und desto deutlicher und genauer sind die Ergebnisse.

Als ich diesen Weg einschlug, las ich über hundert Bücher aus allen Teilen der Welt darüber, und zwar sowohl zeitgenössische als auch solche, die vor bis zu fünfzig Jahren und mehr geschrieben wurden. Ich unterhielt mich mit möglichst vielen übersinnlich Begabten, Medien und spirituellen Lehrern und besuchte viele Freikirchen in meiner Nähe. Mich interessierte diese Arbeit, weil ich Menschen helfen und die Liebe und das Wissen um das Leben nach dem Tod verbreiten wollte. Wenn Sie einfach nur Kontakt mit Ihren Lieben oder Führern aufnehmen wollen, ist Ihre Motivation eine ganz andere. Sie brauchen nicht so viele Hausaufgaben zu machen wie ich. Vergessen Sie jedoch nie: Je mehr Sie über diese Arbeit wissen, desto leichter verstehen Sie sie und erzielen Ergebnisse.

Disziplin spielt eine sehr große Rolle bei der Entwicklung aller geistigen Gaben und jeder Kommunikation mit den Geistern. Wenn Sie Ihre Verwandten in der geistigen Welt zu erreichen wünschen, heißt das noch nicht, daß Sie einfach das Licht auszumachen brauchen, und dann erscheinen sie wie durch Zauberhand. Machen Sie sich mit der nötigen Disziplin und dem nötigen Ernst an die Arbeit. Alles, was man aufs Geratewohl unternimmt, kann gefährlich werden, und dann sind auch die Ergebnisse alles andere als zufriedenstellend. Wie gesagt, wenn Sie Verbindung mit der geistigen Welt aufnehmen oder sich ihr öffnen wollen, empfehle ich Ihnen, das nicht als Unterhaltung oder aus Neugier zu tun, sondern mit Ehrfurcht, Demut, Disziplin und Achtung. Ihre spirituelle Entwicklung ist weder ein billiger Trick noch ein ausgefallenes Vergnügen. Das Ergebnis entspricht immer dem Aufwand, und Sie bekommen genau das aus Ihrer Arbeit heraus, was Sie hineinstecken. Machen Sie sich also in Anerkennung der hier gültigen materiellen und geistigen Gesetze ans Werk. Bevor Sie beginnen, sollten Sie die wichtigsten dieser Gesetze kennen und wissen, wie sie mit Ihrer Entwicklung zusammenhängen.

## *Motivation und Wunsch*

Aus welchem Grund möchten Sie Ihre inneren Fähigkeiten entwickeln und Verbindung zu Ihren Lieben aufnehmen? Ist es etwas Frivoles, etwa um sie nach der Gewinnzahl im Lotto zu befragen? Oder wollen Sie erfahren, wo ein Verwandter sein Testament gelassen hat, damit Sie Ihren Anteil an seiner Hinterlassenschaft bekommen? Wollen Sie den Namen des Mörders Ihres Kindes in Erfahrung bringen? Oder ist es einfach Neugier? Wenn Sie sich aus einem dieser Gründe dafür interessieren, würde ich Ihnen raten, einen guten Krimi oder Thriller zu lesen und die nötige Spannung aus dieser Lektüre zu beziehen. Sie können nicht Kontakt aufnehmen, um sich zu rächen oder Ihre eigene Habsucht zu befriedigen. Im Geist ist für die Befriedigung von Eigeninteressen kein Platz; dort gilt nur die Arbeit selbstloser Liebe. Denn die Liebe ist der Faktor, der uns dem Geist am meisten näherbringt. Wenn Sie Verbindung aufnehmen, die geistigen Gefilde erkunden und damit selber innerlich vorankommen und Ihrerseits anderen weiterhelfen wollen, dann – und nur dann – wäre ich mit Ihrer Motivation einverstanden.

Wenn wir übersinnlich arbeiten, sollten wir uns entsprechend vorbereiten, um dem Geist einen reinen Übertragungsweg zu liefern. Die Vorbereitung findet nicht nur auf der physischen, sondern auch auf der emotionalen, mentalen und spirituellen Ebene statt.

Was den Körper betrifft, sollte man sich gesund ernähren. Je reiner die Nahrung, je reicher an vegetarischen Gerichten mit sehr wenig oder keinem raffinierten Zucker und Koffein, desto durchlässiger wird der Körper für Geistiges. Rotes Fleisch verlangsamt die Körperschwingungen besonders und beeinträchtigt daher auch die höheren Ebenen der eigenen Aufnahmefähigkeit. Die wichtigsten Drüsen bei dieser Arbeit sind die endokrinen Drüsen, insbesondere die Nebennierendrüsen. Deshalb sollten wir sie schonen und möglichst wenig Belastungen aussetzen. Süßigkeiten und Koffein wirken sich nicht nur verheerend auf den Blutzuckerspiegel, sondern auch negativ auf die Nebennierendrüsen aus, weil sie deren Funktionen beschleunigen. Auch Alkohol senkt die natürlichen Körperschwingungen; daher sollte man nie trinken, wenn man sich darauf vorbereitet, für die geistigen Welten durchlässig zu werden. Ständiger Alkoholgenuß (wie übrigens auch das Einnehmen von Medikamenten oder Drogen) können durchaus Wesenheiten einer niederen Schwingung aus den Astralwelten anziehen. Solche Wesenheiten könnten Sie und die empfangenen Mitteilungen leicht negativ oder nachteilig beeinflussen. Man sollte daran denken, daß man sich vielen geistigen Ebenen gegenüber öffnet. Achten Sie also darauf, alles in Ihrer Möglichkeit Stehende zu tun, um Verbindung mit der höchsterreichbaren darunter aufzunehmen.

Auch Ihr Gefühls- und Geisteszustand erfordern einige

Vorbereitung. Bei dieser Arbeit ist es unumgänglich, auf ein ausgeglichenes Verstandes- und Gefühlsleben zu achten. Ihre Gedanken sind real und üben einen direkten Einfluß auf Ihre Befindlichkeit aus. Befleißigen Sie sich deshalb stets einer möglichst positiven Lebensanschauung. Dazu würde ich eine Meditation, Visualisierungsübung oder positive Affirmation morgens nach dem Aufwachen empfehlen. Es ist eine Tatsache, daß diese ersten Gedanken vielfach den Rest des Tages bestimmen.

Gefühle hängen mit dem Nervensystem zusammen. Ist dieses gestört und gestreßt, werden wichtige Kanäle verstopft, in denen die psychische Energie im Wirbelsäulenbereich des ätherischen Körpers auf- und absteigt. Sind die Chakras blockiert, können Sie keine reinen, subtilen geistigen Mitteilungen aufnehmen. Interessanterweise habe ich in Sitzungen feststellen können, daß sich meine Empfangszentren oder Kanäle durch die Gefühle eines Geistes verstopfen, der weinend durchkommt, weil er so aufgeregt ist, mit einem geliebten Menschen sprechen zu können. In jedem System arbeiten alle Teile im Einklang miteinander – kein Teil ist wichtiger als der andere. Achten Sie also darauf, ausgeglichen zu sein.

Ein weiteres wesentliches Element ist die Vorbereitung des spirituellen Selbst. Unsere spirituelle Arbeit besteht aus Dienst und Liebe. Wir sollten stets danach trachten, allen, mit denen wir in Berührung kommen, soviel Liebe und Verständnis entgegenzubringen wie nur möglich. Unsere geistigen Freunde und Führer möchten mit uns zusammenarbeiten. Deshalb sollten wir darauf bedacht sein, ihnen ein Instrument zur Verfügung zu stellen, das sich für sie lohnt. Die Geistwesen teilen uns nur zu gerne ihre Kenntnisse über die höheren Welten mit. Sie suchen stets nach jemandem, der die Botschaft der Liebe in alle Winkel der Erde trägt; ein Geistwesen kann jedoch nur Mitteilungen machen, die sich im Verständnisbereich des Mediums befinden. Wenn man mich zum Beispiel bitten würde, das Klavierkonzert von Brahms in d-moll zu spielen und ich keine Ahnung von Musik habe, kann ich es unmöglich spielen, weil es nicht in meinem Erfahrungsbereich liegt. Wenn ich hingegen jahrelang Klavierstunden nähme und ein Musikverständnis entwickelte, wäre Brahms zu spielen ein Kinderspiel für mich. Möchte man also qualitativ hochwertiges Wissen aus den himmlischen Welten weitergeben, sollte man sich ständig auf die höchsten geistigen Eigenschaften ausrichten, und die höchste davon ist die Liebe.

Fangen Sie damit an, bei allen Begegnungen und in jeder Handlung in Ihrem Leben Liebe und Hilfsbereitschaft einzubeziehen. Seien Sie ein wandelndes Beispiel des Liebesprinzips. Betrachten Sie alles als eine Äußerung jener schöpferischen Liebe, die wir Gott nennen. Seien Sie sich dessen bewußt, daß Beurteilungen nicht nötig sind, denn Urteile gehören zum niederen physischen Selbst oder Ego; mit welchem Recht beurteilen wir andere denn, weil sie eine bestimmte Lektion des Menschseins noch nicht gelernt haben? Urteilen beruht häufig auf Angst. Angst bedeutet, daß man nicht im Gottselbst lebt. Vielmehr läßt uns die Angst der Wahrheit den Rücken kehren. Wenn Sie also die Äußerungen des wahren Selbst besser verstehen wollen, müssen Sie alles Unwirkliche ablegen: Urteile, Vorurteile und die kleinen Streicheleinheiten für das Ego. Öffnen Sie sich statt dessen dem Licht der Toleranz und Liebe, der Liebe in ihrer reinsten Form, und versuchen Sie nicht, das Bild mit unnötigen Belanglosigkeiten zu vernebeln.

Wenn uns die Entfaltung unseres spirituellen Selbst am Herzen liegt, sollten wir versuchen, aus spiritueller Literatur, Meditation und ähnlichem zu lernen. Es gibt einem auch zu denken und holt einen wieder auf seinen Platz, wenn man einfach die Straße entlanggeht, sieht, wie die Lebensbedingungen auf unserem Planeten sind, und innerlich denen Licht und Liebe sendet, die sich verirrt haben und Führung brauchen.

## *Empfindsamkeit und Gewahrsein*

Der Umgang mit dem Reich des Geistes ist ein Umgang mit einer völlig anderen Welt als derjenigen, die wir mit unseren körperlichen Augen sehen. Um diese Arbeit richtig auszuführen, müssen wir zuerst die Außenwelt ausschalten und bereit sein, in eine Welt der inneren Sicht und des inneren Wissens einzutreten. Bei jedem Kurs, den ich gebe, beginne ich meinen Vortrag mit dem Hinweis an die Hörer, daß wir uns an die Erkundung einer neuen Welt machen, eines neuen, ganz eigenen Universums, der Welt unseres inneren Seins. Diese Welt ist jedem zugänglich, der sich die Zeit nehmen will, ihrer gewahr zu werden. Indem wir unser inneres Selbst kennenlernen und uns ihm öffnen, macht sich ein neues Bewußtsein in allen Bereichen unseres Lebens bemerkbar. Wir fangen an, erfüllter und glücklicher zu *leben*, als wir es uns je hätten träumen lassen. Im Zentrum dieser Welt begrüßen wir unser Gottselbst und nehmen die grenzenlosen Möglichkeiten wahr, die zu unserem inneren Wesen gehören. Wenn uns die Anwendung dieses *inneren Wissens* leichter fällt, lernen wir nach und nach, in jeder Lebenslage Angst durch Vertrauen zu ersetzen. Sind wir auf unserer Reise erst einmal an diesem Punkt angelangt, erscheint uns die materielle Welt nie mehr wie zuvor. Es ist sehr schwierig, wieder zu einer früheren Lebenssicht zurückzukehren.

Wollen Sie Ihrer inneren Welt gewahr werden, beginnen Sie

am besten mit einer Meditation. Als erstes schließen Sie die Augen und nehmen Ihre Atmung wahr. Dabei geht Ihnen auf, daß jedes Einatmen ein Geschenk Gottes ist und dementsprechend mit Ehrerbietung und Achtung behandelt werden sollte. Sie können nie wissen, wann Sie zum letztenmal einatmen. Beim Ausatmen werden Sie sich aller unnötigen Gedanken und negativen Gefühle, Frustrationen und Zweifel, die Sie hegen, bewußt und lassen sie los. Nehmen Sie Ihren Körper wahr! Spüren Sie jeden Muskel, jedes Organ, jedes Gewebe. Sehen Sie, wie Ihr Blut Ihren Körper frei durchströmt. Spüren Sie das alles! Gott hat Ihnen einen Körper nicht nur gegeben, damit das Leben auf dieser Erde weitergeht, sondern damit Sie sich von innen heraus entwickeln und zum höchsten geistigen Wesen werden. Nehmen Sie also alles wahr! Wenn Sie die Augen öffnen, sehen Sie nicht nur den Stuhl vor Ihnen, die Tür oder die Blumen. Betrachten Sie sie mit neuen Augen, den Augen der Seele, den inneren Augen. Wenden Sie Ihre Augen wie Hände an. Spüren Sie die Lebenskraft der Blumen und der Bäume. Stimmen Sie sich auf die Energieschwingung in jedem Lebewesen ein. Diese Energien sind ganz real, nur treten sie nicht so klar zutage. Es sind feinstoffliche Energien, die Sie nur gefühlsmäßig empfinden können.

## *Energie*

Alles ist *Energie!* Das zu verstehen ist ungeheuer wichtig. Moleküle der Lebenskraft umgeben uns und durchfließen uns die ganze Zeit. Daher sind wir alle Energiezentren, kleine eigene Welten mit Energie- und Schaltkreisen im und um den Körper herum. Diese Energiemuster, -farben und -schwingungen verändern sich aufgrund von Gedanken und Wünschen. Wir können Energie senden und empfangen, wenn unsere Kanäle offen und sensibilisiert sind.

Wie spüren wir die Energie?

Beginnen wir als Einführung in dieses Gebiet mit einer einfachen Übung. Schließen Sie die Augen, und halten Sie die Hände mit den Handflächen einander gegenüber etwa 50 cm auseinander. Behalten Sie sie etwa 3–4 Sekunden in dieser Stellung. Richten Sie Ihre gesamte Aufmerksamkeit auf den Raum zwischen den Handflächen, die Sie ganz langsam aufeinander zubewegen, als drückten Sie ein Akkordeon zusammen. Spüren Sie, wie es sich zwischen den Handflächen anfühlt, wenn diese sich einander nähern. Machen Sie Kreisbewegungen mit den Händen, und spüren Sie die kleinen Energieveränderungen. Vielleicht müssen Sie das einige Male versuchen, aber keine Bange, Sie werden es spüren. Sie können die Hand etwa 7 cm über jeden Körperteil halten und die Handfläche langsam darauf zubewegen. Je öfter Sie üben, desto besser nehmen Sie die Feinheiten der Energie wahr, die den Körper umgibt. Dabei fällt Ihnen vielleicht auf, daß sie sich an bestimmten Körperteilen dichter anfühlt als an anderen. Manche Körperteile sind aus vielerlei Gründen von mehr Energie durchdrungen als andere. Dazu gehören etwa Überbleibsel einer alten Verletzung. Bei jeder Körperverletzung wird nicht nur der materielle, sondern auch der ätherische Körper in Mitleidenschaft gezogen. Deshalb erhält man in der Regel bestimmte Hinweise auf Verletzungen, meist als Energiekonzentration. Ein weiterer Grund für eine Energieansammlung in einem bestimmten Körperteil kann manchmal auch eine Krankheit sein. Wie gesagt, hinterläßt ein derzeitiges Leiden Spuren im ätherischen Körper, und die Energie ist an dieser Stelle gewöhnlich dichter und anders gefärbt als die übrige Aura.

# Energiezentren

Bei der Entfaltung Ihrer übersinnlichen Fähigkeiten sollten Sie sich mit den sieben Hauptenergiezentren vertraut machen. Diese Energiezentren nennt man Chakras, ein Sanskritbegriff, der *Energierad* bedeutet. Die sieben Hauptchakras liegen an der Grenze zum ätherischen Körper und sind das Tor oder der Eingang zu Ihrer ätherischen Energie. Der Ätherkörper – manchmal nennt man ihn auch ätherisches Doppel – ist der Energiekörper, der den physischen Körper umgibt, ihm also am nächsten ist und genauso aussieht wie dieser. Jedes Chakra des ätherischen Körpers sieht verschieden aus, hat eine andere Farbe, dreht sich in seiner eigenen Geschwindigkeit und gibt spirituelle, mentale, emotionale oder physische Energie an die entsprechende Ebene ab.

**Wurzelchakra**

Das Wurzelchakra befindet sich an der Basis der Wirbelsäule und ist der Sitz der Lebenskraft. Auf der physischen Ebene hängt es mit der Wirbelsäule, den Nebennierendrüsen, den Nieren und dem Darm zusammen. Seine Energie ist rot, steht für den Überlebenstrieb und stellt eine große physische Kraft und Vitalität dar. Es hat die Aufgabe, die Energie im Körper zu verankern. Zudem wird es verwendet, um kosmische Energien aus der Erde zu ziehen und die anderen Chakras mit Lebenskraft zu erfüllen.

**Sonnengeflechtchakra**

Auch als Sakralchakra bekannt, liegt dieses Zentrum 5 cm unter dem Nabel. Es ist der Sitz der Intuition und übersinnlichen Sensitivität. Man nennt es *Gefühlszentrum,* und an diesem Ort werden alle Gefühle in ihrer Grundform aufbewahrt.

Weil sich dieses Zentrum vorwiegend auf der Gefühlsebene befindet, hängen Hellfühlen und Psychometrie mit ihm zusammen. Auf der physischen Ebene entspricht es den Geschlechtsorganen, der Milz und der Blase. Seine Farbe ist orange.

**Milzchakra**
Das dritte Zentrum liegt nicht weit von der Milz über dem Nabel. Auf dieser Ebene werden die Gefühle von ihrer Grundform auf eine feinere Schwingung angehoben. Es ist das Zentrum der Empfindungen, des Willens und der Autonomie, und es beeinflußt die Verdauung, den Magen, die Bauchspeicheldrüse, die Nebennierendrüsen, die Leber und die Gallenblase. Auf der physischen Ebene ist es der Anknüpfungspunkt der *Silberschnur* und ermöglicht Astralreisen. Die Silberschnur ist eine fadenförmige Energiekonzentration, die den ätherischen mit dem physischen Körper verbindet. Hellseher nehmen sie silberweiß wahr. Wenn wir nachts schlafen, verlassen wir den physischen Körper und machen kilometerweite Reisen in der Astralwelt. Das ist deshalb möglich, weil der ätherische Körper, der auf Reisen geht, durch diese Rettungsleine oder Lebensschnur mit dem physischen Körper verbunden ist. Beim physischen Tod reißt die Silberschnur, und der ätherische Körper ist frei. Das Milzchakra ist gewöhnlich gelb.

**Herzchakra**
Mitten in der Brust und zwischen den Schulterblättern liegt das Herzchakra, der Sitz der bedingungslosen Liebe. Hier werden die höheren geistigen Eigenschaften Mitgefühl, Vertrauen, Geben, Empfangen und Fürsorge empfunden, aber auch der Wunsch, anderen zu dienen. Es hängt mit der Trancearbeit und der Empfindsamkeit für die Anwesenheit von

Geistwesen zusammen. Körperlich gehört es zum Herzen, der Thymusdrüse und dem Blutkreislauf. Die Farbe dieses Zentrums ist grün.

**Halschakra**

Ist dieses Chakra entwickelt, wird es zum Hellhören, also dem Hören von Geistwesen, verwendet. Man hört tatsächlich eine physisch klingende Stimme, die vom Geistwesen ausgeht, oder man kann seine Gedanken hören. Es ist mit dem Herzzentrum zusammen an der Trancearbeit beteiligt. In der Medialität trägt das Halschakra zusammen mit dem Milz- und Solarplexuschakra zum Phänomen der Sprechmedialität oder dem Channeling bei. Dieses Zentrum ist der Ursprung jeder kreativen Äußerung. Im physischen Körper übt es einen direkten Einfluß auf die Schilddrüse, den Hypothalamus, Hals und Mund aus. Meditieren Sie zur Öffnung dieses Zentrums über die Farbe Blau.

**Das dritte Auge**

Wo dieses äußerst wichtige Chakra liegt, wissen die meisten: mitten auf der Stirn. Ist es auf der übersinnlichen Ebene entwickelt, wird es für die Gabe des Hellsehens verwendet. Ist es geöffnet, sieht man die Aura, Bilder jeder Form und Farbe sowie auch Geistwesen. In bezug auf den physischen Körper hängt es mit den Ohren, der Hirnanhangdrüse, Zirbeldrüse und Nase zusammen. Zum dritten Auge gehört die Farbe Indigo.

**Scheitelchakra**

Das siebente Zentrum befindet sich auf dem Scheitel. Es ist das Tor zu den höheren oder kosmischen Kräften. Wenn es entwickelt ist, kann man damit auf alle anderen Zentren einwirken und die höchsten geistigen Wahrheiten in jede *mediale Arbeit* einbeziehen. Es ist der Sitz des Gebets und Schutzes, der Mystik und Erleuchtung. Meditieren Sie über ein sattes Violett, das diesem Chakra entspricht. Es wirkt auf die Hirnrinde und das zentrale Nervensystem des physischen Körpers.

## *Geduld*

Um aus Erfahrungen zu lernen, müssen wir uns genügend Zeit für unser Wachstum nehmen, denn alles hat seinen eigenen Rhythmus und seine eigene schöpferische Energie. In vielen Fällen – und das trifft besonders auf den paranormalen Bereich zu – wird der Fortschritt nicht durch Uhren angezeigt. Eines der wichtigsten Hilfsmittel ist die Geduld. Wir sind dabei, eine neue Seite in uns zu gebären, eine Seite, die viele, viele Jahre lang brachgelegen hat. Die vergangenen Jahre waren mit verschiedenen Überzeugungen, Verhaltensweisen und gefühlsgeladenen Erlebnissen angefüllt, und nun gilt es, uns durch sie hindurchzugraben, um uns zur Wahrheit und unserem ewigen Ursprung zurückzubringen. Ich meine hier jenen kindlichen Teil, den wir mit sechs oder sieben Jahren hinter uns ließen, als die Unschuld durch rationales Denken abgelöst wurde. Je mehr wir bei dieser Arbeit das rationale Denken einsetzen, desto weniger Fortschritte machen wir. Wenn wir zuviel Zeit darauf verwenden, einen Gedanken oder eine Nachricht zu analysieren, bleibt wenig wertvolle Energie für die eigentliche seelische und geistige Arbeit übrig. Fortschritt braucht Zeit.

Mit Geduld und Disziplin machen sich Veränderungen bemerkbar. Seien Sie gut zu sich, und freuen Sie sich über jedes bißchen medialer Wahrnehmungsfähigkeit, das Sie in sich entdecken. Freuen Sie sich über dieses spannende Abenteuer. Grämen Sie sich nicht, wenn sich nicht gleich Ergebnisse einstellen. Ihre geistigen Führer und Freunde wissen, daß Sie sich Mühe geben, und auch sie werden das Beste aus allem machen, was Sie ihnen zur Verfügung stellen. Vergessen Sie nicht, daß Sie sich mit alten Vorstellungen an diese Arbeit machen und es Zeit braucht, bis die Geistwesen diese umgemodelt und Ihre Aufnahmefähigkeit geweckt haben. Haben Sie also Geduld!

## *Offenheit*

Wenn Sie in die geistige Welt eintreten, gelangen Sie in eine Welt, an deren Existenz die meisten Menschen nicht glauben, weil sie vor Jahren ihre Gefühle in der Hoffnung eingefroren haben, diese Emotionslosigkeit würde ihnen helfen, im Gefühlsstrudel der materiellen Welt zu überleben.

Täglich erleben wir unerklärliche Dinge. Manche bezeichnen solche Begebenheiten als Zufall, Unfall oder Glück und Unglück. *So etwas gibt es nicht!* Wenn wir uns selbst gegenüber treu sind und Gedanken mit unseren Bedürfnissen und Wünschen aussenden, verwirklichen sich die Dinge, an die wir immer wieder denken. Wir holen uns die Erfahrungen, aus denen wir lernen und weiterwachsen. Ich sage meinen Klienten vor einer Sitzung immer wieder, sie sollten sämtliche vorgefaßten Meinungen oder Erwartungen zum bevorstehenden Ereignis fallenlassen. Dann sind sie auf sämtliche Möglichkeiten gefaßt. Mit Offenheit gewinnt man Einsichten über Gedanken und Äußerungen, die sonst übersehen oder nicht einmal bemerkt würden.

Eine solche Arbeit unternehmen Sie nicht allein, sondern in Partnerschaft mit der geistigen Welt. Wie gesagt: Tun Sie Ihren Teil, dann tun die Geistwesen den ihren. Wenn Sie Verbindung zur geistigen Welt aufnehmen wollen, sollten Sie stets bedenken, daß Geistwesen einen freien Willen haben. Wollen sie sich bemerkbar machen, dann arbeiten sie mit Energieschwingungen und konzentrieren sich auf die Übermittlung einer Nachricht. Aber vielleicht wollen sie das gar nicht. Sollen Geistwesen mit Ihnen zusammenarbeiten, sollten sie auch verstehen, was Sie ihnen mitteilen wollen. Auch wenn sie auf die andere Seite gegangen sind, heißt das noch lange nicht, daß sie die Technik der geistigen Kommunikation sofort beherrschen. Teilen Sie ihnen mit, *wie* die Kommunikation mit ihnen aussehen soll. Sagen Sie ihnen beispielsweise genau, auf welche Weise Sie die Eingebungen bekommen möchten. Wollen Sie etwa wissen, ob sich eine weibliche oder männliche Energie meldet, bitten Sie sie, Ihnen Hinweise auf das jeweilige Geschlecht zu geben. Möchten Sie außerdem noch wissen, ob Sie es mit einer Mutter oder einem Vater zu tun haben, denken Sie sich am besten ein Kommunikationssystem aus und erklären es den Geistwesen, damit sie sich auf Sie einstellen können.

Hier ein Beispiel, wie ich vorgehe. Wenn ich mit einem Vater oder jemandem aus der Familie des Vaters Verbindung aufnehme, bitte ich den Geist, sich links neben den Ratsuchenden zu stellen. Stammt der Geist aus der mütterlichen Linie, bitte ich ihn, sich rechts neben den Klienten zu stellen. Ist der Geist ein Kind, bitte ich darum, daß er sich vor ihn stellt, Großeltern aber hinter ihn. Das sind eindeutige Einteilungen, an die sich ein Geist halten kann.

Wenn Sie nichts hören, bitten Sie die Geistwesen mental, *lauter* zu sprechen. Ein Geist ist sich der verschiedenen Frequenzen nicht immer bewußt, auf die er sich einstellen muß, um gehört zu werden. Es liegt an *Ihnen*, darauf aufmerksam zu machen.

Häufig sieht mich ein Klient den Kopf wenden und in den leeren Raum hinein sagen: *Ja, das habe ich gehört. Nein, bitte etwas lauter.* So teile ich den Geistwesen mit, wie die Verbindung ist. Sie sehen also, Sie können Ihre eigenen Regeln auf der Basis von Zusammenarbeit und Vertrauen aufstellen.

Wie oft sollte man Kontakt zu den Geistwesen aufnehmen? Stören wir sie nicht? Viele haben mir solche Fragen gestellt, und ich kann nur wiederholen, was ich bereits ausgeführt habe. Ihre Familienangehörigen und Freunde, die in einen anderen Bewußtseinszustand übergegangen sind, vergessen Sie nicht. In diesem Zustand sind sie für Sie sogar erreichbarer als zu Lebzeiten. Sie wissen jetzt auch mehr über den Weg und die Motivation Ihrer Seele als zuvor. Sie stimmen sich häufig auf Ihre Schwingung ein und schauen, wie es Ihnen geht. Dennoch heißt das nicht, daß ein Geist, den Sie rufen, gleich alles fallen läßt, um sich mit Ihnen zu unterhalten. Geistwesen haben einen freien Willen und verwenden ihn wie einst auf der Erde.

Genauso, wie Sie jeden Tag zur Arbeit gehen und Ihre Aufgaben erledigen, um hier in dieser Welt zu überleben, verbringen auch Ihre Familienangehörigen oder Freunde, wenn sie in die geistige Welt eingehen, ihre Zeit mit sogenannten Aufgaben und Arbeiten, um spirituell weiterzukommen. Rufen Sie sie in Gedanken, werden Sie *laut und deutlich* gehört. Wenn Sie also ständig nach ihnen rufen, ist es, als säßen Sie an Ihrem Schreibtisch und das Telefon würde andauernd klingeln. Das erschwert Ihnen Ihre Arbeit. Selbstverständlich können Sie sich ab und zu an sie wenden, und das wird auch erwartet, aber Sie sollten nicht ständig an sie denken, sonst behindern Sie nicht nur deren Fortschritt, sondern halten sich selbst von Ihrer eigenen Arbeit ab.

## *Liebe*

Sie sind auf dieser Welt, um die Grundlagen der Liebe und Verantwortung für sich und andere zu erlernen. Die Lektionen dazu werden Ihnen als Erfahrungen im Alltag vorgesetzt. Wenn Sie mit den Geistwesen zu arbeiten beginnen, sollten Sie das stets aus Liebe tun. Weder sollte Sie Gier dazu bewegen noch Wichtigtuerei. Bei der geistigen Arbeit bleibt für das Ego kein Raum. Ich will damit nicht sagen, daß Sie egolos sein sollten, um spirituell zu sein. Das Ego ist nötig, um zu arbeiten. Aber man sollte das Ego nie vor die Liebe setzen. Im Lauf Ihrer Entwicklung werden Sie die vielen verschiedenen und wechselhaften Seiten der Liebe kennenlernen, denn es gibt viele Arten der Liebe. Je mehr Sie sich auf diese Arbeit einlassen, desto mehr werden Sie sogar den kleinsten Liebesdienst schätzen lernen.

## *Übungen zum inneren Wachstum*

### Meditation

Wollen Sie Ihre Aufnahmefähigkeit und Ihr inneres Gewahrsein der geistigen Gefilde fördern, sollten Sie regelmäßig meditieren. Ihr Wunsch nach Entwicklung bestimmt die Dauer Ihrer Meditation. Wenn Sie eben erst beginnen, würde ich empfehlen, das mindestens zweimal wöchentlich zu tun.

Machen Sie es sich zur Gewohnheit, am vorbestimmten Tag um dieselbe Uhrzeit zu meditieren. Nicht nur üben Sie sich damit in einer gewissen Disziplin, sondern lassen die geistige Welt auch wissen, daß Sie sich diese Zeit für Ihre Übung und Ihr inneres Wachstum nehmen. Die Dauer der Meditation kann unterschiedlich sein. Versuchen Sie, das erste Mal nach Möglichkeit mindestens eine Viertelstunde zu meditieren, und arbeiten Sie sich langsam bis zu einer halben, dann zu einer Dreiviertelstunde hoch. Setzen Sie sich aber nicht unter Druck. Am Ende bestimmen die Geistwesen und nicht mehr Sie die Dauer.

Das nächste Kapitel enthält eine ausführliche Beschreibung verschiedener Meditationsformen, die Sie anwenden können. Es gibt aber weder ein richtiges noch falsches Meditieren. Diese Übungen sollen sicherstellen, daß Sie sich entspannen. Sie streben nach einer Verbindung mit den inneren Welten, und Ihre Sensibilität diesen gegenüber nimmt nach und nach zu.

**Gruppenübung**

Die meisten, die sich dafür interessieren, ihre medialen Fähigkeiten zu entfalten, finden es hilfreich und förderlich, sich zusätzlich zu ihrer Meditation in einem »Arbeitskreis« zu treffen. Ein solcher Kreis besteht aus zwei oder mehr Teilnehmern, die regelmäßig zusammenkommen, um gemeinsam die mediale Energie der Teilnehmer zu fördern.

Gewöhnlich setzt sich ein solcher Kreis immer aus denselben Leuten zusammen, die sich einmal wöchentlich immer zum selben Zeitpunkt treffen. Wichtig ist, daß die Energien der Gruppenmitglieder miteinander harmonieren. Es sollte keinerlei Konflikte oder Egoprobleme untereinander geben, weil dies die Entwicklung der Gruppe negativ beeinflußt und sie daran hindert, die höchsten ihr zugänglichen geistigen Lehren zu empfangen. Eine Gruppe zieht stets Geistwesen an, die gut mit der Schwingung arbeiten, zu der alle beitragen. Einer Gruppe anzugehören ist eine Verpflichtung, die man nicht eingehen sollte, wenn man nicht bereit ist, mindestens ein bis zwei Stunden wöchentlich zur selben Zeit dafür aufzuwenden. Der Grund dafür ist ganz einfach: Die Geistwesen nehmen sich Zeit, sich auf die Gruppenenergie einzustimmen, sie aufbauen zu helfen und einen oder mehrere Teilnehmer weiterzubringen und zu sensibilisieren. Man kann dann jede Woche auf dem Fundament der vorangegangenen Woche aufbauen und muß nicht jedesmal das bereits Erreichte wiederholen.

Wenn ein solcher Kreis zustande kommt, sollte man einen Teilnehmer zum Gruppenleiter bestimmen, in der Regel jemanden mit einer gewissen Erfahrung bei der Entfaltung medialer Kräfte. Zu Beginn des Treffens spricht man ein Gebet zur Begrüßung der geistigen Führer und Freunde, die gekommen sind, um mit der Gruppe zu arbeiten; man bittet sie auch um ihren Beistand und Schutz für die Gruppe. Als Abschluß des Gebets bitte ich immer alle Teilnehmer, sich ein weißes Licht der Liebe um den Kreis und im ganzen Raum als weiteren Schutz vorzustellen.

Nach dem Gebet hört sich die Gruppe manchmal etwas geistliche oder erbauliche Musik als zusätzliche Energiehilfe an. Auch Geistwesen verwenden solche Musik. Dann wird in manchen Gruppen die Diskussion eröffnet. Ich empfehle aber, so wenig wie möglich zu reden, weil sonst zu wenig Zeit für die Geistwesen bleibt, Ihnen bei Ihrem Wachstum zu helfen.

Bevor ein Kreis mit seiner Entwicklungsarbeit beginnt, sollten die Teilnehmer gemeinsam beschließen, auf welches Gruppenmitglied die Energie konzentriert werden soll. Vielleicht ist darunter nur einer medial veranlagt, und die Gruppe möchte gemeinsam die Medialität des Betreffenden fördern. Wenn mehrere Gruppenmitglieder mediale Fähigkeiten haben, sollte die Energie gleichmäßig verteilt werden. Das ist die Aufgabe des Leiters. Er achtet auf die Zeit und teilt der Gruppe mit, wann der Nächste dran ist. Dann wird die gesamte verfügbare mentale Energie auf den Betreffenden gerichtet, und zwar in Weiß, der Farbe, die das Christuslicht der Liebe darstellt.

Wenn Sie im Kreis zusammensitzen, spüren Sie möglicherweise, wie die unteren Gliedmaßen kühl werden. Das bedeutet, daß Geistwesen sich auf die Energien im Raum einstimmen. Vielleicht sehen Sie auch einfache Zeichen und Symbole vor Ihrem dritten Auge. Bilder werden Ihnen in verschiedenen Formen, etwa als Kreise oder Vierecke, farbige Lichter, Situationen, Gegenstände, Gesichter und räumliche Zufallsformen bewußt. Häufig sehen diese Bilder aus wie Begebenheiten oder Objekte, die man in Träumen sieht. Tun Sie sie nicht als bloßen Unsinn ab, da sie möglicherweise für ein anderes Gruppenmitglied einen Sinn ergeben. Versuchen Sie, sich möglichst an alles zu erinnern, was Sie sehen, fühlen und hören. Auch wenn Sie solche Mitteilungen nicht unbedingt deuten können, ist es überraschend, wie oft sie einem anderen Teilnehmer etwas bedeuten. Vielleicht spürt jemand in der Gruppe ein seltsames Gefühl um Kopf oder Brust. Für mich fühlt es sich wie Spinnweben an. Auch das bedeutet wiederum, daß die geistigen Leiter mit Ihrer Energie arbeiten. Meistens bauen sie eine Aura aus Ektoplasma um Sie herum auf. Das Ektoplasma nimmt bei jedem Gruppentreffen zu. In der Regel tritt es auf, wenn ein Gruppenmitglied eine Begabung zur physischen Medialität hat. Die Geistwesen bauen diese Energie um den Betreffenden auf, und wenn sie seine

Energie austesten, hören die anderen Teilnehmer in der Regel *Schläge* oder *Klopfen.*

Wenn es Zeit ist, Schluß zu machen, bittet der Leiter alle Anwesenden, langsam wieder zum normalen Körperbewußtsein zurückzukehren. Wenn alle wieder da sind – man sollte unbedingt warten, bis alle zurück sind –, spricht der Leiter ein Schlußgebet und dankt allen geistigen Helfern. Ich persönlich schicke gerne noch Licht und Liebe an alle in der Welt, die vom Glück nicht so gesegnet sind. Nach dem Gebet erzählen dann alle den anderen Teilnehmern, was sie erlebt haben. Alle Empfindungen, Mitteilungen oder Zeichen, die im Kreis aufgenommen wurden, sollten besprochen werden.

## *Mediale Grundübungen*

Der Erfolg in der geistigen Welt mißt sich an der medialen Sensibilität des einzelnen. Arbeiten Sie entweder mit Meditation oder in einem Kreis. Beides bereitet Sie darauf vor, Geistwesen zu spüren, vielleicht auch zu sehen und zu hören.

Die Zeit wird kommen, wenn Sie bereit sind, Ihre medialen und geistigen Fähigkeiten in die Praxis umzusetzen. Wie ich immer sage, ist alles Energie. Nach der Vorbereitungszeit können Sie diese Energie verwenden und feststellen, was Sie medial wahrnehmen. Nachfolgend einige Methoden, um Ihre Fähigkeiten zu testen und weiterzuentwickeln.

### Psychometrie

Psychometrie ist die Fähigkeit, über die Ausstrahlungen eines Gegenstandes dessen Vergangenheit oder diejenige seines Besitzers zu erspüren oder aufzunehmen. Die Psychometrie kann genauso für jemanden angewendet werden, der bereits auf der anderen Seite ist, wie auch für noch auf der Erde Lebende. Zuerst versenken Sie sich in einen meditativen Zustand oder eine leichte Trance, in der Sie völlig entspannt sind. Dann nehmen Sie einen Gegenstand in Ihre linke Hand und erspüren dessen Energie. Vielleicht bekommen Sie einen Eindruck von Körpermerkmalen oder Aussehen des Besitzers. Oder Sie nehmen emotionale Empfindungen auf. Bedenken Sie, daß Sie mit jedem Gegenstand Psychometrie üben können, auch mit Fotos. Mit Psychometrieübungen können Sie nicht nur Eindrücke von Lebenden, sondern auch Mitteilungen aus der geistigen Welt bekommen. Wie gesagt, sollten Sie nicht darüber nachdenken, was Sie empfangen, und auch *nicht* an irgendwelchen Gedanken festhalten. Bringen Sie einfach genau das zum Ausdruck, was Sie aufgenommen haben.

**Automatisches Schreiben**

Automatisches Schreiben ist eine Übung, die sich speziell für Menschen eignet, die mit ihren geistigen Führern und ihren Lieben Kontakt aufnehmen wollen. Hierbei ist zu Beginn ein völlig meditativer Zustand erforderlich. Zudem ist es notwendig, dem Geist, mit dem man Verbindung aufnehmen möchte, einen Gedanken mit genauen Zeit- und Ortsangaben zu senden, damit er weiß, wann und wo diese Arbeit stattfinden soll. Sie treffen also eigentlich eine Verabredung für Ihr Gespräch mit der geistigen Welt. Wenn der vereinbarte Zeitpunkt naht, versenken Sie sich in einen meditativen Zustand. Wählen Sie dazu am besten einen Raum, wo Sie möglichst wenig oder gar nicht abgelenkt sind. Setzen Sie sich aufrecht an einen Tisch; Papier und Schreibzeug liegen vor Ihnen. Halten Sie den Stift etwas über dem Papier. *Denken Sie nicht darüber nach*, was Sie aufschreiben. Wenn Sie eine Veränderung in der Energie Ihrer Hand oder um Ihren Körper herum spüren, fangen Sie an, dem Geist Ihre Fragen zu stellen. Wahrscheinlich werden Sie den Drang zum Schreiben verspüren – geben Sie ihm nach. Wie gesagt, *überlegen Sie nicht,* was Sie schreiben. Am besten schauen Sie es erst an, wenn Sie fertig sind. Wenn Sie spüren, daß die Energie nachgelassen hat, legen Sie den Stift weg und lesen, was Ihr geistiger Freund Ihnen mitgeteilt hat. Sie werden wahrscheinlich staunen, was Sie aufgenommen haben.

**Träume**

Man hat mir oft die Frage gestellt, ob man Verstorbene über Träume erreichen kann. Die Antwort darauf ist ein klares *Ja.* Der Geistkörper verläßt den physischen Körper jede Nacht, nachdem wir eingeschlafen sind. Dieser wird mit kosmischen Energien erfrischt, und der Geistkörper tut dasselbe auf einer höheren Ebene. Im Traum sind wir für geistige Eindrücke sehr empfänglich, weil wir nicht auf der bewußten oder mentalen Ebene beschäftigt sind. Anders ausgedrückt: Kontrolle und rationales Denken sind beinahe ganz ausgeschaltet, und deshalb nehmen wir leichter Eindrücke auf. Im Geistkörper können wir unsere Lieben und Führer und manchmal künftige Ereignisse oder sogar vergangene Leben sehen. In dieser Zeit steht zudem unsere geistige Familie mit uns in Verbindung. Da wir im Traumzustand den geistigen Ebenen näher sind, ist es auch viel leichter, Kontakt mit Dahingeschiedenen zu pflegen. Wie ich in einem früheren Kapitel erwähnte, erreicht man Geistwesen im Schlaf am leichtesten, wenn man vor dem Einschlafen an sie denkt. Viele meiner Klienten haben diese Technik erfolgreich angewendet. Allerdings erinnern sich nicht viele an diese Besuche oder nur an kurze Eindrücke oder Bruchstücke davon. Im allgemeinen ergeben unsere Träume überhaupt keinen Sinn. Sich an Träume zu erinnern erfordert Übung und Disziplin.

Dafür gibt es verschiedene Methoden. Eine davon ist die, ein Diktiergerät neben das Bett zu stellen und alle Eindrücke, Schauplätze und Gefühle des Traumes auf Band zu sprechen. Sie können sie auch aufschreiben, aber den meisten fällt es schwerer, das über längere Zeit durchzuhalten. Wenn Sie es sich zur Gewohnheit machen, Ihre Träume aufzuzeichnen, werden Sie staunen, wieviel besser Sie sich daran erinnern.

**Visionen**

Viele berichten, sie sähen ihre Lieben neben ihrem Bett stehen oder im Wohnzimmer sitzen. Wenn Sie empfänglicher geworden sind und mental nicht abwehren, können Sie sie sehr wohl tatsächlich sehen.

**Schließen Sie einen Pakt**

Eine weitere Übung, um Kontakt mit der geistigen Welt aufzunehmen, ist die einfache Bitte an Ihren geistigen Freund, zu einer bestimmten Tageszeit dazusein. Erklären Sie ihm, Sie möchten gerne einen Beweis, daß es ihn gibt, und er solle etwas Bestimmtes tun. Eine Klientin hat beispielsweise ihren verstorbenen Sohn jeden Abend gebeten: *Ich möchte, daß du mir ein Zeichen gibst, daß du da bist. Laß die Straßenlaterne einmal flackern, wenn die Antwort ja lautet, und zweimal, wenn du nein meinst.* Nach zwei Monaten dieser täglich vorgebrachten Bitte stellte sie fest, daß er genauso antwortete, wie sie ihn gebeten hatte. Das gelingt vielleicht nicht jedem, der es versucht. Offensichtlich hatten es sich diese Mutter und ihr Sohn in der geistigen Welt aber fest vorgenommen, und der Erfolg stellte sich ein. Es ist allerdings leichter, Geistwesen zu bitten, ihre Anwesenheit durch etwas Einfaches deutlich zu machen. Bitten Sie sie nicht, Gegenstände zu verschieben, Türen zu öffnen oder ein Lied zu singen. *Machen Sie es ihnen leicht!* Wir haben festgestellt, daß es den Geistwesen wegen ihrer energetischen Ausstattung am leichtesten fällt, sich über etwas Elektrisches zu erkennen zu geben. Geistwesen haben verschiedene Möglichkeiten, mit Elektrizität umzugehen. Viele unter ihnen können das elektrische Kraftfeld von Protonen und Elektronen beeinflussen und Veränderungen in diversen Elektrogeräten im ganzen Haus veranlassen. Das kommt dann am häufigsten vor, wenn der Verstorbene sehr emotional veranlagt war. Seine Gefühlsenergie dient als elektrischer Leiter.

## *Die Ergebnisse*

Die Geistwesen lassen ihre Lieben folgendermaßen wissen, daß sie in ihrer Nähe sind, wenn sie sich dazu keines Mediums bedienen:

- *Lampen.* Immer wieder flackern Lampen im Raum, oder neue Birnen brennen gleich durch. Häufig zeigt sich die Wirkung an Lampen, wenn Geistwesen oft bei Ihnen sind oder wissen, daß sie Ihre Aufmerksamkeit so auf sich ziehen können.
- *Fernsehen.* Man hat festgestellt, daß es Geistwesen immer wieder gelungen ist, das Fernsehbild unscharf zu machen. In manchen Fällen ist das Gesicht des Verstorbenen auf dem Bildschirm aufgetaucht, oder der Fernseher hat sich von selbst zu ungewohnten Zeiten ein- und ausgeschaltet.
- *Radio.* Häufig stellen sich Radiowecker auf dem Nachttisch geliebter Hinterbliebener zu unterschiedlichen Zeiten an, manchmal auch zu einer Stunde, die für den Verstorbenen irgendwie wichtig war; oft geht das Radio von alleine an, wenn ein bestimmtes Lied übertragen wird.

- *Musik.* Geistwesen können Ihnen häufig auf ihre Weise eine Melodie eingeben oder Ihre Aufmerksamkeit auf sich lenken, wenn ein bestimmtes Lied am Radio kommt.
- *Uhren.* Man hat immer wieder berichtet, daß Uhren genau zur Todesstunde eines lieben Verstorbenen stehengeblieben sind oder ohne ersichtlichen Grund einfach nicht mehr gehen.
- *Telefon und Anrufbeantworter.* Wenn jemand gestorben ist, kommt manchmal ein Anruf und niemand ist dran. Oder man hört die Stimme des Geistes. In einigen Fällen wurde sie auf Anrufbeantwortern festgehalten.
- *Elektrogeräte.* Auch elektrische Haushaltsgeräte haben sich nachgewiesenermaßen ein- und ausgeschaltet, ohne daß jemand in der Nähe gewesen wäre. Das ist eine andere Art, wie Geistwesen auf sich aufmerksam machen. Ich habe festgestellt, daß das sogar ziemlich häufig vorkommt, besonders wenn der Geist zu Lebzeiten viel gekocht oder viel Zeit in der Küche verbracht hat.
- *Computer.* In jüngster Zeit ist das »elektronische Stimmphänomen« ziemlich häufig aufgetreten. Aber die geistige Welt hat nicht nur ihre Fähigkeit unter Beweis gestellt, Tonbandgeräte, Telefone und Anrufbeantworter zu benutzen, es sind auch schon Geistwesen auf Computerbildschirmen erschienen. Man kann es nicht anders erklären, als daß ein Geist einem seiner Lieben versichern möchte, daß er tatsächlich weiterlebt. Möglicherweise hat er sich früher auch für Computer interessiert.

- *Gerüche.* Ein sehr häufiger Hinweis unmittelbar nach oder bis zu einigen Monaten nach einem Tod sind Gerüche. Plötzlich riecht man einen leichten Zigarren- oder Rosenduft oder ein vertrautes Parfüm. Ein solcher Duft hängt eindeutig mit den Hingeschiedenen zusammen. So hat eine Mutter beispielsweise ein bestimmtes Parfüm verwendet, und plötzlich riecht man es im ganzen Raum. Dasselbe gilt für Zigarettengeruch, wenn der Verstorbene geraucht hat. Durch solche Gerüche und Düfte teilen uns die Verstorbenen mit, daß sie bei uns sind.
- *Geschenke.* Geistwesen lassen uns viele Geschenke und materielle Gaben zukommen, nur bringen wir sie meist nicht mit unseren lieben Hingeschiedenen in Verbindung. Häufig ist jemand während einer Sitzung durchgekommen und hat etwa gesagt: »Ich hoffe, daß dir die goldene Kette gefallen hat, die ich dir letzte Woche besorgt habe«, worauf die Klientin mich wie vor den Kopf gestoßen angeschaut und gefragt hat: »Was meinen Sie damit?« Dann erläutere ich jeweils, daß Geistwesen uns sehr wohl zum Kauf bestimmter Dinge bewegen können. Sie haben beispielsweise ihre Hand im Spiel, wenn wir völlig unerwartet ein Dutzend Rosen geschenkt bekommen, bei einem Hauskauf nicht die geringsten Schwierigkeiten haben oder plötzlich eine ersehnte Stelle bekommen. Das sind Zeichen dafür, daß unsere Lieben bei uns sind und uns helfen wollen.
- *Tiere.* Häufig arbeiten Geistwesen auch mit Tieren. Sie bringen etwa Vögel oder kleine Tiere dazu, zu uns zu kommen und irgendwie unsere Aufmerksamkeit auf sich zu lenken. So ist beispielsweise eine gute Freundin von mir im Februar gestorben. Ich fuhr ins tief verschneite New York und ging

zu ihrem schneebedeckten Grab. Ich hatte Schwierigkeiten, es zu finden, als plötzlich ein Lastwagen heranfuhr und ein Friedhofswärter ausstieg. »Sie stehen direkt davor«, meinte er. Ich dankte ihm, er aber stieg wieder in seinen Laster und fuhr fort. Es mutete mich seltsam an, daß er genau dann angefahren kam. Ich blickte also auf ihr Grabmal, als sich ein leuchtend blauer Eichelhäher gleich daneben auf einen Ast setzte. Es war, wie gesagt, ein sehr kalter Tag, und überall lag Schnee. Das kam mir nun nicht weiter ungewöhnlich vor, bis ich ihren Mann Jack am Spätnachmittag zu Hause besuchte. Ich trat ein, und gleich als erstes sagte Jack: »Wenn du irgend etwas von Connie haben möchtest, nimm es dir.« Als ich meinen Kopf nach rechts wandte, sah mich von einem Regal herab ein blauer Eichelhäher aus Glas an.

# 11

# Meditationsübungen

Es ist tröstlich zu wissen, daß es in einer kalten, entmutigenden Welt, die offenbar von Unglück und Intoleranz beherrscht wird und in der das vernünftige und rationale Selbst offenbar nur ein Traum ist, einen Zufluchtsort gibt, an dem die Liebe das Höchste ist, eine Welt unbegrenzten Potentials, vermischt mit göttlicher Glückseligkeit. Diese freudvolle Welt ist für jeden zugänglich, der die betreffende Tür öffnen möchte. Dieses Reich des Friedens findet man in der *Stille*. Es ist die Stille des *Seins*... einfach nur sein. Denn in der köstlichen Stille unseres eigenen Inneren findet sich das Göttliche.

Wenn wir uns auf unsere Mitte besinnen und auf die leise innere Stimme hören, treten wir in die Stille des Seins ein. Dieses *innere Wissen um uns selbst* kann man in jeder Lebenslage anwenden und jede Erfahrung damit reifer und reicher gestalten. Viele Menschen sind in ihrem Alltag auf der Suche nach dem Sinn des Lebens. Sie jammern über ihr Schicksal und leiden schrecklich. Nähmen sie sich nur einen Augenblick Zeit, innezuhalten und auf ihre innere Stimme zu hören, würde sich ihnen eine Ebene unermeßlichen Verständnisses erschließen. Wie aber gelangen wir in diese *Stille*? Wie erschließen wir unser inneres Wissen? Wie nehmen wir unsere innere Stimme wahr? Die Antwort auf diese Fragen und der beste Weg dazu ist Meditation.

Was ist Meditation? Meditation ist einfach die Verlagerung des Bewußtseins aus einem Seinszustand in einen anderen. Im wesentlichen schalten wir die äußere Alltagswelt ab und stimmen uns auf unsere innere Welt ein oder werden uns ihrer bewußt. Wenn wir still dasitzen und die Aufmerksamkeit nach innen lenken, nehmen wir unser Selbst stärker wahr, und die spirituellen Dimensionen der Seele treten zutage. Wenn wir über unser *Sein* meditieren oder unsere Energie darauf konzentrieren, kehren wir zur Ganzheit und Einheit dessen zurück, was wir sind – zu unserem unendlichen Selbst. In dieser Einheit legen wir die Vorstellung der Dualität ab, die uns von unserem Gottselbst trennt. Diese Dualität basiert auf den falschen Zuständen von Negativität, Angst, Sorgen, Krankheit, Trauer und Enttäuschung, die für uns alle real werden, wenn wir nicht im Einklang mit unserem göttlichen Selbst sind.

Beim Meditieren erschließen wir uns kosmische Energien, die wiederum die verschiedenen geistigen Zentren des Körpers erhellen und sie speisen. Die Energie konzentriert sich vor allem im Herzchakra. Beim Meditieren wird das Licht der bedingungslosen Liebe in uns entfacht, und bei jeder Meditation nimmt es stärker zu. Bedenken wir, daß das Herzchakra die Verkörperung des Christusbewußtseins oder der Sitz der Seele ist. Je mehr wir uns auf dieses Chakra oder Zentrum konzentrieren, desto freier entfaltet sich die bedingungslose Liebe in uns und um so mehr können wir wiederum jeden Lebensumstand umwandeln und alle beeinflussen, mit denen wir in Berührung kommen. Alles beginnt im Herzchakra. Beim Meditieren steigern sich die Schwingungen der psychischen Zentren mit dem Strom des Christusbewußtseins, der vom Herzchakra ausgeht und durch alle Chakras fließt. Und schließlich stimmen wir uns ganz in diese Energie oder diesen Lichtstrom ein, der durch den Körper fließt.

## *Wie man meditiert*

Bei manchen löst die Erwähnung des Wortes *Meditation* gleich die Vorstellung eines Yogi im Lotussitz aus, der in einem weihrauchduftenden Raum »Om« singt. Man kann im Lotussitz dasitzen und »Om« singen, aber das muß nicht sein. Meditation ist einfach konzentrierte Aufmerksamkeit. Je mehr wir sie üben, desto besser können wir uns dem Strom der unendlichen Lebenskraft überlassen.

Es gibt auch viele Meditationsformen, bei denen man nicht unbedingt bewegungslos verharrt. Nachfolgend beschreibe ich eine ganz bestimmte Meditationsform, aber man kann auf verschiedene Weise meditieren. Man kann die gleiche Energiekonzentration beim Malen, bei der Gartenarbeit, beim Schreiben, Singen, Schauspielern, Arbeiten, Sporttreiben, Autofahren und so weiter entwickeln. Jedesmal, wenn wir uns auf die Schöpferkraft in uns einstimmen, meditieren wir.

## *Vorbereitung*

Die folgenden Hinweise betreffen die *Vorbereitung* auf jede Meditation oder Entspannungsübung:

**1. Der Ort der Meditation**
Als erstes sollten Sie sich einen Raum zu Hause aussuchen, in dem Sie meditieren wollen. Es kann das Schlaf-, Wohn- oder Gästezimmer sein. Diesen Raum verwenden Sie nun für Ihre geistigen Übungen, also können Sie ihn als Ihr geistiges Arbeitszimmer bezeichnen. Denken Sie einfach immer daran, daß dieser Ort der Entpannung und inneren Arbeit vorbehalten bleibt. Am besten richten Sie sich einen Platz in diesem

Zimmer ein, wo Sie ungestört meditieren können und wohin möglichst wenig oder keine Geräusche aus der Außenwelt dringen.

Schalten Sie, bevor Sie anfangen, alle Telefone, Anrufbeantworter und Piepser aus und auch alles andere, was Sie irgendwie ablenken oder stören könnte. Wenn Sie möchten, können Sie etwas Weihrauch bzw. Räucherstäbchen anzünden oder eine Vase mit frischen Blumen ins Zimmer stellen. Oder Sie spielen sanfte, entspannende Musik, aber nichts Lautes oder Mißtönendes. Solche Hilfsmittel helfen Ihnen, sich auf Ihr Inneres zu konzentrieren.

**2. Die Meditationshaltung**

Sie können auf dem Boden sitzen, wenn Sie sich dabei wohl fühlen, oder auf einem Stuhl mit gerader Lehne, was mir persönlich mehr zusagt. Ganz gleich, wofür Sie sich entscheiden, wichtig dabei ist nur, daß Ihre Wirbelsäule gerade ist, als würden Sie an einer am Scheitel befestigten Schnur nach oben gezogen. So kann die Energie die Wirbelsäule besser auf- und niedersteigen.

Wenn Sie auf einem Stuhl sitzen, sollten Sie die Beine nicht übereinanderschlagen und die Füße flach auf den Boden stellen. Die Hände ruhen mit den Handflächen nach oben auf den Oberschenkeln. Ist Ihnen der Boden lieber, setzen Sie sich in einem der Yogasitze hin, wobei die angewinkelten Knie den Boden berühren und die Hände mit den Handflächen nach oben auf den Oberschenkeln ruhen.

**3. Entspannungsübung**

Sitzen Sie bequem und beginnen Sie damit, sich auf Ihre Atmung zu konzentrieren. Die Atmung ist bei der Meditation sehr wichtig. Am Anfang fällt es Ihnen möglicherweise schwer, in den Atemrhythmus hineinzukommen. Aller Anfang ist schwer, besonders bei der Meditation. Mit einiger Übung werden Sie den Atem nicht einmal mehr bemerken; Sie atmen dann ganz automatisch ein und aus und finden ganz selbstverständlich den richtigen Atemrhythmus. Der Schlüssel dazu liegt darin, langsam, entspannt und tief aus dem Bauch statt oberflächlich und schnell zu atmen.

Schließen Sie die Augen, wenn Sie mit dem Atmen beginnen. Stellen Sie sich vor, daß Ihr Atem alles ist, denn ohne ihn können Sie nicht leben. Atmen Sie langsam durch die Nase ein. Stellen Sie sich dabei ein weißgoldenes Licht etwa 5 cm über Ihrem Kopf vor; es ist das *Christuslicht*. Atmen Sie dieses Licht in Ihr ganzes Wesen ein. Sehen Sie, wie es in den Kopf eintritt, durch Hals und Brust in Arme und Hände und weiter durch den Rumpf nach unten in Beine und Füße fließt. Halten Sie den Atem an, zählen Sie bis vier, und achten Sie darauf, wie die goldene Farbe jede Körperzelle mit bedingungsloser Liebe, Reinheit und Ganzheit erfüllt. Atmen Sie durch den Mund aus. Stellen Sie sich beim Ausatmen vor, wie alles Negative, jeder Druck und alle Sorgen, die sich im Körper festgesetzt haben, langsam wie in einem grauen Nebel durch den Mund austreten. Bei jeder Ausatmung fühlen Sie sich von der schweren, dichten Energie befreit. Diese schwere Energie wird durch die leichtere, höhere Schwingung des goldenen Christuslichtes ersetzt.

Wenn Sie etwas entspannter sind, stellen Sie sich jeden Körperteil vor und lassen alle Spannungen darin los. Das tun Sie, indem Sie die betreffenden Stellen an- und dann entspannen. Stellen Sie sich die Zehen innerlich vor, spannen Sie sie an, und lassen Sie sie dann los. Tun Sie dasselbe mit den Knöcheln, Waden und Oberschenkeln. Gehen Sie weiter zum Gesäß und Becken, dann zum Bauch, der Körpermitte und

Brust. Auch den Rücken entspannen Sie ganz, dann Hals und Schultern und den Kopf. Schließlich spannen und entspannen Sie die Arme einschließlich des Bi- und Trizeps und der Hände. Machen Sie mit jeder Hand die Faust und lassen dann los. Vergessen Sie nicht, das goldene Licht in jeden Körperbereich zu holen, während sie ihn an- und entspannen.

Nach dieser Übung sollten Sie ganz gelöst und für die Meditation bereit sein. In einem so gelockerten Zustand können Sie die gesamte Energie leichter auf die Meditationsübung richten. Nachfolgend habe ich drei Übungen für Sie aufgeführt. Wenn Sie sich aber einfach nur rasch von den Anspannungen des Tages erholen wollen, können Sie die Entspannungsübung auch für sich allein durchführen.

### *Die Verabschiedung lieber Verstorbener*

Nach diesen Vorbereitungen entlassen Sie Ihre Lieben mit der folgenden Übung in die geistige Welt. Stellen Sie sich Ihren geliebten Verstorbenen zuerst einfach nur vor. Sehen Sie ihn (oder sie) in blühender Gesundheit innerlich direkt vor sich stehen. Keine Krankheit, weder Krebs, Aids, Alzheimer noch irgendein anderes Leiden kann seinen neuen Körper im geringsten berühren. Sogar wenn der Tod plötzlich eingetreten ist oder ein Trauma war, stellen Sie sich vor, wie der betreffende Hingeschiedene vollständig gesund, glücklich und quicklebendig vor Ihnen steht.

Stellen Sie sich möglichst viele Einzelheiten vor. Vielleicht trägt er eine Kleidung oder einen Anzug, der Ihnen vertraut ist. Wenn möglich stellen Sie sich auch seinen Geruch oder sein Parfüm vor. Vielleicht hatte er auch ein Muttermal, eine typische Haltung oder eine besondere Frisur. Je mehr Einzelheiten Sie sich vorstellen können, desto besser gelingt die Übung.

Wenn Sie nun innerlich ein detailliertes Bild Ihres geliebten Verstorbenen vor sich sehen, fangen Sie an, mit ihm zu reden. Fragen Sie ihn: *Wie fühlst du dich jetzt?* Erzählen Sie ihm, wie es Ihnen seit seinem Tod ergangen ist. Erwähnen Sie die Trauer, die Sie noch empfinden. Reden Sie mit Ihrem Lieben, und hören Sie dann, was er antwortet. Brechen Sie die Übung *nicht* ab, wenn es Ihnen vorkommt, als führten Sie ein Selbstgespräch. Sie sollten sie unbedingt zu Ende führen, ohne irgend etwas daran zu rationalisieren. Freuen Sie sich, daß Sie wieder zusammen sind. Vielleicht erinnern Sie sich an eine Zeit, als Sie auf der Welt beieinander waren, und an die Freude, die Sie aneinander hatten.

Als nächsten Schritt auf dem Weg nehmen Sie Ihren lieben Verstorbenen an der Hand und gehen gemeinsam in einen wunderschönen Garten voll leuchtender, prachtvoller, vielfarbiger Blumen in allen Formen und Größen. Nehmen Sie den Duft dieses unglaublichen Gartens in sich auf. In dieser prachtvollen Anlage stehen großartige Statuen und herrliche Springbrunnen, in denen sich Vögel tummeln und zwitschern. Hören Sie, wie in der Ferne Kinder spielen und miteinander lachen. Alles um Sie herum ist vollkommen. Freuen Sie sich an der Pracht, am Frieden und an der Ruhe dieses besonderen Ortes.

Nun schauen Sie auf und sehen große Gebäude in der Ferne stehen. Gemeinsam gehen Sie darauf zu. Beim Näherkommen sehen Sie, wie die Perlmuttsäulen eines prächtigen Hauses glänzen. Der ganze Bau leuchtet in sanftem Rosa. Ringsum stehen weitere Gebäude in ausgewogenem Abstand voneinander. Jedes ist ein bißchen anders gebaut und atmet die Atmosphäre einer himmlischen Welt. Sie gehen gemeinsam in das Hauptgebäude und stehen in einem riesigen Wohnraum. Mittendrin ist eine große Leinwand aufgezogen. Während Sie noch hinsehen, geht das Licht langsam aus, und ein Film beginnt. Es ist der Film aller Ereignisse und Begebenheiten, die Sie und Ihr lieber Verstorbener einst miteinander erlebten. Der Film beginnt am Tag Ihrer Begegnung und läuft dann weiter. Lassen Sie beim Zuschauen die Gefühle zu, die zu den jeweiligen Erlebnissen gehörten. Tun Sie das, bis der Film zu Ende geht. Freuen Sie sich an den Stunden, die Sie miteinander verbrachten.

Wenn der Film vorbei ist, sind Sie erleichtert und haben das Gefühl, jetzt etwas abgeschlossen zu haben. Sie haben Zeit miteinander verbracht, aber es ist noch nicht vorbei, denn Sie werden zu einem anderen Zeitpunkt weitere Erfahrungen miteinander machen. Langsam geht es Ihnen auf, daß Sie und Ihr geliebter Verstorbener schon früher mehr als ein Leben miteinander verbracht haben und daß Sie auch künftig weitere Leben gemeinsam verbringen werden. Das Leben geht weiter, ob hier auf der Erde oder im Himmel.

Danach verlassen Sie das Gebäude und kehren in den Garten zurück. In den unglaublich schönen Landschaften voll wunderbarer Blumen und Büschen sehen Sie mehrere weißgekleidete Gestalten. »Wer sind sie?« fragen Sie. »Das sind meine Lehrer«, sagt Ihr Geliebter, »sie helfen mir, auf dieser Seite weiterzulernen.« Sie sehen in deren allwissende Augen und spüren das Mitgefühl darin. Vertrauensvoll lächeln sie Ihnen zu, und nun wissen Sie, daß Ihr Geliebter am rechten Ort ist. Er ist zu Hause, an einem Ort, wo ein ungeahntes Leben und Wachstum möglich sind. Eine Lehrerin kommt auf Sie zu und gibt Ihnen ein silbernes Herz an einer Silberkette. Sie heißt Sie das Herz öffnen, dann sagt sie: »Füllen Sie das Herz mit all dem Wunderbaren, das Sie ihm in die neue Welt mitgeben möchten.« Plötzlich sprudelt es in Ihnen auf, und all Ihre Gedanken laufen in das Silberherz über: alles, was Sie Ihrem Geliebten schon immer sagen wollten, jedes Wort, das Sie gedacht, aber nie ausgesprochen haben, jede Empfindung, die geäußerten und die nicht geäußerten, alles, woran Sie möchten, daß er sich erinnert. Sehen Sie, wie diese Gedanken, Gefühle und Worte das Silberherz füllen und das Herz dabei zu leuchten beginnt. Ihre Liebe läßt es so hell erstrahlen, daß Sie kaum hinsehen können. Sie legen Ihrem Geliebten das Herz um den Hals, damit er es immer bei sich habe. Es gehört zu Ihrer Liebe, die niemals vergeht. Sie umarmen Ihren Liebsten, der Ihnen versichert: »Ich werde stets bei dir sein.«

Die Zeit kommt, daß Sie in die Welt zurückmüssen, denn ebenso, wie Ihr Liebster weiterlernen und weiterarbeiten muß, wo er ist, haben auch Sie Ihre Arbeit dort, wo Sie sind. So ist es. Sie verlassen dieses Land des Glanzes mit einem Gefühl des wirklichen Lebens und im *Wissen*, daß Sie einander im Garten der himmlischen Freuden wieder begegnen werden, wenn Sie Ihre Lektionen auf der Erde gelernt haben. Dann wird Ihr Geliebter Sie begrüßen und nach Hause führen.

## *Vergebung und Reue*

Wenn jemand stirbt, kommen bei den hinterbliebenen Verwandten und Freunden häufig eine Menge unausgesprochener Gefühle und Reue hoch. »Könnte ich doch« und »wenn ich nur« sind die Wendungen, die ich am häufigsten zu hören bekomme. Die Überlebenden fühlen sich verlassen und unvollständig, als sei ihr Herz gebrochen und als könnten sie nicht mehr weitermachen. Es ginge ihnen viel besser, wenn sie nur ein einziges Mal ihren Lieben diese Gefühle mitteilen könnten. Sie wissen nicht, wie sie mit ihrer Last und ihren Schuldgefühlen weiterleben sollen. Die folgende Meditation soll dazu beitragen, diese Reue und dieses Bedauern loszulassen.

Nach Ihrer Vorbereitung stellen Sie sich vor, Sie stünden mitten auf einer schönen Wiese vor einem Häuschen. Das Häuschen ist genau so, wie Sie es sich wünschen, bis hin zur Farbe, dem Holz und allem anderen. Vielleicht hat es auch eine Veranda mit einem Schaukelstuhl. Oder Rosen säumen den Gehweg. Betrachten Sie das Häuschen als Ihr Eigentum, denn es gehört niemandem außer Ihnen.

Sie treten ins Haus ein und stehen gleich in einem ganz bequemen Wohnraum mit einem kuscheligen, überaus gut gepolsterten Sofa mit vielen Kissen. Auf einer Seite ist ein großes Aussichtsfenster, durch das die Sonne hereinstrahlt. Die Tapete ist wunderschön. Sie sehen alle Gegenstände um sich, die Sie sich je gewünscht haben. Spüren Sie, wie alle Dinge mit Ihren Gefühlen erfüllt sind. An der hinteren linken Wand hängen etliche Familienfotos in verschiedenen Größen. Daraus blicken Ihnen die Gesichter derer entgegen, die bereits in die geistige Welt eingegangen sind, und anderer, die noch leben. Nehmen Sie das Foto desjenigen Menschen, um den Sie trauern, und tragen es in seinem Rahmen zum hölzernen Schreibtisch in der Ecke. Stellen Sie sich diesen Schreibtisch genauso vor, wie Sie ihn haben möchten. Hier verrichten Sie Ihre ganz besondere Arbeit, Ihre Herzensarbeit. Setzen Sie sich an den Schreibtisch und stellen Sie das Bild vor sich auf. Nehmen Sie ein Blatt Büttenpapier aus der Lade; holen Sie Ihren Stift heraus, und legen Sie ihn aufs Papier.

Während Sie sich das Foto ansehen, fragen Sie sich: *Wofür möchte ich um Vergebung bitten?* Dann nehmen Sie Ihre Feder und schreiben die entsprechenden Punkte auf. Vielleicht waren Sie Ihrem Liebsten gegenüber zu kritisch oder nicht liebevoll genug? Vielleicht meinen Sie, Sie seien nicht dagewesen, als er (oder sie) Sie brauchte. Schreiben Sie jeden Umstand auf, für den Sie um Vergebung bitten. Nehmen Sie daraufhin ein neues Blatt, und schreiben Sie alles auf, was Sie bedauern, seit Ihr Geliebter sich in die geistige Welt begeben hat. Schreiben Sie auf, was Sie ihm alles *nicht* gesagt haben, als er noch lebte. Vielleicht waren Sie sich in manchen Fragen nicht einig, und sie sind ungelöst geblieben. Vielleicht haben Sie das Gefühl, Sie hätten ihn mehr lieben können. Schreiben Sie jede Empfindung auf, an der Sie noch immer festhalten und die Sie nicht loslassen können.

Wenn Sie mit den beiden Listen fertig sind, rollen Sie jede für sich zusammen. Gehen Sie dann zu Ihrem großen Aussichtsfenster, und spüren Sie die hereinwehende Frühlingsluft. Neben dem Fenster liegen zwei weiße Ballons. Stecken Sie je eine Rolle in einen Ballon, blasen Sie ihn auf, schnüren ihn zu und lassen ihn aus dem Fenster schweben. Sehen Sie zu, wie Ihre zwei Ballons langsam in den Himmel tanzen. Jetzt, wo sie so hoch am Himmel schweben, fühlen Sie sich leichter, und jedes Bedauern ist von Ihnen abgefallen. Die Ballons steigen immer höher, und Sie wissen, daß sie für Ihren Geliebten bestimmt sind. Stellen Sie sich vor, wie er die Ballons bekommt und Ihre Aufzeichnungen liest. Nehmen Sie sich noch einen Augenblick lang Zeit, aus Ihrem Fenster in den Himmel hochzuschauen und dort seine Mitteilung an Sie zu lesen. Die Botschaft lautet: *Was auch immer geschieht, ich werde dich immer lieben!*

Wie häufig kommt es doch im Leben vor, daß wir geliebt werden wollen, und dann werden wir Opfer unseres eigenen Wunsches. Wir versuchen so sehr, die beste Frau, Mutter, der beste Vater, das beste Kind, der beste Chef, Liebhaber oder die beste Freundin zu sein. Weil wir glauben, man erwarte das von uns, damit uns jemand liebt, gefährden wir unseren eigentlichen Wesenskern. Meist geschieht dies unbewußt – wir merken gar nicht, was wir tun. Nach einer Weile wird uns dieses Verhalten zur zweiten Natur, aus Tagen werden Jahre, und immer noch versuchen wir, dem Bild, das andere von uns haben, gerecht zu werden. Schließlich verfallen wir in Depression und sind unglücklich über das Leben, in dem sich unsere Träume nicht erfüllt haben. Dann ist es allerdings schwierig, nachzuvollziehen, *weshalb* wir uns so fühlen. Nicht nur haben wir anderen Macht über uns und ihnen einen Teil von uns gegeben, sondern – und das ist viel wichtiger – wir sind *unserem Wesenskern* nicht treu gewesen. Wir sind aus unserer *Mitte* gefallen und haben einen Teil der schönen Ganzheit unseres Selbst verschenkt. Bedauerlicherweise können wir aber nicht wahrhaft glücklich sein, solange wir nicht unser eigenes Leben leben.

Unzählige Menschen sind todunglücklich, wenn ihre Lieben sterben, wobei dieser Schmerz zum größten Teil das Ergebnis von Kompromissen ist – viel zu oft haben sie einen Teil von sich weggegeben. Sie haben ihre Individualität aufs Spiel gesetzt; sie waren wegen ihres Wunsches, anderen zu gefallen, sich selbst gegenüber nicht ehrlich. Wenn nun jemand Liebes stirbt, bleibt ihnen keine Selbstachtung mehr, weil ihre Identität so stark mit dem Verstorbenen verknüpft war. Es bleiben nur Leere und Einsamkeit.

Die folgende Meditation können Sie durchführen, um jenen Teil von sich zurückzugewinnen, den Sie verloren oder weggegeben haben oder der Ihnen genommen wurde. Wenden Sie sie an, um Ihre eigene Schöpferkraft wiederzufinden.

Beginnen Sie wieder mit der Vorbereitung. Wenn Sie damit fertig sind, stellen Sie sich vor, Sie stünden an einem ruhigen, friedlichen See. Das zartblaue Wasser spiegelt die zahllosen prachtvollen Farben der umgebenden Landschaft: saftiges Grün, Blau, Gelb und Violett. Sie riechen den frischen Duft der belebenden Landluft. Zwei Schwäne gleiten über das Wasser – welch friedliches Bild! Je länger Sie auf den See blicken, desto mehr entspannen Sie sich. Sie gehen um den See herum auf die andere Seite; dort mündet ein Bergbach in den See. Sie klettern den Berg hoch, um zu sehen, woher der Bach kommt. Zuoberst auf dem Gipfel entdecken Sie einen überwältigend schönen Wasserfall. Sie schauen zum Himmel hoch und sehen, daß der Wasserfall nirgendwo beginnt. Er scheint direkt aus dem Himmel zu fallen.

Sie ziehen die Kleider aus und legen sie auf einen nahen Felsen. Dann stellen Sie sich unter den Wasserfall und spüren, wie das kühle Quellwasser Ihren Körper umschmeichelt. So etwas wie dieses Wasser ist Ihnen noch nie begegnet. Es ist, als berührten Federn Ihren Körper, und Sie fühlen sich im Nu vollkommen rein. Dann schauen Sie in den Bach und sehen wie in einem Zauberspiegel all die Situationen, in denen Sie Ihre Macht weggegeben haben. Sie sehen all die Male, in denen Sie sich hätten treu bleiben sollen. Sie sehen, wie Sie sich nicht genügend geliebt, sondern respektlos behandelt haben. Und während Sie die Bilder noch anschauen, treiben diese langsam den Bergbach hinab.

Immer noch stehen Sie unter dem Wasserfall, da bemerken Sie, wie ihn ein wunderbares Licht durchflutet. Als das Licht auf Sie fällt, spüren Sie plötzlich, wie Energie und eine neuentdeckte Kreativität in Ihnen aufsteigt. Sie spüren, wie nun Liebe Ihren ganzen Körper durchströmt. Sie empfinden Liebe sich selbst gegenüber – endlich kommen Sie mit Ihrer eigenen Liebe in Berührung. Sie kosten diese Liebe und Freude aus und schauen wieder ins Wasser, nur haben sich die Bilder jetzt vollkommen verändert. Sie sehen, wie Sie glücklich sind, Dinge tun, die Sie schon immer tun wollten, wofür Sie sich aber nie die Zeit genommen haben. Sie sehen, wie andere Sie dafür schätzen, wie toll und liebevoll Sie sind. Sie sehen Ihr wahres Ich. Sind Sie nicht unendlich viel leichter geworden? Fühlen Sie, wie Ihre Kraft und Ihr Potential, die einst verloren waren, jetzt wiederkehren. Jetzt sind Sie von Selbstsicherheit erfüllt und von der Herrschaft anderer befreit. Sie haben eine wunderbare Reise zur Wiederentdeckung Ihres wahren Selbst unternommen. Freuen Sie sich daran.

Dann kommen Sie aus dem Wasserfall heraus und spüren ein völlig neues, wunderbares Wesen in sich. Sie freuen sich sehr über Ihr neues Selbst. Sie suchen Ihre Kleider, aber statt dessen liegt nun ein herrliches geistiges Gewand für Sie bereit. Sie ziehen es als Erinnerung daran an, daß Sie unbesiegbar sind. Sie sind wahrhaft GOTT!